X Brazilian Symposium in Information and Human Language Technology and Collocated Events (STIL 2015)

Natal, Brazil
4 – 7 November 2015

Editors:

Claudia Freitas
Alexandre Rademaker

ISBN: 978-1-5108-1782-1

Printed from e-media with permission by:

Curran Associates, Inc.
57 Morehouse Lane
Red Hook, NY 12571

CURRAN ASSOCIATES INC.
proceedings
.com

Some format issues inherent in the e-media version may also appear in this print version.

Printed by Curran Associates, Inc. (2015)

For permission requests, please contact the Association for Computational Linguistics at the address below.

Association for Computational Linguistics
209 N. Eighth Street
Stroudsburg, Pennsylvania 18360

Phone: 1-570-476-8006
Fax: 1-570-476-0860

acl@aclweb.org

Additional copies of this publication are available from:

Curran Associates, Inc.
57 Morehouse Lane
Red Hook, NY 12571 USA
Phone: 845-758-0400
Fax: 845-758-2634
Email: curran@proceedings.com
Web: www.proceedings.com

X Brazilian Symposium in Information and Human Language Technology

This volume contains the papers presented at the X Symposium in Information and Human Language Technology (STIL 2015) and at the IV Workshop on Portuguese Description (JDP), held on November 4-7, 2015 in Natal, Brazil.

STIL is the bi-annual Language Technology event supported by the Brazilian Computer Society (SBC) and by the Brazilian Special Interest Group on Natural Language Processing (CE-PLN). The conference has a multidisciplinary nature and covers a broad spectrum of disciplines related to Human Language Technology, such as Linguistics, Computer Science, Psycholinguistics, Information Science, among others. It aims at bringing together both academic and industrial participants working on those areas.

The topics of interest centered around work in human language technology in general, such as Natural Language Resources & Tools, Corpus Linguistics, Text Classification, Sentiment Analysis and Opinion Mining, Information Extraction & Retrieval, Statistical and Machine Learning Methods, Natural language interfaces, Summarization, Terminology, Lexicology and Lexicography, to name a few.

We received 54 submissions from Brazil, Portugal, Norway, USA and Algeria. Each paper was reviewed by at least three members of the Program Committee, which had 62 members from 8 countries and 36 institutions. After a rigorous reviewing process, 15 papers were selected for oral presentation, and 10 papers were selected for poster presentation.

In addition, the conference featured invited talks by Adam Pease (IPsoft) and Lluís Padró (Universitat Politècnica de Catalunya), and a tutorial given by Lluís Padró.

We thank the authors for their submissions, the program committee for their hard work, invited speakers, SBC staff and the Local and General Chairs of STIL 2015.

November 2015

Cláudia Freitas
Alexandre Rademaker

Acknowledgments

The Program Committee chairs acknowledge the financial support to the conference provided by the Brazilian Computer Society (SBC), the Federal University of Rio Grande do Norte (UFRN) and the The North American Chapter of the Association for Computational Linguistics (NAACL). We thank the Program Committees of the X Brazilian Symposium in Information and Human Language Technology and Collocated Events for the reviews that they produced. Last but not least, we are grateful to the local organization led by Prof. Anne Magály de Paula Canuto (BRACIS 2015 General Chair) and Prof. Carlos Augusto Prolo (STIL Local Chair).

November 2015

Cláudia Freitas
Alexandre Rademaker

Program Chairs

Alexandre Rademaker (Fundação Getúlio Vargas & IBM Research, Brazil)
Maria Cláudia de Freitas (Pontifical Catholic University of Rio de Janeiro, Brazil)

Local Chair

Carlos A. Prolo (Federal University of Rio Grande do Norte, UFRN, Brazil)

Program Committee

Alberto Simões (University of Minho - UMinho, Portugal)
Aline Villavicencio (Federal University of Rio Grande do Sul - UFRGS, Brazil)
Andre Adami (University of Caxias do Sul - UCS, Brazil)
Antonio Branco (University of Lisbon - ULisboa, Portugal)
Arnaldo Candido Junior (Federal Technological University of Paraná - UTFPR, Brazil)
Carlos A. Prolo (Federal University of Rio Grande do Norte - UFRN, Brazil)
Carlos Ramisch (Aix Marseille Université - AMU, France)
Carmen Dayrell (University Nove de Julho - UNINOVE, Brazil)
Cassia Trojahn dos Santos (IRIT & University of Toulosse 2 - UTM2, France)
Cícero dos Santos (IBM Research, Brazil)
Christoph Treude (Federal University of Rio Grande do Norte - UFRN, Brazil)
Christopher Shulby (University of São Paulo - USP/ICMC, Brazil)
Clarissa Xavier (Pontifical Catholic University of Rio Grande do Sul - PUCRS, Brazil)
Daniel Lucrédio (Federal University of São Carlos - UFSCar, Brazil)
Daniel Muller (Federal University of Rio Grande do Sul - UFRGS, Brazil)
Diana Santos (Linguateca & University of Oslo - UiO, Norway)
Eraldo Fernandes (Federal University of Mato Grosso do Sul - UFMS, Brazil)
Erick Maziero (University of São Paulo - USP/ICMC, Brazil)
Ethel Schuster (Northern Essex Community College - NECC, USA)
Francis Bond (Nanyang Technological University - NTU, Singapore)
Geraldo Xexéo (Federal University of Rio De Janeiro - UFRJ, Brazil)
Gerard de Melo (Tsinghua University- THU, China)
Helena Caseli (Federal University of São Carlos - UFSCar, Brazil)
Heliana Mello (Federal University of Minas Gerais - UFMG, Brazil)
Heloisa Camargo (Federal University of São Carlos - UFSCar, Brazil)
Hugo Gonçalo Oliveira (University of Coimbra - UC, Portugal)
Ivandré Paraboni (University of São Paulo - USP/EACH, Brazil)
Jorge Baptista (University of Algarve - UAlg, Portugal)
José João Almeida (University of Minho - UMinho, Portugal)
Laura Alonso Alemany (National University Córdoba - UNC, Spain)
Leandro Mendonça de Oliveira (Brazilian Agricultural Research Corporation - EMBRAPA, Brazil)

Lucelene Lopes (Pontifical Catholic University of Rio Grande do Sul - PUCRS, Brazil)
Luciano Barbosa (IBM Research, Brazil)
Magali Duran (University of São Paulo - USP/ICMC, Brazil)
Marcelo Finger (University of São Paulo - USP/IME, Brazil)
Maria das Graças Nunes (University of São Paulo - USP/ICMC, Brazil)
Marilde Santos (Federal University of São Carlos - UFSCar, Brazil)
Márcio Dias (Federal University of Goiás - UFG, Brazil)
Milene Silveira (Pontifical Catholic University of Rio Grande do Sul - PUCRS, Brazil)
Norton Roman (University of São Paulo - USP/EACH, Brazil)
Pablo Mendes (IBM Research/Almaden, USA)
Palmira Marrafa (University of Lisboa - ULisboa, Portugal)
Paloma Moreda (University of Alicante - UA, Spain)
Paula Carvalho (European University, Portugal)
Paula Figueira Cardoso (University of São Paulo - USP/ICMC, Brazil)
Paulo Gomes (University of Coimbra - UC, Brazil)
Pedro Balage Filho (University of São Paulo - USP/ICMC, Brazil)
Renata Fortes (University of São Paulo - USP/ICMC, Brazil)
Renata Vieira (Pontifical Catholic University of Rio Grande do Sul - PUCRS, Brazil)
Roger Granada (Pontifical Catholic University of Rio Grande do Sul - PUCRS, Brazil)
Ronaldo Martins (UNDL Foundation - UNDLF, Brazil)
Ruy Milidiú (Pontifical Catholic University of Rio de Janeiro - PUC-Rio, Brazil)
Sandra Aluísio (University of São Paulo - USP/ICMC, Brazil)
Sara Candeias (Microsoft, Portugal)
Sérgio de Freitas (University of Brasília - UnB, Brazil)
Stella Tagnin (University of São Paulo - USP/FFLCH, Brazil)
Ted Pedersen (University of Minnesota - U of M, USA)
Thiago Pardo (University of São Paulo - USP/ICMC, Brazil)
Valéria Feltrim (State University of Maringá - UEM, Brazil)
Valeria de Paiva (Nuance Communications, USA)
Vera Lúcia Strube de Lima (Pontifical Catholic University of Rio Grande do Sul - PUCRS, Brazil)
Vladia Pinheiro (University of Fortaleza - UNIFOR, Brazil)

Natural Language Processing Steering Commitee

Vládia C. M. Pinheiro, Universidade de Fortaleza - UNIFOR
Sandra M. Aluísio, Universidade de São Paulo - USP/São Carlos
Ariani Di Felippo, Universidade Federal de São Carlos - UFSCar
Cláudia Freitas, Pontifícia Universidade Católica do Rio de Janeiro - PUC-Rio
Valéria Delisandra Feltrim, Universidade Estadual de Maringá - UEM

Contents

Gap in pagination due to unavailable papers and formatting issues.

Pages 10-13

Short Papers

Proceedings of Symposium in Information and Human Language Technology. Natal, RN, Brazil, November 4–7, 2015.

JCLexT: A Java Tool for Compiling Finite-State Transducers from Full-Form Lexicons

Leonel F. de Alencar, Philipp B. Costa, Mardonio J. C. França, Alexander Ewart, Katiuscia M. Andrade, Rossana M. C. Andrade*

Group of Computer Networks, Software Engineering, and Systems (GREat) – Universidade Federal do Ceará (UFC)
Campus do Pici, Bloco 942-A – CEP 60455-760 – Fortaleza – CE – Brazil

`jclext@great.ufc.br`

Abstract. *JCLexT is a compiler of finite-state transducers from full-form lexicons, this tool seems to be the first Java implementation of such functionality. A comparison between JCLexT and Foma was performed based on extensive data from Portuguese. The main disadvantage of JCLexT is the slower compilation time, in comparison to Foma. However, this is negated by the fact that a large transducer compiled with JCLexT was shown to be 8.6% smaller than the Foma created counterpart.*

1. Introduction

Finite-state transducers (FSTs) have been the preferred devices used to implement morphological parsers (Trommer, 2004). They store information in a compact manner and allow for quick lookup times, being superior to concurring alternatives.

Computing is increasingly moving towards mobile platforms. Due to this, the need for natural language processing tools which are designed for the specifics of this setting has emerged. Alencar et al. (2014), for example, addresses this issue with the proposal of JMorpher, a finite-state morphological parser in Java able to natively run on Android devices. However, the JMorpher tool is limited in its functionality, as it was designed to apply an existing finite-state transducer to an input text.

JCLexT aims to resolve this limitation, it is a Java tool that can compile a full-form lexicon into a finite-state transducer. JCLext emulates the `read spaced-text` command found in XFST (Beesley and Karttunen, 2003), Foma (Hulden, 2009) and HFST (Lindén, Silfverberg and Pirinen, 2009). It is the first Java tool of this sort that we are aware of, furthermore it was not based on any existing implementation.

JCLexT was inspired by the minimization algorithm for acyclic deterministic automata (DFSA) proposed by Revuz (1992). As a pure Java implementation, JCLexT inherits the advantages of this programming language, this includes better portability, such as being able to run on Android, desktop, servers or as a web service with minor changes to the existing implementation. Furthermore being written in Java keeps JCLexT platform compatible with the existing JMorpher software.

The main purpose of this work was to emulate and improve on the existing functionality of Foma, with the goal of trying to achieve better results with very large full-form lexicons.

* R. M. C. Andrade is a CNPq Research Fellow, DT Level 2. For invaluable contributions, we are grateful to Priscila Sales, Kleber Bernado, and Pedro Belmino.

It is worth noting as a result of this work we created LEXPT01, a lexical transducer of Portuguese which contains approximately 4 million paths. As far as we know, this is the largest lexical transducer of Portuguese currently in existence.

2. Algorithmic issues

In this paper, we skip the details of the main algorithm that underlies JCLexT. This algorithm is responsible for compiling a full-form lexicon into an FST, this has a reduced size in comparison to a baseline resulting from the simple union of the transducers encoding each individual word-parse pair, as was formulated for finite-state automata by Jurafsky and Martin (2009).

Although the minimization algorithm proposed by Revuz influenced the design of JCLexT's transducer size-reduction algorithm, differences do exist. Firstly, as Revuz formulated his algorithm in a relatively high level pseudo-code, a direct port to Java is difficult due to programming constraints. Secondly, there is a fundamental difference between acyclic DFSAs and FSTs, since the latter are not always determinizable and minimizable, see e.g. Jurafsky and Martin (2009), Beesley and Karttunen (2003), and Allauzen and Mohri (2003). Only p-subsequentializable transducers can be determinized and minimized. By contrast, simple automata, i.e. acceptors, are always determinizable and minimizable.

One important aspect of full-form lexicons is that they typically contain ambiguities and word-parse pairs of unequal length. As a consequence, FSTs compiled from such lexicons with Foma and XFST have arcs labeled with epsilons on the input side and are non-sequential. They are of the type which are classified as restricted by Alencar et al. (2014), being processed much faster than unrestricted FSTs.

Three goals were pursued in designing the compiling algorithm. Firstly, the generated FSTs should be restricted. Secondly, significant compression of the source should be achieved and finally, the FSTs generated should be superior to the FSTs produced by Foma.

3. Test Data

We tested JCLexT with LEXPT01, our own Portuguese lexical transducer with approximately 4 million paths. It was created primarily from FST03, an existing resource containing about 1.3 Million paths (Alencar et al., 2014), by extending its coverage to handle different orthographies and productive word-formation processes.

Foma's `print lower-words` command was applied to LEXPT01, extracting its lower language. Then Foma's `flookup` utility was used to parse this language with LEXPT01. This output was the full-form lexicon DIC.

In order to assess if FSTs generated by JCLexT behaved in an identical manner to analogous FSTs compiled by Foma with respect to unknown words, two corpora were used. The first one, MACM, is a slightly modified version of the Mac-Morpho corpus distributed with NLTK (Bird, Klein and Loper, 2009). The second being a word list from *Projecto Natura* referred to in this work as NAT.[1] Both corpora contain about one million items.

[1] URL: http://natura.di.uminho.pt/download/TGZ/Dictionaries/wordlists/LATEST/wordlist-big-latest.txt.xz, last modification timestamp 2015-4-18 19:37.

4. Evaluation

In order to carry out the evaluation, two FSTs were compiled from the full-form lexicon DIC. These were LEXPT01-J and LEXPT01-F, the J and F referring to the fact they were compiled by JCLexT and Foma. Five aspects were considered in the tests: (i) correctness, (ii) size, (iii) complexity, (iv) compilation times, and (v) parsing times.

Correctness was tested using Foma. The word-parse pairs from LEXPT01-J were thus shown to be isomorphic to DIC. Additionally, both LEXPT01-J and LEXPT01-F were applied to MACM and NAT, the word-parse pairs outputted being identical. This shows that the FST created with JCLexT is valid and correct.

Table 1. Size of the FSTs generated by JCLexT and Foma

	States	Arcs	Paths	Size on disk in bytes
LEXPT01-F	58 331	208 845	3 943 728	3 380 852
LEXPT01-J	58 339	208 029	3 943 728	3 089 547

Table 1 summarizes the results of test (ii), the most important being that JCLexT compiled an FST requiring 8.6% less disk space than the Foma FST.

To assess complexity, two aspects were considered: firstly, if the FST is sequential, meaning it is deterministic on the input side and secondly, if the FST is restricted or unrestricted. To detect if an FST is sequential, it is applied to a list of word forms from the input full-form lexicon using a deterministic parsing algorithm, the output is tested for correctness by comparing it to the input lexicon. To verify the restricted nature of the FSTs, an analogous procedure was applied, using JMorpher's RestrictedFST class. Both LEXPT01-F and LEXPT01-J were found to be non-sequential and restricted. Therefore, by these two criteria, they are of similar complexity.

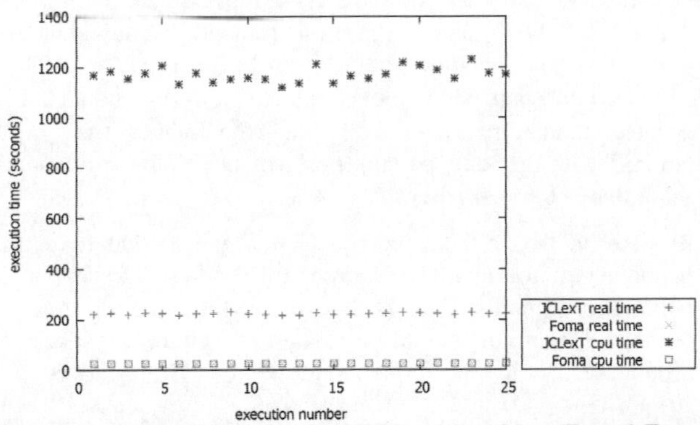

Figure 1: Compiling time of DIC with JCLexT and Foma

Test (iv) and test (v) were carried out on a system with a 64-bit Intel® Core™ Xeon CPU with 8 cores, clocked at 2.10GHz, 32 GB of RAM, running Ubuntu 14.04 LTS. The Linux's `time` utility was used. Figure 1 summarizes the results of test (iv). Foma was about 10 times faster than JCLexT. Counting time utilized on all system processors, JCLexT consumed about 47 times more processor time than Foma.

Test (v) looked at the parsing times of the FSTs generated by both JCLexT and Foma. There was no significant difference in this respect between the two FSTs. JMorpher needed around 5 seconds to parse MACM, either using LEXPT01-F or

LEXPT01-J, while Foma required approximately 4 seconds to parse with either FST.

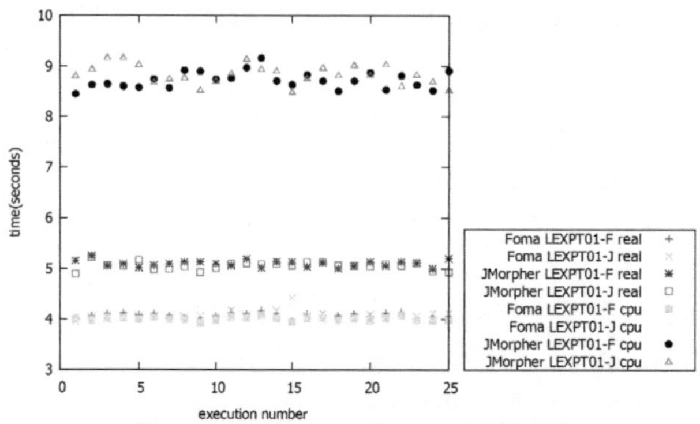

Figure 2: Parsing times of MACM

5. Final Remarks

JCLexT is a tool for compiling FSTs from full-form lexicons, filling the gap left open by Alencar et al. (2014) with the creation of JMorpher, whose Java finite-state tool can only be used for parsing. The ability to generate FSTs from full-form lexicons is very important for resource reuse, since full-form lexicons are available for different languages.

By using a full-form lexicon of Portuguese with approximately 4 million entries, we have compared JCLexT with Foma in relation to transducer equivalence, size and complexity, compiling time and parsing time. JCLexT generated an FST that was equivalent to the Foma counterpart. Both tools produce non-sequential and restricted FSTs, which parse faster than unrestricted FSTs. For the lexicon used in the tests, JCLexT compiled an FST with the same parsing performance as the corresponding FST compiled by Foma, but that is 8.6% smaller.

The decreased size of the FST created by JCLexT means that JCLexT is better suited than Foma to the generation of FST resources for mobile platforms, which often have storage space limitations due to costs. The slower FST production time is negated by the fact that in reality FSTs do not need to be created every time a text needs parsing. Once created a suitable FST could be copied onto many systems to be utilized as needed.

JCLexT combined with the existing JMorpher application means that a complete system using the Java platform to perform the linguistic tasks previously requiring Foma is now available. As a work in progress, the future will hopefully see further compiling algorithm optimization, resulting in faster generation of even smaller FSTs.

One question presented itself to us during this work: Are transducers compiled from large full-form lexicons p-subsequentializable and, thus, determinizable and minimizable? An increase in parsing speed may be possible by investigating if full-form lexicons can be encoded by p-subsequential FSTs and incorporating this feature into our tool.

References

Alencar, Leonel F. de et al. (2014). JMorpher: A Finite-State Morphological Parser in Java for Android. PROPOR 2014, p. 59-69.

Allauzen, C. and Mohri, M. (2003). Finitely subsequential transducers. In *International Journal of Foundations of Computer Science*, 14 (6): 983-994. World Scientific Publishing.

Beesley, K. R. and Karttunen, L. (2003). Finite State Morphology. Stanford, CSLI.

Bird, S., Klein, E., Loper, E. (2009). Natural Language Processing with Python: Analyzing Text with the Natural Language Toolkit. Sebastopol, CA, O'Reilly.

Hulden, M. (2009). Foma: a Finite-State Compiler and Library. In: Proceedings of the EACL (Demos), p. 29-32.

Jurafsky, D., Martin, J. H. (2009). Speech and Language Processing: an Introduction to Natural Language Processing, Computational Linguistics, and Speech Recognition. London, Pearson.

Lindén, K., Silfverberg, M., Pirinen, T. (2009) "HFST Tools for Morphology: an Efficient Open-Source Package for Construction of Morphological Analyzers", In: State of the Art in Computational Morphology, Edited by Cerstin Mahlow and Michael Piotrowski, Berlin, Springer, p. 28-47.

Revuz, D. (1992). Minimisation of acyclic deterministic automata in linear time. In *Theoretical Computer Science*, 92 (1): 181-189. Elsevier.

Trommer, J. (2004) "Morphologie", In: Computerlinguistik und Sprachtechnologie: eine Einführung, Edited by Karl-Uwe Carstensen et al., Heidelberg, Spektrum Akademischer Verlag, 2nd edition, p. 190-217.

Proceedings of Symposium in Information and Human Language Technology. Natal, RN, Brazil, November 4–7, 2015. ©2015 Sociedade Brasileira de Computação.

7x1-PT: um *Corpus* extraído do Twitter para Análise de Sentimentos em Língua Portuguesa

Silvia M. W. Moraes, Isabel H. Manssour, Milene S. Silveira

Faculdade de Informática
Pontifícia Universidade Católica do Rio Grande do Sul (PUCRS)
Caixa Postal 1429– 90619-900 – Porto Alegre – RS – Brazil

{silvia.moraes,isabel.manssour,milene.silveira}@pucrs.br

Abstract. *This paper describes the 7x1-PT corpus that contains a set of tweets, in Portuguese, posted during the match Germany vs Brazil at the FIFA World Cup 2014. We describe data collection, cleaning and organization, and also the current stage of the linguistic annotation of this corpus.*

Resumo. *Este artigo descreve o corpus 7x1-PT que contém um conjunto de tweets, em português, postados ao longo da partida da Alemanha com o Brasil durante a Copa do Mundo de 2014 da FIFA. Nós descrevemos como foi realizada a coleta, a limpeza e a organização, bem como comentamos o estágio atual de anotação linguística desse corpus.*

1. Introdução

A disponibilidade de recursos linguísticos e ferramentas computacionais consolidadas são fundamentais para realização de pesquisas que envolvam processamento da língua natural (PLN). Apesar dos esforços contínuos dos pesquisadores, a Língua Portuguesa ainda não dispõe de uma gama ampla e variada de tais recursos e ferramentas. Embora tenham ocorrido avanços nesse sentido, comparado a outras línguas, ainda há muito por fazer. Indo ao encontro dessa necessidade, construímos o *corpus* 7x1-PT, o qual poderá ser usado em pesquisas na área de Análise de Sentimentos[1] [Liu 2012]. O *corpus* 7x1-PT é um subconjunto da base de *tweets* WorldCupBrazil2014. Esta base é formada por 851.292 *tweets* coletados em vários idiomas (Português, Inglês e Espanhol) durante a copa do mundo de 2014 que ocorreu no Brasil. O *corpus* 7x1-PT contém apenas os *tweets* em português que foram postados durante a partida em que o Brasil perdeu de 7 a 1 para a Alemanha. Escolhemos formar este *corpus* especificamente em razão da grande repercussão gerada pelo resultado desfavorável para o Brasil. Este artigo está organizado em 5 seções. A Seção 2 descreve como os dados do *corpus* foram coletados e organizados. A Seção 3 menciona brevemente a limpeza realizada nos *tweets* do *corpus.* A Seção 4 descreve as anotações de natureza linguística que foram realizadas e as que estão em andamento. E a Seção 5 apresenta as considerações finais deste trabalho.

2. Coleta dos Dados e Anotação Estrutural

Os *tweets* da base WorldCupBrazil2014 foram coletados usando a API Twitter4J, a qual é baseada na API Twitter Rest. O processo de captura dos *tweets* ocorreu entre 30 de

1 A Análise de Sentimentos tem como objetivo determinar as opiniões das pessoas, seus sentimentos, avaliações, apreciações, atitudes e emoções quanto a produtos, serviços, organizações, pessoas, problemas, fatos, eventos e seus atributos [Liu 2012].

maio e 13 de Julho de 2014 e foi baseado em palavras-chave. Foram usadas palavras-chave como "copa", "vencedor", "turistas", "hexa", entre outras. A base WorldCupBrazil2014 foi estruturada em um banco de dados MySQL. Esta base contém tanto informações externas como os horários em que os *tweets* foram coletados, quanto informações internas tais como as *hashtags* que foram encontradas nos textos das mensagens. De cada *tweet*, a base mantém as seguintes informações: *tweet_id* (número de identificação do *tweet*), *message* (texto do *tweet*), *keyword* (palavra-chave usada durante a coleta dos dados para capturar o *tweet*), *timestamp* (horário local, em BRST), *user_id* (identificação do usuário que postou a mensagem), *hashtags* (*hashtags* existentes na mensagem), *links* (URLs presentes no corpo do *tweet*) e *location* (local de origem da postagem da mensagem, quando disponível). O *corpus* 7x1-PT está no formato *csv* e possui ainda mais duas anotações de natureza estrutural [Almeida e Correia, 2008]. São elas: *preprocessed message* (texto do *tweets* limpo e anotado) e *polarity* (polaridade[2] atribuída ao *tweet*). O *corpus* 7x1-PT, atualmente, contém 2.728 *tweets* em Língua Portuguesa, totalizando 35.024 *tokens* e 4.925 *types*. Na Figura 1, são apresentados alguns exemplos de *tweets* do *corpus* 7x1-PT.

"Começou!"
"Eu nao consigo torcer pela seleçao canarinho"
"A a a a a a a a coração !!!!! Vamos q vamos Brasil #BrasilCampeao #vaitercopasim #rumoaohexa #eToiss #BRAvsALE #BRAvsGER que venha a #ARG"
"Não adianta vir de rubro negro #GER"
"O brasil tinha que diminuir a vergonha com 3 gols"
"Era melhor ter ido ver o filme do Pelé."
"Cade Nazareth pra roubar a taça pra gente? #copadomundo #WorldCup #BRAvsGER"
"A BOLA É NOSSA O ESTÁDIO É NOSSO O BRASIL É NOSSO E NÓS SIMPLESMENTE PODEMOS CANCELAR TUDO"

Figura 1. Exemplos de *tweets* existentes no *corpus* 7x1-PT.

3. Limpeza e Normalização

Inicialmente, nós preprocessamos o texto das mensagens para facilitar a anotação de polaridade. Em razão da origem (*web*) e natureza das mensagens (*tweets* sobre futebol), enfrentamos problemas bem conhecidos e amplamente descritos na literatura da área [Duran et al, 2014; Xue et. Al, 2011]. Os *tweets*, em geral, são mensagens curtas, informais, que têm duração limitada e podem conter erros gramaticais (ortografia, pontuação, ...), gírias, clichês, abreviaturas usuais em *chats* ("internetês"), acrônimos, repetições de vogais e *emoticons*[3]. Todos esses elementos são considerados um desafio para abordagens automáticas visto que as ferramentas computacionais disponíveis para o processamento linguístico foram projetadas para textos bem escritos[4]. Inicialmente, as *hashtags*[5] e os *links* existentes no corpo das mensagens foram removidos. Essa limpeza, no entanto, não foi muito simples e teve que ser realizada de forma semiautomática. Um dos principais problemas foi a remoção das *hashtags*. Algumas delas faziam parte das sentenças, desempenhando algum papel sintático. Elas apareciam frequentemente como sujeitos ou objetos, tal como em "... que venha a #ARG". O que fizemos, nesse caso, foi

2 Polaridade: determinação dos pólos de um texto através de suas características (sentimentos em palavras) positivas ou negativas [Liu, 2012].

3 *Emoticon*: Junção dos termos em inglês: *emotion*(emoção) +*icon*(ícone). É uma sequência de caracteres tipográficos, tais como: :), :(ou ^-^ que expressa um estado emotivo.

4 O termo "bem escrito" foi usado no sentido de "bem formado", que segue a gramática da língua.

5 As *hashtags* foram removidas do corpo das mensagens, mas permanecem nas informações externas.

simplesmente remover o caracter #. Assim, para a frase-exemplo, obtivemos: ".. que venha a ARG". Nos casos em que as *hashtags* não faziam parte do texto das sentenças, nós as removemos completamente. Para realização dessa etapa, nós implementamos alguns padrões (expressões regulares) de limpeza e revisamos manualmente o resultado obtido. Outra dificuldade foram os acrônimos e as abreviações usadas pelos internautas, o chamado "internetês". Para resolver esses problemas, tal como em [Agarwal et al, 2011] , criamos um léxico, que mapeava tais abreviações aos termos correspondentes. O que permitiu que, por exemplo, "ARG" fosse transformada em "Argentina" e as ocorrências "q", substituídas pelo termo "que". Essa etapa de transformação também teve que ser revisada manualmente, pois encontramos casos para os quais o léxico não foi suficiente. A ausência de um delimitador (espaço em branco) entre os termos das frases impediu a substituições das abreviações em alguns casos. Isso aconteceu com o termo "oq", o qual deveria ter sido transformado em "o que". Outro elemento que dificultou o processamento automático, foi a falta de pontuação. Em geral, os internautas em mensagens curtas costumam não observar a pontuação, até mesmo no final das frases.

4. Anotação Linguística

A anotação de polaridade, no estágio atual, foi baseada unicamente no sentimento que as pessoas expressavam em relação à seleção brasileira. Nós anotamos manualmente cada *tweet* como negativo, neutro[6] ou positivo. Nós consideramos como positivos os *tweets* que elogiavam ou encorajavam a seleção brasileira. Nós anotamos como negativos aqueles que criticavam ou expressavam sentimentos pessimistas quanto ao desempenho do time brasileiro. As demais mensagens foram classificadas como neutras. A Tabela 1 mostra a distribuição atual de polaridade dos *tweets*.

Tabela 1 . Distribuição de Polaridade do *corpus* 7x1

Polaridade	# *Tweets* (%)
Negativo	800 (29 %)
Neutro	1,771 (65%)
Positivo	157 (06%)

A anotação das mensagens é uma tarefa subjetiva e foi realizada por dois anotadores humanos. O índice inicial de concordância observada [Artstein e Poesio, 2008] ficou em 53%. Cabe mencionar que o segundo anotador teve como principal função discutir e revisar a polaridade quando o primeiro anotador tivesse dúvidas. E essas dúvidas ocorreram em vários momentos. Por exemplo, o *tweet* "A Copa das copas" no inicio do jogo era postado como positivo. A partir do quinto gol da Alemanha, no entanto, passou a ser postado de forma irônica, tendo claramente um sentimento negativo. A cada gol realizado pela Alemanha, ironias ("*Esse ... joga muito... vou ate comprar as chuteiras dele*")[7] e sátiras ("*Tira o Hulk e chama os Vingadores*") passaram a acontecer com mais regularidade. Tais construções assim como *tweets* de cunho político ("*Hoje tem manisfestação*"), informativo ("*Cancelamento online de serviços de telefonia passa a valer a partir de hoje*") ou publicitária ("*Expo-noivas...*") foram anotadas como neutras.

6 No estágio corrente de anotação, a polaridade "neutra" possui um sentido mais amplo que o usual. Ela inclui mensagens sem polaridade definida como "Começou!" e também mensagens que não pertencem ao domínio Futebol.

7 O nome foi omitido, mas se referia a um jogador que não estava apresentando um bom desempenho em campo.

É importante mencionar que protelamos a anotação de ironias e sátiras, nesse estágio, pois a abordagem automática de classificação desses *tweets*, que também está em desenvolvimento, não trata textos dessa natureza.

Nós também organizamos o *corpus* conforme a ocorrência dos gols. No gráfico da Figura 2, podemos observar o sentimento dos torcedores ao longo do jogo. Houve mais *tweets* negativos quando o Brasil sofreu o primeiro gol (1T_1x0), no primeiro tempo, e ainda mais quando ele sofreu o quinto gol no segundo tempo de jogo (2T_5x0). A partir do segundo gol da Alemanha (1T_2x0), os *tweets* positivos praticamente deixaram de existir.

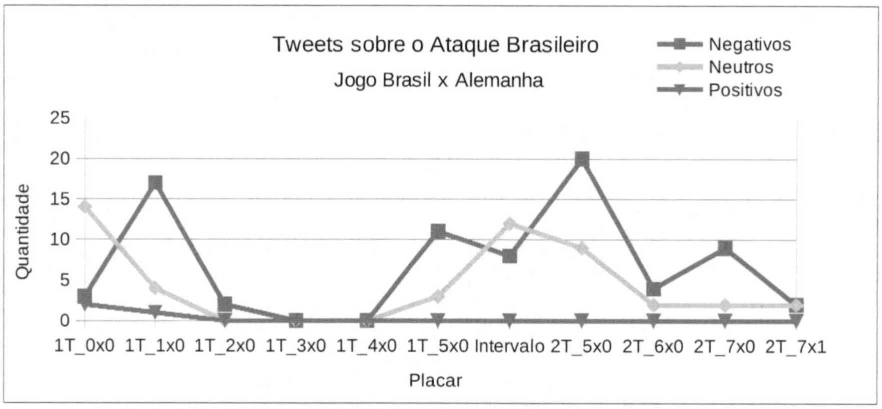

Figura 2. Polaridade dos *tweets* ao longo do jogo.

Atualmente, estamos revisando a anotação de polaridade. Para isso, contamos com dois novos anotadores humanos. O objetivo é dar mais confiabilidade à anotação. Além disso, vamos estender a anotação, definindo polaridade também dos *tweets* de cunho político. Esses *tweets* são uma parte significativa das mensagens que no momento estão anotadas como neutras. Em paralelo, estamos também incluindo etiquetas morfossintáticas, por meio de etiquetadores, no texto dos *tweets*. Desta forma, poderemos incluir análises quanto à distribuição dos termos do *corpus* em categorias gramaticais tal como feito em [Pak e Paroubek, 2010], bem como viabilizaremos estudos em abordagens nas quais a análise de sentimentos é baseada em léxicos.

5. Considerações Finais

A identificação automática dos sentimentos expressos em um texto é um desafio. No caso do Twitter, o desafio é ainda maior em razão da natureza desse serviço (*microblogging*). A postagem de mensagens curtas em tempo real estimula uma escrita diferenciada. Tais diferenças vão desde abreviações a erros de ortografia e sintaxe. Apesar disso, parte do preprocessamento requerido para preparar o *corpus* para análise de sentimentos já foi realizado. Atualmente, estamos revisando e ampliando a anotação de polaridade, bem como incluindo informações linguísticas às mensagens. Nosso próximo passo será incluir a anotação de ironia, visto que uma quantidade significativa do *corpus* é composta por tais mensagens. Hoje, essas mensagens fazem parte das mensagens anotadas como neutras. Uma outra motivação para esta anotação é o fato de existirem poucos *corpora* em Português com essa anotação. Pretendemos também realizar experimentos em Análise de Sentimentos com este *corpus*.

Referências

Agarwal, A.; Xie, B; Vovsha, I.; Rambow, O. e Passonneau, R (2011). "Sentiment analysis of Twitter data". In Proceedings of the Workshop on Languages in Social Media (LSM '11). Association for Computational Linguistics, Stroudsburg, PA, USA, 30-38.

Almeida, G. M. B. e Correia, M. (2008), "Terminologia e corpus: relações, métodos e recursos." In: Avanços de Linguistica de Corpus no Brasil", São Paulo, Humanitas, p.67-94.

Artstein, R. e Poesio, M. (2008), "Inter-coder agreement for computational linguistics". Computational Linguistics, 34, 4, p. 555-596.

Duran, M. S.; Avanço, L. V.; Aluísio, S. M.; Pardo, T. A. S.; Nunes, M. G. V. (2014), "Some issues on the normalization of a corpus of products reviews in Portuguese". In: 9th Web as Corpus Workshop (WAC-9), 2014, Gothenburg, Sweden. 14th Conference of the European Chapter of the Association for Computational Linguistics - EACL, p. 1-7.

Liu, B. (2012), Sentiment Analysis and Opinion Minin, Morgan & Claypool Publishers.

Pak, A. e Paroubek, P. (2010), "Twitter as a Corpus for Sentiment Analysis and Opinion Mining". In: Proceedings of the Seventh International Conference on Language Resources and Evaluation (LREC'10), Malta, ELRA.

Xue, Z.; Yin, D. e Davison, B. D. (2011), "Normalizing Microtext". In: Proceedings of the AAAI-11 Workshop on Analyzing Microtext , San Francisco,p. 74-79 .

Proceedings of Symposium in Information and Human Language Technology. Natal, RN, Brazil, November 4–7, 2015. ©2015 Sociedade Brasileira de Computação.

Comparative Analysis between Notations to Classify Named Entities using Conditional Random Fields

Daniela Oliviera F. do Amaral, Maiki Buffet, Renata Vieira

[1]Faculdade de Informática – Pontifícia Universidade Católica do Rio Grande do Sul (PUCRS)
Caixa Postal 1429 – 90619-900 – Porto Alegre – RS – Brazil

{daniela.amaral, maiki.buffet}@acad.pucrs.br, renata.vieira@pucrs.br

Abstract. *Conditional Random Fields (CRF) is a probabilistic Machine Learning (ML) method based on structured prediction. It has been applied in several areas, such as Natural Language Processing (NLP), image processing, computer vision, and bioinformatics. In this paper we analyse two different notations for identifying the words that compose a Named Entity (NE): BILOU and IO. We found out that IO notation presents better results in F-measure than BILOU notation in all categories of HAREM corpus.*

1. Introduction

NER is the task of identifying Named Entities (NEs), mostly proper nouns, from free texts and to classify them within a set of pre-defined categories that includes Person, such as "Carlos Ribeiro"; and Place, such as "Porto Alegre" [Freitas et al. 2010]. NER has been largely applied in texts through methods such as supervised learning to classify addition to the above categories, also, diseases and genes in the abstracts of the medical field [Ray et al. 2014]. Labeled data and a set of automatically extracted features are used to train models, such as Maximum Entropy Markov Models (MEMMs) [McCallum et al. 2000] or CRF [Pinto et al. 2003]. The key difference between CRF and MMEMs is that MMEMs use exponential models by states for conditional probabilities of upcoming states, considering the current state. Within this context, the method chosen for this study was CRF, that was evaluated in previous studies for this task [Amaral and Vieira 2014b].

Different notations are used to annotate data for the NER task. In previous studies, we used BILOU [Ratinov and Roth 2009]. This notation demarcates the NEs as follows: B (Begin), I (Inside), L (Last), O (Outside) and U (Unit), indicating the beginning, continuation and end of a compound NE, or whether the word does not refer to a NE or refers to an unit NE. The IO notation [Tjong Kim Sang and De Meulder 2003] is a simpler alternative. It defines whether a word is a NE or not I (Inside) or O (Outside), respectively. Therefore, this paper presents a comparative study, which consists in two different notations for identifying the words that compose a Named Entity (NE): BILOU and IO.

This article is structured as follows: Section 2 presents Related Work. Section 3 describes the development of the NERP-CRF system. Section 4 presents the evaluation process and the results we obtained. Section 5 points to the conclusions and further work.

2. Related Work

Therefore, as one analyses the results generated from CRF, it is found that it is possible to improve them by modifying the identification markings of the NEs through different types of notations. In [Ratinov and Roth 2009], for example, were applied two popular notations in the literature, BILOU and BIO, in their experiments for NER with the use of CRF.

Another interesting notation was applied in [Weber and Vieira 2014] using Stanford NER model [Sobhana et al. 2010]. Words that were not recognized as NEs were labeled as O (Outside). Words identified as NEs, in turn, received the classification Person, Place or Organization.

Similarly, the study by [Finkel et al. 2005] implemented a model based on the algorithm Gibbs sampling, in which specific labels were applied to the domain used, such as Person, Place and Organization, as well as consistent features extracted to generate the CRF model.

For this work, the employee corpus was the The Golden Collection (GC) HAREM [Santos and Cardoso 2007]. The NEs identified and classified by NERP-CRF received one of the ten categories established by HAREM: Abstraction, Event, Thing, Place, Work, Organization, Person, Time, Value and Other. Thus, our study differs from others due to the focus we give to our system, once the literature presents few studies that identify with different kinds of notations, and classify NEs, using the ten categories of HAREM in a corpus in Portuguese through CRF.

3. NERP-CRF System

This section describes the development of the NERP-CRF system [Amaral and Vieira 2014a] since the preprocessing of texts, as well as the model generated by CRF for NER. The elaboration of the model consists of two steps: training and testing. Thus, we adopted the HAREM's (GC) corpus that is divided into a set of texts for training and a set of texts for testing. The texts used as input for NERP-CRF are in the XML format with the categorization of the ENs and POS tagging. The system creates a preprocessing vector with this data. After this, the NEs are labeled with two alternative notations: BILOU and IO. These labels are also put in the previous vector. The goal of comparing BILOU and IO is to examine if a simplified notation such as this can increase learning performance. After the labeling, the feature vector is generated [Amaral and Vieira 2014a]. The features aim to characterize all the words in the corpus chosen for this process, directing the CRF in the identification and classification of the NEs. The input used for the CRF in the training step are the preprocessing vector and the features vector.

In the testing step, a set of texts is sent to NERP-CRF. This system: (a) creates the POS vector; (b) sends these vector and the same features vector to the CRF model generated in the training step, which, in turn (c) classifies the NEs of the corpus under study. Finally, the extracted NEs and the metrics precision, recall and F-measure are presented to the users of the system. The system process is completed with the output vector, which classifies the text with the notation applied and with the categories of the Second HAREM. The Table 1 illustrates the system output given the sentence: "Maria Antonia sonha em visitar Roma" (Maria Antonia dreams about visiting Rome).

Table 1. Two outputs of NERP-CRF: BILOU notation and IO notation.

	Maria	Antonia	sonha	em	visitar	Roma
BILOU	B	L	O	O	O	U
IO	I	I	O	O	O	I
CATEGORIES	PERSON	PERSON	-	-	-	PLACE

4. Evaluation of NERP-CRF

The results from the experiments were obtained according to the metrics: Precision, Recall and F-Measure [Mota and Santos 2008]. Therefore, this evaluation aims to find the most appropriate annotation to the NER task in the HAREM corpus. Our model has been demonstrating good results in comparison with other methods that use machine learning for the NER task [Amaral and Vieira 2014b].

Four experiments were carried out using the NERP-CRF system. For training, they all operated with the GC of the First HAREM, which encompasses 129 texts, and, for testing, with the GC of the Second HAREM, formed by over 129 texts. The two sets total 258 texts and approximately 237.232 words. The experiments differ from one another because of the following characteristics: Experiment 1: uses the BILOU notation and classifies the NEs according to the ten categories of HAREM; Experiment 2: uses the IO notation and classifies the NEs according to the ten categories of HAREM; Experiment 3: uses the BILOU notation and classifies the NEs in the categories Person, Organization, Place and Other. These categories were chosen due to the fact that they have been more widely studied within the field of IE [Weber and Vieira 2014] Experiment 4: uses the IO notation and classifies the NEs according to the same categories of experiment 3.

4.1. Results

Table 2 summarizes the performance of the ten categories with the BILOU and IO notations, respectively. When comparing Experiments 1 and 2, it is found that NERP-CRF presented better results for the ten categories with the IO notation. The highlight is for the category Event, which went from 14.347% to 19.745% in the F-measure. The IO notation contributed for that class to become more comprehensive and precise. Experiments 3 and 4 were carried out to see the learning behavior when the number of categories was reduced. Table 3 shows the performance of the BILOU and IO notations in the classification of NEs with the categories: Person, Place, Organization and Other. Again, there was a percentage increase of the F-measure when NERP-CRF identified them with the IO notation. Only the category Place kept a very similar value.

It is interesting to highlight that the category Organization had an increase of precision in experiment 4 in relation to experiment 3 (from 41.893% to 45.123%). This means that, when the system identified the NEs in the simplest way, it reached a larger number of correctly classified NEs in relation to the NEs that it managed to classify. In this scenario and generally speaking, the IO notation allowed an increase in the results compared to BILOU, both for the ten and for the four categories of HAREM.

Error analysis showed that NERP-CRF needs to improve the identification and classification of the NEs. The most frequent errors were: classification between the categories Place and Person, classification of acronyms and foreign words.

Table 2. Results of NERP-CRF for Experiments 1 and 2.

Categories	Recall		Precision		F-Measure	
	BILOU	IO	BILOU	IO	BILOU	IO
PERSON	58.98%	**61.04%**	65.85%	65.63%	62.23%	63.25%
PLACE	53.91%	55.58%	49.71%	49.81%	51.73%	52.54%
ORGANIZATION	54.18%	52.03%	38.70%	41.34%	45.15%	46.08%
EVENT	08.2%	**11.56%**	56.89%	**67.39%**	14.34%	19.74%
WORK	13.99%	14.48%	52.55%	48.14%	22.10%	22.27%
TIME	30.12%	30.78%	88.91%	87.98%	44.99%	45.60%
THING	01.43%	01.43%	22.85%	**33.33%**	02.70%	02.75%
ABSTRACTION	06.13%	06.42%	15.16%	17.67%	08.73%	09.42%
VALUE	66.11%	67.91%	67.02%	67.41%	66.56%	67.66%
OTHER	02.29%	02.29%	57.14%	80.00%	04.41%	04.46%

Table 3. Results of NERP-CRF for Experiments 3 and 4.

Categories	Recall		Precision		F-Measure	
	BILOU	IO	BILOU	IO	BILOU	IO
PERSON	56.28%	58.07%	67.60%	68.75%	61.42%	62.96%
PLACE	52.08%	51.88%	52.34%	53.87%	52.21%	52.86%
ORGANIZATION	51.70%	49.22%	41.89%	45.12%	46.28%	47.08%
OTHER	35.00%	37.93%	76.33%	72.67%	47.99%	49.84%

5. Conclusion and Future Work

NERP-CRF was the system developed to perform two functions: the identification of NEs and the classification of these NEs based on the ten categories of HAREM. For the four experiments that were conducted, it was possible to observe that all results of the IO notation, both for ten and for four categories, were higher than those of the BILOU notation. Therefore, we perceived that less granularity makes it easier for the system to learn NER. Consequently, the importance of changing notations in sentences enables a better classification of the NEs, so that the CRF can obtain even more accurate and comprehensive results under a specific domain corpus.

The error analysis suggests a future work with experiments using meta-learning algorithms, such as the combination of classifiers, to increase the effectiveness of NERP-CRF as the use of the algorithm AdaBoosting [Carreras et al. 2003] and Coreference Resolution [Fonseca et al. 2014].

References

Amaral, D. O. F. d. and Vieira, R. (2014a). Nerp-crf: uma ferramenta para o reconhecimento de entidades nomeadas por meio de conditional random fields. *Linguamática*, 6(1):41–49.

Amaral, Daniela; Fonseca, E. L. L. and Vieira, R. (2014b). In *Proceedings of the Ninth International Conference on Language Resources and Evaluation (LREC)*, pages 2554–2558. International Conference on Language Resources and Evaluation, Reykjavik.

Carreras, X., Màrquez, L., and Padró, L. (2003). A simple named entity extractor using adaboost. In *Proceedings of the seventh conference on Natural language learning at HLT-NAACL 2003-Volume 4*, pages 152–155. Association for Computational Linguistics.

Finkel, J. R., Grenager, T., and Manning, C. (2005). Incorporating non-local information into information extraction systems by gibbs sampling. In *Proceedings of the 43rd Annual Meeting on Association for Computational Linguistics*, pages 363–370. Association for Computational Linguistics.

Fonseca, E. B., Vieira, R., Vanin, A., and do Sul, G. (2014). Coreference resolution for portuguese: Person, location and organization. *International Conference on Computational Processing of Portuguese (PROPOR)*, pages 1–8.

Freitas, C., Mota, C., Santos, D., Oliveira, H. G., and Carvalho, P. (2010). Second harem: Advancing the state of the art of named entity recognition in portuguese. In *LREC*. Citeseer.

McCallum, A., Freitag, D., and Pereira, F. C. N. (2000). Maximum entropy markov models for information extraction and segmentation. In *Proceedings of the Seventeenth International Conference on Machine Learning*, ICML '00, pages 591–598, San Francisco, CA, USA. Morgan Kaufmann Publishers Inc.

Mota, C. and Santos, D. (2008). Desafios na avaliação conjunta do reconhecimento de entidades mencionadas: O segundo harem.

Pinto, D., McCallum, A., Wei, X., and Croft, W. B. (2003). Table extraction using conditional random fields. In *Proceedings of the 26th annual international ACM SIGIR conference on Research and development in informaion retrieval*, pages 235–242. ACM.

Ratinov, L. and Roth, D. (2009). Design challenges and misconceptions in named entity recognition. In *Proceedings of the Thirteenth Conference on Computational Natural Language Learning (CONLL)*, pages 147–155.

Ray, W. C., Wolock, S. L., Callahan, N. W., Dong, M., Li, Q. Q., Liang, C., Magliery, T. J., and Bartlett, C. W. (2014). Addressing the unmet need for visualizing conditional random fields in biological data. *BMC bioinformatics*, 15(1):202.

Santos, D. and Cardoso, N. (2007). Reconhecimento de entidades mencionadas em português: Documentação e actas do harem, a primeira avaliação conjunta na área.

Sobhana, N., Mitra, P., and Ghosh, S. (2010). Conditional random field based named entity recognition in geological text. *International Journal of Computer Applications*, 1(3):143–147.

Tjong Kim Sang, E. F. and De Meulder, F. (2003). Introduction to the conll-2003 shared task: Language-independent named entity recognition. In *Proceedings of the seventh conference on Natural language learning at HLT-NAACL 2003-Volume 4*, pages 142–147. Association for Computational Linguistics.

Weber, C. and Vieira, R. (2014). Building a corpus for named entity recognition using portuguese wikipedia and dbpedia. *International Conference on Computational Processing of Portuguese (PROPOR)*.

Proceedings of Symposium in Information and Human Language Technology. Natal, RN, Brazil, November 4–7, 2015.

Do Extrator de Conhecimento Coletivo à Ágora Virtual: desenvolvendo uma ferramenta para democracia participativa

Tiago Novaes Angelo[1], Cesar José Bonjuani Pagan[1], Romis Ribeiro Faissol Attux[1], Ricardo Ribeiro Gudwin[1]

[1] Faculdade de Engenharia Elétrica e Computação – Universidade Estadual de Campinas (UNICAMP) – Campinas – SP – Brazil

{attux,gudwin}@dca.fee.unicamp.br, pagan@dmcsi.fee.unicamp.br,

tiagonovaesangelo@gmail.com

Abstract. *The emergence of ICTs resulted in deep changes in access to information and knowledge, bringing a new perspective to the strengthening of democracy in contemporary societies. In this context , technology appears as promise to rescue a more direct citizen participation in public business. The aim of this paper is to contextualize this new moment in the history of democracy and to present a tool based in natural language processing, whose purpose is to provide foundations for the development of a virtual platform for participatory democracy.*

Resumo. *O surgimento das TICs acarretou profundas mudanças no acesso à informação e conhecimento, trazendo uma nova perspectiva para o fortalecimento da democracia nas sociedades contemporâneas. Neste contexto, a tecnologia surge como promessa de resgatar uma participação cidadã mais direta nos assuntos públicos. O objetivo deste artigo é contextualizar este novo momento na história da democracia e apresentar uma ferramenta fundamentada no processamento de linguagem natural, cujo propósito é dar bases para o desenvolvimento de uma plataforma virtual de democracia participativa.*

1. Introdução

O desenvolvimento científico-tecnológico tem acarretado rápidas e profundas alterações na sociedade e em seus modos de organização, estabelecendo novas formas de agir, pensar e comunicar [Hall 2006]. Dentre essas novas tecnologias, encontram-se as Tecnologias de Informação e Comunicação (TICs).

A intensa virtualização e o aumento da capacidade de processamento da informação trouxeram à tona novas possibilidades para o exercício ativo e participativo da cidadania, que antes estava restrito devido a limitações tecnológicas. É possível observar, por exemplo, o surgimento de redes sociais e comunidades virtuais onde são promovidos debates com intensa participação e grande fluxo de informação, estabelecendo novos espaços de conscientização e geração de opinião.

No entanto, ainda são poucas as iniciativas de uso destas tecnologias com o objetivo de estabelecer espaços públicos de participação política. Uma das dificuldades é desenvolver métodos de organização e tratamento da informação que garantam a ampla participação de todos os atores de uma comunidade, seja em consultas públicas ou na coleta de dados para deliberações coletivas.

Neste contexto, este artigo apresenta o "Extrator de Conhecimento Coletivo" (ECC), uma ferramenta desenvolvida a partir de tecnologias de processamento de linguagem natural e mineração de dados capaz de trazer à tona o conhecimento coletivo [Angelo 2014]. Além disso, também serão apresentados os fundamentos de um projeto que pretende desenvolver uma plataforma virtual de participação popular, denominada Ágora Virtual, tendo o ECC como núcleo de processamento de informação.

O presente artigo está estruturado em 3 eixos: o primeiro apresenta um histórico da evolução do conceito de democracia e como a tecnologia emerge como promessa de resgatar seus valores básicos de participação popular. Em seguida, é apresentado o ECC como uma ferramenta de coleta de dados sociais e tratamento da informação coletiva. Por fim, é apresentada a ideia de se utilizar futuramente o ECC como núcleo de uma plataforma virtual de participação popular nos moldes de uma Ágora Virtual.

2. Democracia Participativa: nova demanda do mundo contemporâneo

Foi na Grécia no Século V, mais especificamente na cidade-estado de Atenas, que a democracia passou a fazer parte do pensamento filosófico e político, tendo sido estabelecida ali a primeira sociedade democrática conhecida [Canfora 2008].

A democracia grega pautava-se na intensa atividade do cidadão nos assuntos coletivos, muitas vezes subordinando a vida privada às questões públicas e ao bem comum. Com a queda de Atenas e a ascensão de impérios, estados fortes e regimes militares, os ideais democráticos deixaram de ser uma prática comum, mas foram amplamente difundidos pela Europa principalmente pela República Romana e pelo Império que a ela seguiu, e voltaram à tona no fim da Idade Média e início do período Iluminista a partir de novas leituras da democracia clássica [Held 2006].

Neste processo, umas das principais modificações foi a transferência da participação direta dos cidadãos para um sistema centralizado de representação política. O filósofo e economista inglês John Stuart Mill defendia que a ideia grega de polis não era sustentável numa sociedade numerosa e complexa tal como era a sociedade europeia no século XVI [Held 2006]. Surge então a democracia representativa, na qual o poder da participação política não é mais diretamente exercido pelo cidadão, mas sim por uma figura que o representa e é escolhida pelo voto popular.

A representação política durante séculos foi (e ainda é) a principal forma de atuação de governos democráticos. Porém, seu papel nem sempre se estabeleceu de forma que os reais interesses da população fossem de fato atendidos. Alguns autores [Bennett and Entman 2001][Bucy and Gregson 2001] atribuem a este modelo a causa do desinteresse e descrédito do cidadão nos negócios públicos, uma vez que a cisão entre a esfera civil e política enfraqueceu o controle e a participação cidadã abrindo espaço aos interesses privados e de pequenos grupos e, principalmente, à corrupção.

Porém, o atual desenvolvimento tecnológico traz novas perspectivas para a promoção democrática e para a superação da crise provocada pelo papel da representação, uma vez que a virtualização e a elevada capacidade de processamento da informação tornam possível a reaproximação entre as esferas civil e política com a participativa mais ativa e direta do cidadão nos assuntos públicos. A este novo movimento social dá-se o nome de Democracia Participativa, que se caracteriza pelo uso das TICs no resgate dos valores clássicos de democracia. Um projeto que tem como objetivo desenvolver tecnologia para democracia participativa é o"Extrator de Conhecimento Coletivo"[Angelo 2014].

3. ECC: uma metodologia para coleta de dados sociais

Focado na proposta de coleta de dados sociais, o ECC busca o conhecimento coletivo decorrente da participação dos membros de uma comunidade através de um conjunto de algoritmos cujo objetivo é apresentar temas e ideias mais relevantes de um banco de dados formado por relatos em linguagem natural coletados durante uma consulta pública. Os fundamentos científicos do ECC foram criteriosamente escolhidos e focaram-se em duas áreas do conhecimento: Redes Complexas e mineração de dados [Angelo 2014].

As etapas que executam esta metodologia foram definidas segundo a abordagem *Knowledge Discovery in Databases* (KDD) [Fayyad et al. 1996]: seleção dos dados, pré-processamento, transformação e mapeamento, mineração de dados e, por fim, interpretação e avaliação do conhecimento extraído.

3.1. Arquitetura do ECC

O ECC é uma heurística que busca coletar as informações mais relevantes de um banco de dados formado por uma grande quantidade de pequenos textos. Seu objetivo é classificar as informações e selecionar as mais representativas extraindo temas e parágrafos. Para sua implementação, foi proposta uma arquitetura formada por quatro módulos que interagem entre si e com fontes externas, conforme detalhados a seguir.

- **Módulo CRC - Construtor de Rede Complexa:** O primeiro módulo é responsável por receber o banco de dados composto por um conjunto de textos e processá-lo gerando uma rede complexa com pesos baseados na co-ocorrência de palavras. Em um primeiro momento, os relatos escritos em linguagem natural são colocado em um documento único. As palavras contidas neste documento são *tokenizadas*, rotuladas e lematizadas por um lematizador [Stemmer 2013]. O objetivo é simplificar e reduzir o texto, melhorando seu processamento sem perder informação semântica. Eliminadas as *stop-words*, o documento resultante é transformado em um grafo onde os vértices representam as palavras e as arestas indicam a co-ocorrência das mesmas no texto. O processo de construção da rede se dá a partir da leitura de cada parágrafo, sobrepondo um ao outro através do incremento do valor das arestas (peso) ou da criação de arestas conforme a ocorrência de novas combinações de palavras. Por fim, de posse da rede, métricas de centralidade são calculadas.
- **Módulo RNQ - Ranqueador:** Este módulo tem como objetivo determinar a importância de cada nó do grafo a partir do cálculo de métricas de centralidade realizado no módulo anterior, gerando uma lista (ranking) com os vértices em ordem decrescente de valor. A métrica de centralidade escolhida para representar a importância dos nós foi o *betweenness* já que leva em consideração o fato das arestas serem direcionadas e com peso [Newman 2010].
- **Módulo EC - Extrator de Caminhos:** Este módulo é composto por um algoritmo cujo objetivo é encontrar conjuntos de palavras relevantes no contexto da rede,

denominados proto-frases[1], aplicando um algoritmo que parte dos vértices mais significativos (determinado pelo valor de sua métrica de centralidade) e "caminha" probabilisticamente pelo grafo segundo o peso de suas arestas. A entrada deste módulo são as palavras (vértices) escolhidas pelo usuário conforme a pontuação na tabela Ranking. A saída é um conjunto de palavras-chave que formam uma proto-frase, a qual será passada ao próximo módulo.

- **Módulo MF - Mapeador Final:** O último módulo do ECC tem como função extrair o parágrafo no documento de entrada que contém o trecho que melhor coincida com as palavras das proto-frases, tendo assim os parágrafos que melhor representam o coletivo de ideias. Para cada proto-frase uma frase é extraída segundo a quantidade de palavras coincidentes com o documento inicial e a ordem que se apresentam. O usuário recebe como saída os parágrafos que melhor se adaptam à proto-frase correspondente, sendo este, portanto, um representante do conhecimento coletivo.

O Extrator de Conhecimento Coletivo foi implementado em linguagem Java e testado utilizando uma amostra de 150 textos compostos por relatos em linguagem natural. Os autores do estudo concluíram que os resultados obtidos mostraram-se satisfatórios e que a metodologia elaborada atingiu o objetivo de se conhecer a percepção de um coletivo a respeito do que é vivenciado e relatado por seus participantes [Angelo 2014].

A arquitetura proposta e implementada faz parte exclusivamente de um instrumento de processamento da informação. Porém, sua aplicabilidade está condicionada a um contexto mais amplo, que abarca o desenvolvimento de uma plataforma virtual onde usuários poderão interagir tanto inserindo informação quanto recebendo aquilo que está sendo processado. Uma possibilidade para o desenvolvimento desta plataforma é fundamentá-la no conceito de Ágora Virtual [Lévy 2002].

4. Ágora Virtual: uma ferramenta para democracia participativa

A ideia de uma plataforma online para democracia participativa foi inspirada no conceito de Ágora Virtual, que utiliza-se da ideia de ciberdemocracia para expressar o uso das TICs na promoção da democracia [Lévy 2002]. A Ágora Virtual é uma hipótese utópica de plataforma online de democracia direta, a qual explora as potencialidade do cibersespaço na busca de problemas, debates pluraristas, tomada de decisão coletiva e avaliação dos resultados o mais próximo possível das comunidades envolvidas. Para que isto torne-se realidade, é preciso desenvolver ferramentas de filtragem inteligente de dados, navegação em meio a informação, simulação de sistemas complexos, comunicação transversal de forma a favorecer a tomada de decisão em coletivos heterogêneos e dispersos.

Nesta perspectiva, o ECC, como uma metodologia de coleta de dados sociais, pode ser um primeiro passo para o desenvolvimento de uma plataforma de web-democracia nos moldes da Ágora Virtual. Destarte, o próximo passo é desenvolver uma plataforma online onde os participantes de uma comunidade possam se expressar livremente através de relatos escritos em linguagem natural sobre temas específicos. O modelo poderá basear-se em uma rede social onde cada membro da comunidade possuirá seu próprio perfil por onde

[1]Proto-frase é uma sequência de palavras oriundas dos vértices da rede que, por sua vez, fazem parte dos textos originais. O algoritmo do módulo EC seleciona essas palavras e as coloca em sequência, formando uma *string*.

poderá acessar aos temas ou perguntas a serem respondidas. Estes relatos seriam processados em tempo real pelo ECC, o qual extrairia o conhecimento coletivo e o apresentaria a todos os usuários em forma de um relatório virtual.

O projeto de criação desta Ágora Virtual envolve a melhoria da tecnologia de processamento da informação do ECC e o desenvolvimento da plataforma e seu estabelecimento na Web. Como aplicação prática, após o amadurecimento da ideia e implementação do sistema, já está em estudo utilizá-la como ferramenta de consulta para coleta dados para o desenvolvimento do Plano Diretor de uma Universidade Pública, da qual toda a comunidade acadêmica poderá participar.

5. Conclusões

O desenvolvimento do ECC e da Ágora Virtual têm como propósito abrir caminhos para superar algumas limitações do nosso modelo de democracia representativa, possibilitando o fortalecimento da democracia participativa.

Ainda são inúmeros os desafios para implementar uma ferramenta de democracia participativa, ultrapassando os limites do desenvolvimento cientifico-acadêmico. Questões essenciais para o pleno exercício da cidadania como a inclusão digital, igualdade no acesso a informação, liberdade de expressão, educação política, conscientização do cidadão entre outras são condições básicas para o sucesso destes projetos, e devem ser igualmente debatidos e conquistados pela sociedade.

Referências

Angelo, T. N. (2014). Extrator de conhecimento coletivo: uma ferramenta para democracia participativa. Mestrado, DCA, Faculdade de Engenharia Elétrica, UNICAMP.

Bennett, W. L. and Entman, R. M. (2001). *Mediated politics: Communication in the future of democracy*. Cambridge University Press, Cambridge.

Bucy, E. P. and Gregson, K. S. (2001). Media participation a legitimizing mechanism of mass democracy. *New media & society*, 3(3):357–380.

Canfora, L. (2008). *Democracy in Europe: A History of an Ideology*, volume 5. John Wiley & Sons, New York.

Fayyad, U. M., Piatetsky-Shapiro, G., Smyth, P., and Uthurusamy, R. (1996). *Advances in knowledge discovery and data mining*. the MIT Press, Cambridge.

Hall, S. (2006). *A identidade cultural na pós-modernidade*. DPA, Rio de Janeiro.

Held, D. (2006). *Models of democracy*. Polity, Cambridge.

Lévy, P. (2002). *Cyberdémocratie*. Odile Jacob, Paris.

Newman, M. (2010). *Networks: an introduction*. Oxford University Press, New York.

Silva, S. P. d. (2005). Graus de participação democrática no uso da internet pelos governos das capitais brasileiras. *Opinião Pública*, 11:450–468.

Stemmer (2013). Disponível em:. *http://www.nilc.icmc.usp.br/nilc/tools/stemmer.html. Acessado em Junho de 2013.*

Proceedings of Symposium in Information and Human Language Technology. Natal, RN, Brazil, November 4–7, 2015. ©2015 Sociedade Brasileira de Computação.

Um novo corpo e os seus desafios

Diana Santos[1]

[1]ILOS, Universidade de Oslo
Postboks 1003 Blindern, N-0315 Oslo, NORUEGA

d.s.m.santos@ilos.uio.no

Abstract. *This paper describes the Mariano Gago corpus, a text corpus created after this brilliant Portuguese scientist and politician died, with the aim to create a testbed for question-answering challenges, time-line depictions, summarization, sentiment analysis, reputation anlytics and media studies, as will be detailed in the paper.*

Resumo. *Este artigo apresenta um novo corpo eletrónico publicamente acessível, construído para homenagear um grande professor e político português, José Mariano Gago. Através de uma rica anotação, pretende-se potenciar o desenvolvimento de aplicações inovadoras.*

Pareceu-nos que, do ponto de vista da área do processamento computacional da língua portuguesa, a melhor homenagem a Mariano Gago seria precisamente criar um conjunto de textos que permitissem a avaliação – e o consequente progresso – de várias técnicas e aplicações relevantes, para o português e em geral.

1. O conteúdo

O corpo Mariano Gago inclui presentemente (agosto de 2015) cerca de 350 mil palavras, todas obtidas de fontes na internete, divididas grosso modo em cinco categorias: notícias provocadas pelo falecimento (143 mil palavras), discurso (12 mil), entrevista (31 mil), outras notícias (75 mil), e conteúdo do sítio de homenagem (43 mil), mas prevê-se o seu alargamento com o tempo.

Os seguintes tipos de textos constam do corpo:

- obituário: notícia da morte com um resumo da vida
- testemunho e/ou apreciação: quer em primeira mão, quer noticiado como "reações à morte de"; tanto em jornais, como em blogues ou simplesmente em páginas da internete de instituições ou pessoais
- notícias de acções ou ocorrências provocadas pela morte: no caso em questão, além da notícias do velório e do funeral, informações sobre variadas homenagens (quer anúncio, antes, quer reportagem, depois)
- notícias relacionadas com acontecimentos associados (em particular, discussão sobre se a forma de condolências do primeiro ministro foi apropriada ou não)
- textos da autoria do próprio Mariano Gago (de variadas índoles)
- entrevistas feitas e publicadas
- textos noticiosos sobre atuação ou declarações de Mariano Gago
- textos de crítica ou elogio a ações de Mariano Gago

- textos, por exemplo entrevistas, que mencionam Mariano Gago

É possível levantar ("download") o corpo, ou coleção, na sua totalidade de várias formas, acessíveis de `http://www.linguateca.pt/CorpoJMG/`: (i) na sua forma mais crua, como cinco arquivos em formato textual simples, concatenando sequencialmente cada texto individual, com o título na primeira linha e o URL na última; (ii) numa versão anotada com informação sintática e semântica, pelo PALAVRAS [Bick 2000] e pelos anotadores da Linguateca; (iii) em formato CWB[1].

Além disso, existe um ficheiro separado com informação sobre as fontes (URL) de cada texto; outro com o género ou géneros do texto, a data de publicação e a data a que se refere a notícia (no caso de ser uma notícia e ser possível identificar a data). Prevê-se que ao longo do tempo mais informação irá sendo tornada pública.

2. Metodologia da sua construção

Este corpo foi criado manualmente através da cópia dos resultados obtidas no Google pela pesquisa "José Mariano Gago" ou "Mariano Gago", todos os dias de 17 a 30 de abril. Só as notícias em português, e que não fossem indicadas como oriundas de outro sítio, foram usadas (embora muitas fossem claramente repetidas). Evidentemente que apenas as 30 ou 40 páginas de resultados apresentados puderam ser analisadas (correspondendo a cerca de 400 resultados diariamente), e não toda a Web.

No dia 27 de abril também foi feita a procura "Mariano Gago homenagem", o que produziu bastantes ocorrências da participação deste em homenagens a outras personalidades. A partir do dia 1 de maio e até ao fim desse mês, por considerarmos que o instantâneo da Web a que tínhamos acesso com as procuras iniciais não mudava, as procuras foram outras e mais espaçadas, tais como "Mariano Gago visita" e "Mariano Gago entrevista", praticamente todas elas correspondendo a notícias anteriores ao seu falecimento.

Quando as notícias não eram sobre Mariano Gago mas apenas o mencionavam, escolhemos apenas dois ou três parágrafos das mesmas (incluindo a referência). Se o artigo ou notícia continha três ou mais referências, ou se o nome de Mariano Gago se encontrava no título, usámo-lo todo.

3. Usos deste recurso

A construção deste corpo teve em vista um conjunto de aplicações para os quais poderia servir de teste e de montra ou demonstração, tais como a caracterização do comportamento dos meis de comunicação social com presença na rede, a remoção de duplicados e demais limpeza, a construção de linhas temporais e de outras formas de visualizar um conjunto de documentos relacionados, a identificação e classificação de entidades mencionadas, a resposta automática a perguntas e a geração automática destas para efeitos de compreensão de português como língua estrangeira, a análise de sentimentos e opiniões, e a da reputação, a classificação automática de géneros textuais, e a identificação das fontes de uma notícia.

Por limitações de espaço, apenas discutiremos algumas destas aqui, veja-se o sítio da internete consagrado a este corpo para mais áreas.

[1] Veja-se `openCwb`.

3.1. Panorama dos meios de comunicação portugueses na rede

Quais os atores mais "publicadores"? Quais os mais citados? Quais os mais rápidos? Citam-se entre eles? Qual o panorama de reuso de informação, quer da Agência Lusa, quer de outros materiais? (Veja-se [Clough et al. 2002] sobre a questão do reuso em meios jornalísticos.) Quantos sítios da Internete indicam de onde vem o material publicado?

É possível, a partir desta notícia ou grupo de notícias, ter alguma ideia sobre os atores e a sua forma de atuação? Não estamos evidentemente a afirmar que o estudo da propagação e reuso de uma notícia (ou conjunto delas) pode caracterizar só por si os meios de informação portugueses, mas que a sua análise detalhada pode dar pistas para hipóteses a confirmar em posteriores estudos, assim como desenvolver sistemas (semi?)automáticos que calculam e mostram essa propagação para notícias futuras.

Um trabalho em progresso é a identificação do reuso ou da citação de diferentes partes dos textos ao longo do tempo, de forma a criar uma ilustração do fluxo da informação no tempo e a eventual diferença entre os subtópicos mencionados.

3.2. Construção de uma linha temporal

Uma tarefa relevante para jornalistas ou analistas de informação é, a partir de um conjunto de notícias, estabelecer uma linha temporal, e sistemas que a construam a partir de um conjunto de textos são uma aplicação interessante e útil para permitir lidar com o excesso de informação que nos rodeia.

Em relação ao corpo em questão, podemos estabelecer de facto duas ou três linhas temporais (as quais também são fornecidas a partir de uma anotação humana, para o treino e avaliação de sistemas):

- Dos acontecimentos relatados
- Da publicação das notícias
- Da atuação de Mariano Gago na sua vida

Além disso, constitui material excelente para desenvolver e testar o reconhecimento de datas e marcadores temporais, assim como para investigar a possível diferença na forma da citação à medida que o tempo passa, passando de "hoje", "ontem", "na passada sexta" e "no passado dia 17" a "a 17 de abril", etc.

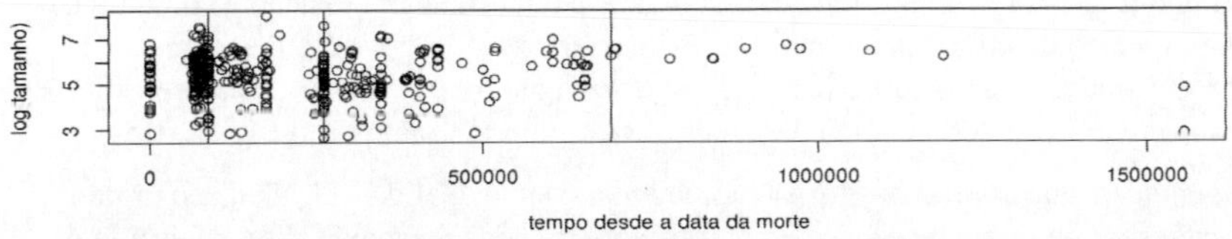

Figura 1. Conteúdo da parte do corpo das notícias que pode ser datada: as linhas verticais indicam 1, 3 e 8 dias respetivamente

Tabela 1. Distribuição das EM referentes a JMG

Mariano Gago	1835	José Mariano	37
José Mariano Gago	566	Prof. José Mariano Gago	25
Professor Mariano Gago	132	Professor Doutor José Mariano Gago	53
José Mariano Rebelo Pires Gago	81	Gago	49
Professor José Mariano Gago	48	Zé Mariano	24

3.3. Identificação e reconhecimento de entidades mencionadas

No caso de um corpo dedicado a uma personalidade, é obviamente interessante identificar TODAS as formas que a ele se referem, e mesmo separá-las por "familiaridade" ou distância em relação ao autor da notícia; opinião positiva ou negativa, etc. Veja-se, a título de exemplo, as diferentes designações usadas para referir Mariano Gago (antes de uma revisão cabal do sistema de REM): Este corpo é além disso ideal para estudar recuperação anafórica e cadeias de referência em português, algo que é possivelmente distinto na nossa língua em comparação com outras [Frankenberg-Garcia 1999].

Questões como *ministro*, *malogrado ministro*[2] ou *ex-ministro* referindo-se à mesma personalidade podem ser muito interessantes de tratar quando o objetivo é uma sumarização ou visualização de um conjunto (incoerente) de textos. (Mariano Gago teve, aliás, vários títulos em governos diferentes...) De facto, e como realçado em [Stoyanov and Cardie 2006], a forma como uma pessoa é mencionada é por si só uma pista importante para mostrar a opinião do autor sobre ela.

A análise das várias relações confessadas ou afirmadas pelos autores dos testemunhos também permite, embora provavelmente muito parcialmente, estabelecer uma imagem de quais as personalidades relacionadas com Mariano Gago e em que relação o foram, através por exemplo de uma rede de personalidades, tal como a proposta por [Hoof 2013] ao estudar cartas antigas de dois mil anos atrás.

3.4. Análise de sentimentos e de opiniões

Outra área para cujo desenvolvimento o presente recurso pretende contribuir é a determinação automática de textos positivos e negativos sobre um dado assunto, ou mesmo de textos concebidos como factuais, por oposição aos que apresentam opiniões do seu autor, área tradicionalmente chamada análise de subjetividade pela comunidade do PLN.Neste caso, seria muito interessante conseguir determinar qual a emoção ou opinião predominante: tristeza, admiração, entusiasmo, gratidão, pena, irritação[3], etc.

Embora este corpo tenha sido automaticamente analisado em relação a emoções a partir de um léxico de emoções abrangente, a deteção da emoção total e das nuances de cada frase está longe de estar resolvida, seja em que língua for. Com este corpo pretendemos por exemplo investigar o campo da admiração, seguindo [Santos and Mota 2015].

É evidente que as pessoas que não apreciam uma personalidade acabada de morrer não lhe escrevem obituários, por isso em geral a opinião dos mesmos sobre o falecido é

[2]Convém indicar que *malogrado* aparece neste corpo apenas no sentido de ter morrido cedo...

[3]Por exemplo, interessante, porque provavelmente inesperada num corpo deste tipo, foi a irritação mencionada por vários autores em relação às condolências expressas pelo primeiro ministro português, que foram consideradas mal formuladas e deram origem não só a piadas como até a críticas ferozes.

positiva. Contudo, graus de distância entre o homenageado e o autor do texto, temas abordados, menção ou não de questões negativas, e a escolha dos termos apropriados, são áreas que seria de grande interesse estudar, para identificar atitudes consensuais e outras divergentes em relação à personalidade em questão.

Outra das áreas relevantes – e complexas – na deteção de sentimento e opiniões, ver [Pang and Lee 2008], é a atribuição correta do detentor da opinião. Com o objetivo de tentar automatizar essa tarefa para o português, marcámos todos os verbos de dizer presentes no material, inspirados por [Freitas 2015].

Finalmente, será que baseado num conjunto de textos deste tipo é possível desenvolver um sistema que tenta atribuir fidedignamente a origem de uma dada notícia ou informação? Quantos de nós não estamos cansados de ler informações contraditórias publicadas por diferentes jornalistas e/ou comentadores, e não termos maneira de saber em que são baseadas? Um sistema que tentasse averiguar, dada uma notícia sobre cujo conteúdo tivéssemos dúvidas, a razão e as fontes que estavam por detrás dela poderia ser muito útil para tornar a informação veiculada mais confiável.

Referências

Bick, E. (2000). *The Parsing System "Palavras": Automatic Grammatical An alysis of Portuguese in a Constraint Grammar Framework.* PhD thesis, Aarhus University, Aarhus, Denmark.

Clough, P., Gaizauskas, R., and Piao, S. L. (2002). Building and annotating a corpus for the study of journalistic text reuse. In *Proceedings of the 3rd International Conference on Language Resources and Evaluation (LREC*, volume 2002), pages 1678–1691.

Frankenberg-Garcia, A. (1999). Crosslinguistic influence as a key to extracting second language teaching materials for monolingual classes from translation corpora. In Granger, S., editor, *Proceedings of the Workshop Contrastive Linguistics and Translation Studies: Empirical Approaches.*

Freitas, B. (2015). Discurso relatado: relatório parcial sobre a obtenção dos verbos do dizer. Technical report, PUC Rio.

Hoof, L. V. (2013). Dead languages and digital humanties: Social network analysis in the ancient world. What are Digital Humanitities? UiO, June 14-15, 2013.

Pang, B. and Lee, L. (2008). Opinion mining and sentiment analysis. *Foundations and Trends in Information Retrieval*, 2:1–135.

Santos, D. and Mota, C. (2015). A admiração à luz dos corpos. In Simões, A., Barreiro, A., Santos, D., Sousa-Silva, R., and Tagnin, S. E. O., editors, *Linguística, Informática e Tradução: Mundos que se Cruzam. Homenagem a Belinda Maia*, pages 57–77.

Stoyanov, V. and Cardie, C. (2006). Partially supervised coreference resolution for opinion summarization th rough structured rule learning. In *Proceedings of EMNLP 2006, Sydney, July*, pages 336–344.

Proceedings of Symposium in Information and Human Language Technology. Natal, RN, Brazil, November 4–7, 2015. ©2015 Sociedade Brasileira de Computação.

Análise Automática de Coerência Textual em Resumos Científicos: Avaliando Quebras de Linearidade

Leandro Lago da Silva[1], Valéria Delisandra Feltrim[1]

[1]Departamento de Informática – Universidade Estadual de Maringá (UEM)
CEP 87020-900 – Maringá – PR – Brazil

leandro@datacampo.com.br, vfeltrim@din.uem.br

Abstract. *This paper presents an extension of the coherence analysis module that is part of the writing tool called SciPo, allowing it to automate the analysis of the coherence dimension called Linearity Break. The proposed implementation is based on a combination of the entity grid model and information from the rhetorical structure of scientific abstracts, allowing it to generate messages that indicate possible linearity breaks in specific regions of the abstract. Experiments have shown that the combination of the entity grid model and information from the rhetorical structure is feasible and can be used as part of SciPo.*

Resumo. *Este artigo apresenta uma extensão do módulo de análise de coerência que é parte da ferramenta SciPo, visando à análise automática da dimensão chamada Quebra de Linearidade. A implementação proposta é baseada na combinação do modelo grade de entidades com informações provenientes da estrutura retórica do resumo, permitindo que o módulo gere mensagens que indiquem possíveis quebras de linearidade em regiões específicas do resumo. Experimentos mostraram que a combinação do modelo grade de entidades com a estrutura retórica é viável e pode vir a ser utilizada como parte da ferramenta SciPo.*

1. Introdução

A ferramenta SciPo [Feltrim et al. 2006] foi desenvolvida para auxiliar escritores iniciantes na escrita científica, em especial na escrita de resumos e introduções na área da Ciência da Computação. A ferramenta é voltada para a língua portuguesa e possui um módulo de análise de coerência (MAC), que detecta potenciais problemas de coerência textual em resumos.

O MAC é baseado na classificação de componentes retóricos e em Análise de Semântica Latente (*LSA*) [Landauer et al. 1998]. Atualmente, três tipos de relacionamentos semânticos, chamados de dimensões, são examinados pelo MAC [Souza and Feltrim 2013]. Uma quarta dimensão, chamada Quebra de Linearidade, foi proposta para o MAC, mas não chegou a ser automatizada. Essa dimensão busca identificar problemas de coerência locais que se caracterizam pela dificuldade em se estabelecer uma ligação clara da sentença atual com as sentenças adjacentes. Segundo os autores, os resultados obtidos com LSA para essa dimensão foram insatisfatórios, sugerindo o uso de outros modelos de coerência, como a de grade de entidades proposta por [Barzilay and Lapata, 2008].

Visando a automatização da dimensão Quebra de Linearidade, este trabalho propõe utilizar informações provenientes da estrutura retórica em conjunto com a grade de entidades para gerar mensagens que indiquem possíveis problemas de coerência local em regiões específicas do resumo, indicando, por exemplo, que uma possível quebra de linearidade foi detectada em certo componente retórico. Os resultados experimentais mostram que a proposta é viável de ser incluída do MAC da ferramenta SciPo.

A Seção 2 apresenta a proposta. A Seção 3 apresenta a metodologia e os resultados das avaliações são mostrados nas seções 4 e 5. Por fim, a Seção 6 traz as conclusões do trabalho.

2. Análise Automática de Quebra de Linearidade

Vários trabalhos têm usado a grade de entidades para automatizar em algum nível a análise de coerência [Barzilay and Lapata 2008; Burstein et al. 2010; Elsner and Charniak 2011; Castro Jorge et al. 2014; Dias et al. 2014; Freitas and Feltrim 2014]. Uma característica comum a esses trabalhos é a análise do texto completo, o que é útil em vários contextos de aplicação.

Freitas e Feltrim (2014) mostraram que o uso da grade de entidades possibilita a identificação de resumos com quebras de linearidade, no entanto, a análise do texto como um todo não permite a identificar a localização das quebras. Informar que o texto possui quebras de linearidade sem dar indicar a região em que as quebras ocorrem é de pouca utilidade para uma ferramenta de auxílio à escrita como o SciPo. Assim, é preciso que as sugestões geradas pela ferramenta sejam mais específicas, informando, ainda que de forma aproximada, em qual trecho do texto a quebra foi detectada.

A solução proposta foi usar a grade de entidades na análise de trechos menores constituídos por um ou mais componentes retóricos. Essa análise por trechos permite a geração de mensagens que indiquem quebras de linearidade em um componente ou grupo de componentes retóricos específicos, permitindo a geração de mensagens mais específicas por parte da ferramenta.

A partir da identificação dos componentes retóricos, feita por meio de um classificador retórico, a análise da dimensão Quebra de Linearidade pode ser iniciada. Em uma primeira etapa da análise, grades de entidades individuais são construídas para todos os componentes retóricos compostos de pelo menos duas sentenças. A partir de cada grade é extraído um vetor de características que então é testado por um classificador que atribui uma de duas categorias possíveis: Com Quebra ou Sem Quebra. Sempre que um trecho é classificado como Com Quebra, uma sugestão é gerada ao usuário indicando que aquele componente retórico específico possui uma possível quebra de linearidade. O usuário, por sua vez, pode acatar a sugestão, retornar ao texto para modificá-lo e reenviá-lo para uma nova análise, ou pode ignorar a sugestão dada, o que faz com que o processo de análise prossiga.

Em uma segunda etapa, novas grades de entidades são construídas para todos os pares de componentes adjacentes. O processo de classificação se repete como na primeira etapa e caso a análise continue, uma nova etapa é iniciada. A cada nova etapa, grupos maiores de componentes retóricos, gerados por meio da adição de um componente adjacente, são usados para gerar as grades de entidades e realizar a classificação. A análise continua enquanto não forem detectadas quebras de linearidade e termina quando houver um único grupo de componentes retóricos que corresponde ao resumo completo.

3. Metodologia

Para a identificação dos componentes retóricos foi utilizado o classificador AZPort [Feltrim et al. 2006], que classifica cada sentença de um resumo em uma de seis categorias retóricas: Contexto, Lacuna, Propósito, Metodologia, Resultado e Conclusão.

Para a construção das grades de entidades foi utilizado o sistema de Freitas (2013), que implementa o modelo de grade de entidades conforme proposto por Barzilay e Lapata (2008) para o português. Dois tipos de conhecimento linguístico foram considerados na construção das grades: (i) a função sintática das entidades (se sujeito (S), objeto (O), nenhum dos anteriores (X) ou ausente na sentença (-)) e (ii) a saliência, definida com base nas frequências das entidades observadas no discurso. Entidades que ocorrem pelo menos duas vezes no texto foram consideradas salientes.

A partir da grade de entidades foram extraídas as probabilidades de todas as possíveis transições de tamanho dois. Uma transição é uma sequência $\{S; O; X; -\}_n$ que representa as ocorrências da entidade em *n* sentenças adjacentes. As transições podem ser obtidas como sequências contínuas de cada coluna com certa probabilidade de ocorrência na grade. Dessa maneira, cada texto é representado por um conjunto fixo de transições e suas probabilidades, usando a notação padrão de vetor de características. Considerando a presença (+) ou a ausência (-) das informações sintáticas e de saliência, quatro configurações diferentes do modelo foram obtidas por meio das combinações de função sintática (+/-) e saliência (+/-).

Foram criados dois classificadores para a dimensão Quebra de Linearidade: um para classificar componentes retóricos isolados e o outro para classificar resumos completos. Os classificadores foram induzidos com o algoritmo J48 disponível no ambiente Weka [Witten and Frank 2005] e os resultados foram obtidos por meio de validação cruzada estratificada com 10 partições. O treinamento e teste dos classificadores foram feitos com o CorpusTCC [Souza and Feltrim 2013], um *corpus* composto por 408 resumos extraídos de monografias de conclusão de curso de graduação em Computação.

O classificador de componentes foi treinado com pares de componentes retóricos extraídos a partir dos resumos. Ao todo foram utilizados 1.160 pares de compostos por no mínimo três sentenças, sendo 580 pares originais e 580 pares gerados pela inversão das sentenças na fronteira dos componentes. O classificador de resumos completos foi treinado com 816 resumos, sendo 408 resumos originais e 408 resumos gerados pela inversão da ordem das sentenças. Em ambos os casos (pares e resumos), as versões geradas artificialmente foram consideradas Com Quebra enquanto os textos originais foram considerados Sem Quebra. A opção pela geração de versões artificiais para o treinamento dos classificadores se deu devido ao pequeno número de resumos originais anotados como tendo quebra de linearidade, o que deixa o *corpus* altamente desbalanceado.

4. Avaliação dos Classificadores

O classificador de componentes obteve taxa de acerto de 95,17% com a grade de entidades na configuração Sintático+ Saliência+. Dada a quantidade de pares usados no treinamento era esperado que essa configuração obtivesse melhor resultado, uma vez que ela incorpora mais conhecimento sobre as entidades.

O classificador de textos completos também obteve sua melhor taxa de acerto (85,05%) com a grade de entidades na configuração Sintático+ Saliência+. Essa taxa de acerto é menor do que a obtida com o classificador de componentes, provavelmente devido à diferença na quantidade de exemplos de treinamento.

Os resultados obtidos mostram que a grade de entidades é capaz de detectar quebras de linearidade mesmo em trechos pequenos, compostos de poucas sentenças. Assim, os dois classificadores que obtiveram os melhores resultados foram utilizados na dimensão Quebra de Linearidade.

5. Avaliação da Dimensão Quebra de Linearidade

A avaliação da dimensão Quebra de Linearidade foi avaliada com um conjunto de 28 resumos originais, sendo 14 resumos Com Quebra e 14 resumos Sem Quebra. Os resumos Com Quebra foram selecionamos manualmente do CorpusTCC por dois anotadores humanos. Os anotadores também identificaram, nesses resumos, os pares de sentenças que caracterizavam as quebras. Foram identificados 18 pares de sentenças com quebra de linearidade. Os 14 resumos Sem Quebra de linearidade foram selecionados aleatoriamente a partir do restante do CorpusTCC.

O primeiro experimento buscou verificar a acurácia da dimensão na identificação das quebras de linearidade. A taxa de acerto observada foi de 67,86%. Ao todo, 15 resumos foram avaliados como Com Quebra, sendo que 10 dos 14 resumos Com Quebra foram corretamente identificados.

Outro experimento, realizado apenas com os 14 resumos Com Quebra, buscou verificar a acurácia da dimensão em relação à identificação dos pares de sentenças anotados com quebra de linearidade. No total foram avaliados 73 pares de sentenças, sendo 18 pares Com Quebra e 55 pares Sem Quebra. Ao todo, 15 pares de sentenças foram avaliados como tendo quebra, sendo que nove dos 18 pares Com Quebra foram corretamente identificados. A cobertura para a classe Com Quebra foi mais baixa nesse segundo experimento, o que era esperado. De fato, identificar o par de sentenças que caracteriza a quebra de linearidade é uma tarefa difícil mesmo para anotadores humanos.

6. Conclusões

Este artigo apresentou uma proposta para a automatização da dimensão Quebra de Linearidade de modo que ela pudesse ser incluída no MAC da ferramenta SciPo. A proposta utiliza a grade de entidades como modelo para a avaliação de coerência de resumos científicos e o seu diferencial está na forma como o modelo é aplicado no contexto do MAC. O uso da grade de entidades para a análise de trechos menores de textos, juntamente com as informações provenientes da estrutura retórica do resumo, permite a geração de críticas e sugestões mais específicas, tornando-as mais úteis para os usuários da ferramenta SciPo.

Os resultados experimentais mostraram que a proposta de analisar trechos menores de texto usando a grade de entidades como modelo de coerência é viável, embora o desempenho dependa do tamanho do *corpus* de treinamento. Para que se tivesse um número maior de exemplos de treinamento, os textos com quebra de linearidade foram gerados artificialmente. Embora a geração das versões artificiais tenha buscado simular quebras de linearidade, os experimentos com textos originais mostraram que as quebras existentes nesses textos são sutis, causando uma queda no desempenho do MAC em relação aos resultados obtidos para os classificadores com validação cruzada.

Agradecimentos

A CNPq pelo apoio financeiro.

Referências

Barzilay, R. and Lapata, M. (2008). Modeling local coherence: An entity-based approach. *Computational Linguistics*, v. 34, p. 1–34.

Burstein, J., Tetreault, J. and Andreyev, S. (2010) Using entity-based features to model coherence in student essays. In: Proceedings of the 2010 Annual Conference of the North American Chapter of the Association for Computational Linguistics, Los Angeles, California, p. 681–684.

Castro Jorge, M.L.R., Dias, M.S. and Pardo, T.A.S. (2014). Building a Language Model for Local Coherence in Multi-document Summaries using a Discourse-enriched Entity-based Model. In: *Proceedings of the Brazilian Conference on Intelligent Systems*, São Carlos, SP, p. 44 - 49.

Elsner, M. and Charniak, E. (2011) Extending the entity grid with entity specific features. In: *Proceedings of the 49th Annual Meeting of the Association for Computational Linguistics: shortpapers*, Portland, Oregon, p. 125–129.

Feltrim, V. D., Teufel, S., Nunes, M. G. V. and Aluísio, S. M. (2006) Argumentative zoning applied to criquing novices scientific abstracts. In: Shanahan, J. G.; Qu, Y.; Wiebe, J., eds. *Computing Attitude and Affect in Text: Theory and Applications*, Dordrecht, The Netherlands, p. 233–246.

Freitas, A. R. P. (2013). Análise automática de coerência usando o modelo grade de entidades para o português. *Dissertação de mestrado*, Universidade Estadual de Maringá, 85p.

Freitas, A.R.P. and Feltrim, V.D. (2014) Usando Grades de Entidades na Análise Automática de Coerência Local em Textos Científicos. *Linguamática*, v.6, n.1, p 29-40.

Landauer, T., Foltz, P. and Laham, D. (1998). An introduction to latent semantic analysis. *Discourse processes*, v. 25, p. 259–284.

Souza, V. M. A. and Feltrim (2013). A coherence analysis module for SciPo: providing suggestions for scientific abstracts written in Portuguese. *Journal of the Brazilian Computer Society*, 19(1), p 59-73.

Witten, I. H. and Frank, E. (2005). *Data Mining: Practical Machine Learning Tools and Techniques*. Morgan Kaufmann – Elsevier.

Proceedings of Symposium in Information and Human Language Technology. Natal, RN, Brazil, November 4–7, 2015. ©2015 Sociedade Brasileira de Computação.

Anotação de corpus com a OpenWordNet-PT: um exercício de desambiguação

Cláudia Freitas[1], **Livy Real**[3], **Alexandre Rademaker**[3,2]

[1]PUC-Rio, Brazil

[2]FGV/EMAp, Brazil

[3]IBM Research, Brazil

Abstract. *This paper presents the first effort towards a portuguese wordnet annotated corpus. We mannualy annotated 30 sentences, using the OpenWordNet-PT as a lexicon, and then compared the results with an automatic annotation. In addition to the system's evaluation, the results provided valuable insights about how to deal with this ambitious task.*

Resumo. *O presente trabalho apresenta o primeiro passo em direção à construção de um corpus alinhado com uma wordnet — especificamente, com a OpenWordNet-PT. Fizemos um exercício de anotação manual dos substantivos de 30 frases, e comparamos os resultados com os de uma anotação automática. Para além dos índices de acerto do sistema, este breve exercício foi capaz de apontar caminhos para a construção de um corpus alinhado com uma wordnet.*

1. Introdução

No atual contexto do processamento computacional das línguas, em que sistemas já não são protótipos, recursos capazes de lidar com o processamento de sentido estão no centro das atenções. Tais recursos podem assumir a forma de corpora semanticamente anotados ou de léxicos computacionais ou bases de dados lexicais. Para a língua inglesa, a WordNet de Princeton [Fellbaum 1998] [1] é o exemplo canônico de uma base lexical geral e robusta, amplamente utilizada por sistemas de PLN. Por outro lado, ainda são poucos os trabalhos relacionados à construção de corpora alinhados à wordnets. Para a língua portuguesa, com relação a recursos similares à WordNet [Oliveira et al. 2015], destacamos a OpenWordNet-PT [de Paiva et al. 2012] [2] (doravante OpenWN-PT), alinhada à WordNet de Princeton e que conta hoje com 47.702 synsets, dos quais 32.855 correspondem a substantivos, 5.060 a verbos, 8.753 a adjetivos e 1.034 a advérbios.

A OpenWN-PT foi escolhida pelos organizadores dos projetos FreeLing [Padró and Stanilovsky 2012], Open Multilingual Wordnet [Bond and Foster 2013] e ainda Google Translate [3] como a representante das wordnets abertas em português. No entanto, a OpenWN-PT ainda não dispõe de um corpus alinhado, e este trabalho relata o primeiro passo nesta direção.

[1]Usaremos "WordNet" para nos referirmos à WordNet de Princeton e "wordnet" como termo geral para a classe de recursos léxicos com estrutura similar à WordNet.

[2]Disponível para download em `http://github.com/own-pt/openWordnet-PT/` e para navegação online em `http://wnpt.brlcloud.com/wn/`.

[3]`http://translate.google.com/about/intl/en_ALL/license.html`.

Alinhar um corpus com uma wordnet ainda em construção também é uma maneira de avaliar e melhorar a própria wordnet: a verificação da cobertura leva à adição de sugestões, além de garantir que tais adições são palavras de uso comum na língua.

Existem mais de 60 wordnets disponíveis [4] e, segundo [Petrolito and Bond 2014], há pelo menos 20 corpora anotados semanticamente a partir de wordnets, para mais de 10 línguas. Diferentemente dos corpora alinhados a wordnets de que temos conhecimento, que foram feitos manualmente [Koeva et al. 2010] ou consistem da tradução automática de algo feito manualmente [Bentivogli and Pianta 2005], pretendemos realizar a anotação por meio do módulo de desambiguação de sentidos (WSD) da suíte Freeling [Padró and Stanilovsky 2012]. O Freeling disponibiliza um conjunto de ferramentas abertas para o processamento de diferentes línguas, e o módulo WSD dedicado à língua portuguesa já incorpora a OpenWN-PT. Uma primeira etapa, portanto, na criação do corpus anotado e alinhado à openWordnet-PT é avaliar a qualidade da ferramenta WSD, comparando-a com o desempenho humano. O presente trabalho relata os resultados de um breve exercício que teve como objetivo principal produzir essa avaliação.

2. Formas de avaliar wordnets e relações semânticas

Boa parte dos trabalhos em PLN utiliza como forma de avaliação as medidas de precisão e abrangência. Para que essas medidas sejam calculadas, é fundamental a existência de um gabarito. No entanto, para a avaliação de bases lexicais criadas automaticamente, tais medidas não são facilmente aplicáveis. O que significaria, nesse contexto, a noção de abrangência? A quantidade de conhecimento corretamente codificado, com relação a todo o conhecimento que deveria ser adquirido? O problema está em como definir "todo o conhecimento que deve ser adquirido", já que o mesmo conjunto de fatos pode levar a diferentes interpretações e, consequentemente, a diferentes tipos de "conhecimento".

Ainda que existam tentativas de avaliar wordnets ou recursos similares em português [Oliveira et al. 2015], tais avaliações são sempre comparações, e pouco nos informam quanto à qualidade intrínseca de cada recurso. Adicionalmente, concordamos com [Brewster et al. 2004] quando indicam que uma possibilidade para a avaliação de ontologias é direcioná-las aos dados (uma avaliação data-driven). Por isso, um alinhamento entre os synsets existentes e um corpus é uma boa maneira verificar a sua completude – ainda que saibamos que um corpus será sempre uma porção limitada da língua.

3. Descrição do experimento

A suíte Freeling dispõe de um módulo desambiguação de sentidos (WSD), que realiza um alinhamento entre as palavras do texto e a OpenWordNet-PT. Com o objetivo de verificar a precisão do sistema automático de desambiguação, criamos um experimento no qual diferentes anotadores deveriam selecionar o synset adequado para uma palavra em contexto. Em seguida, comparamos os resultados obtidos com os synsets sugeridos pelo módulo de WSD do Freeling [Agirre and Soroa 2009].

Foram selecionadas 30 frases da porção brasileira do corpus Bosque, a parte revista da Floresta Sintá(c)tica [Afonso et al. 2002]. A escolha pela variante brasileira teve como objetivo garantir segurança na atribuição dos sentidos, já que os anotadores eram

[4] `http://globalwordnet.org/wordnets-in-the-world/`.

brasileiros. Além disso, consideramos apenas os substantivos, e selecionamos frases com pelo menos 5 deles. A restrição aos substantivos se deve à reconhecida polissemia verbal, o que tornaria a tarefa mais difícil para os avaliadores. O número total de substantivos avaliados foi de 226, com 204 palavras distintas.

Cada avaliador recebeu um formulário com as 30 frases, e abaixo de cada frase listamos os substantivos alvo, que por sua vez direcionavam o avaliador para a página da OpenWN-PT com todos os synsets em que palavra analisada participava. O avaliador então deveria selecionar o synset adequado, indicando no campo do formulário o código do synset. Mais de um synset poderiam ser escolhidos, desde que ambos se adequassem igualmente ao contexto, segundo o avaliador. Os avaliadores foram instruídos a deixar o campo em branco caso não considerassem nenhum synset adequado, independentemente na natureza da inadequação.

Os anotadores não receberam nenhum treinamento especial que garantisse familiaridade com a OpenWN-PT. Participaram da anotação 9 alunos de graduação do curso de Letras-Tradução e 1 tradutor (anotadores "inexperientes"). Adicionalmente, duas das autoras do artigo também participaram da anotação (anotadoras "experientes").

4. Resultados

Usando o coeficiente *Kappa* [Carletta 1996], que mede o grau de concordância entre anotadores, fizemos dois tipos de avaliação da concordância: apenas a concordância entre humanos, e a concordância entre humanos e o módulo de desambiguação do Freeling.

Na concordância inter-anotadores, considerando apenas os anotadores “inexperientes"e apenas um synset por anotador [5], o índice de concordância foi de 0.67. Quando, no mesmo grupo de anotadores, consideramos todos os synsets escolhidos para uma mesma palavra, o índice de concordância cai para 0.55. Chama a atenção o baixo índice de concordância, mas é igualmente surpreendente que a concordância apenas entre as anotadoras experientes também seja de 0.67.

Especificamente quanto às anotadoras experientes, quando comparamos o módulo WSD do Freeling e a anotadora 1, a concordância é de 0.45; a concordância entre o módulo WSD e a anotadora 2 é de 0.52; e a concordância entre ambas as anotadoras e o módulo WSD é 0.56. Porque a concordância foi baixa mesmo entre as anotadoras experientes, a avaliação com o módulo WSD do Freeling é pouco informativa com relação à qualidade do sistema. Isto é, se entre humanos é difícil acordar sobre qual o synset adequado, que desempenho esperar do sistema?

5. Análise dos erros

Em cerca de 20% dos casos foi apontada a ausência de um synset adequado. Essa ausência, por sua vez, não significa necessariamente uma lacuna na OpenWN-PT, já que o alinhamento de palavras com synsets é precedido pelas etapas de tokenização e lematização. Quando há falha em alguma dessas etapas, falha também a atribuição de sentido. [6]

[5] Ao longo da avaliação, percebemos que haviam anotadores mais criteriosos, que sistematicamente optavam por listar todos os synsets considerados adequados, em oposição a anotadores mais econômicos, que listavam apenas o primeiro synset adequado que encontravam. A opção de avaliação de um synset por anotador buscou evitar que a divergência na quantidade dos synsets escolhidos influenciasse a discordância.

[6] Todas as etapas do processamento foram realizadas pela suíte do Freeling.

A seguir, detalhamos as situações em que isso ocorreu: (1) Erro na atribuição da classe gramatical: 6 casos, em que estava em jogo a flutuação entre N e ADJ; (2) Erro de lematização quanto ao número: há palavras que atribuem sentidos ligeiramente diferentes quando estão no singular ou no plural: *recursos* pode ser o plural de recurso mas, com o sentido de *bens, riquezas, recursos financeiros*, será usado sempre no plural; *vésperas* também tem um sentido menos preciso que *véspera*; (3) Erros de tokenização e unidades multipalavra: quando a tokenização é feita palavra por palavra, é difícil apontar para o synset adequado se ele for composto por uma unidade multipalavra, e isso aconteceu em cerca de 20% das palavras não alinhadas.

Sabemos que algumas dessas "falhas" não são exatamente erros, mas antes pontos não consensuais no PLN e que se refletem nas wordnets.

Outro ponto é a necessidade de um tratamento mais sistemático de prefixos e outros compostos com hífen. Em nosso exercício, não foi possível anotar *super-acordo*, ausente na OpenWN-PT, e não nos parece que deveria ser diferente. Por outro lado, gostaríamos que *social-democrata* estivesse em algum synset.

A existência de synsets relacionados à política norte-americana também traz desafios no que se refere à anotação de textos de uma outra cultura, e talvez seja preciso criar synsets relevantes para o mundo lusófono.

Por fim, não sabemos como lidar com efeitos de estilo, como o emprego da expressão *a ferro e fogo*, em "*Iti Fuji conquista clientela a ferro e fogo. Restaurante tem seu ponto forte no balcão de grelhados, que se sobrepõe aos prosaicos sushis e sashimis.*", que deve remeter à expressão *a ferro e fogo*, mas, simultaneamente, também ao ferro e ao fogo das grelhas.

A possibilidade de atribuição de mais de um synset a uma palavra também contribuiu para a baixa concordância. Apesar de cientes da granularidade talvez excessiva da WordNet, e da dificuldade inerente à tarefa lexicográfica de separação dos sentidos das palavras [Kilgarriff 1997], não foram raros os casos em que mais de um sentido era possível, e isso só foi verificado após a anotação, com uma análise caso a caso das divergências. Tomando por base uma das anotadoras experientes, em ao menos 8% das palavras anotadas mais de um synset seria aceitável.

6. Considerações finais e trabalhos futuros

O objetivo inicial deste exercício foi verificar a qualidade de um sistema de desambiguação com base na OpenWN-PT. Para isso, criamos uma tarefa de anotação semântica. Considerando a baixa concordância entre os anotadores, a proposta inicial de avaliação de um sistema automático de desambiguação deve ser vista com cautela, uma vez que não está claro o que esperar exatamente como desempenho de um sistema nesta tarefa. Por outro lado, o exercício nos permitiu um instantâneo da OpenWN-PT versão 1.0, fornecendo pistas relativas a pontos que devem ser tratados na construção de uma wordnet cada vez mais robusta.

O exercício também nos apontou caminhos para etapas futuras na criação de um corpus anotado alinhado com a OpenWN-PT. Pretendemos refazer o experimento com uma ferramenta de anotação específica para isso, e já contando com uma versão melhorada da OpenWN-PT.

Referências

Afonso, S., Bick, E., Haber, R., and Santos, D. (2002). Floresta sintá(c)tica: um treebank para o português. In Gonçalves, A. and Correia, C. N., editors, *Actas do XVII Encontro Nacional da Associação Portuguesa de Linguística (APL 2001)*, pages 533–545, Lisboa, Portugal. APL.

Agirre, E. and Soroa, A. (2009). Personalizing pagerank for word sense disambiguation. In *Proceedings of the 12th Conference of the European Chapter of the Association for Computational Linguistics*, EACL '09, pages 33–41, Stroudsburg, PA, USA. Association for Computational Linguistics.

Bentivogli, L. and Pianta, E. (2005). Exploiting parallel texts in the creation of multilingual semantically annotated resources: the multisemcor corpus. *Natural Language Engineering*, 11(3):247–261.

Bond, F. and Foster, R. (2013). Linking and extending an open multilingual wordnet. In *Proceedings of the 51st annual meeting of the Association for Computational Linguistics (ACL)*, volume 1, page 1352–1362.

Brewster, C., Alani, H., and Dasmahapatra, A. (2004). Data driven ontology evaluation. In *In Int. Conf. on Language Resources and Evaluation*.

Carletta, J. (1996). Assessing agreement on classification tasks: the kappa statistic. *Computational linguistics*, 22(2):249–254.

de Paiva, V., Rademaker, A., and de Melo, G. (2012). OpenWordNet-PT: An open brazilian wordnet for reasoning. In *Proceedings of 24th International Conference on Computational Linguistics*, COLING (Demo Paper).

Fellbaum, C., editor (1998). *WordNet: An Electronic Lexical Database (Language, Speech, and Communication)*. The MIT Press.

Kilgarriff, A. (1997). I dont believe in word senses. *Computers and the Humanities*, 31(2):91–113.

Koeva, S., Leseva, S., Tarpomanova, E., Rizov, B., Dimitrova, T., and Kukova, H. (2010). Bulgarian sense annotated corpus - results and achievements. In *Proceedings of the 7th International Conference of Formal Approaches to South Slavic and Balkan Languages*, volume FASSBL-7, page 41–48, Dubrovnik, Croatia.

Oliveira, H. G., de Paiva, V., Freitas, C., Rademaker, A., Real, L., and Simões, A. (2015). *As Wordnets do Português*, volume 7, pages 397–424. OSLa, Oslo, Noruega.

Padró, L. and Stanilovsky, E. (2012). Freeling 3.0: Towards wider multilinguality. In *Proceedings of the 8th LREC*, page 2473–2479.

Petrolito, T. and Bond, F. (2014). A survey of wordnet annotated corpora. In *Proceedings of the Seventh Global WordNet Conference*, volume 1, pages 236–243, Tartu, Estonia.

Proceedings of Symposium in Information and Human Language Technology. Natal, RN, Brazil, November 4–7, 2015. ©2015 Sociedade Brasileira de Computação.

Integrating support verb constructions into a parser

Amanda Rassi[1,2], **Jorge Baptista**[2,3], **Nuno Mamede**[3], **Oto Vale**[1,4]

[1]Centro de Ciências Humanas – Universidade Federal de São Carlos (UFSCar)
Caixa Postal 676 – São Carlos – SP – Brazil – 13.565-905

[2]Faculdade de Ciências Humanas e Sociais – Universidade do Algarve (UAlg)
Campus Gambelas – Faro – Portugal – 8005-139

[3]Instituto de Engenharia de Sistemas e Computadores (INESC-ID Lisboa/L2F)
Lisboa – Portugal – 1000-029

[4]Cental – Université Catholique de Louvain
Louvain-la-Neuve – Belgium – B-1348

amandarassi85@gmail.com, jbaptis@ualg.pt

nuno.mamede@inesc-id.pt, otovale@ufscar.br

Abstract. *This paper describes the process of integrating into a rule-based parser a set of approximately 1,000 nominal predicates forming support verb constructions (SVC) with the verb* dar *'give' in Brazilian Portuguese. The system was evaluated on a sample of 580 sentences containing verb-noun combinations candidates to SVC, manually and independently annotated. Best results yield 85% precision, 79% recall, 76% accuracy and 82% F-measure.*

1. Introduction

Support verb constructions (*SVC*) [Gross 1981] pose a challenge to Natural Language Processing (NLP) because they are superficially alike verbal predicates (cp. *John gave a kiss to Mary vs. John gave a book to Mary*), but semantically they present a special configuration since the predicate is actually expressed by the predicative noun (*kiss*) instead of the verb (*give*). This entails a set of *SVC*-specific properties that distinguish them from ordinary (distributional) verbal constructions (*e.g. John gave my *kiss/book to Mary, John's kiss/*book to Mary*). From the perspective of identifying the meaning units of texts, *SVC* are a combination of verb and noun corresponding to a single semantic unit, although syntactically analysable. In this sense, they do not form a compound word, but a special type of collocation [Mel'cuk 1997], where the verb functions as an auxiliary of the noun, conveying the grammatical values of person-number and tense.

This paper briefly presents the formalization of the linguistic properties of 1,000 *SVC* constructions with verb *dar* 'give' in Portuguese, under the Lexicon-Grammar (LG) framework [Gross 1981]; it sketches the integration of the data into the rule-based parser XIP – Xerox Incremental Parser [Mokhtar et al. 2002], through an automatic process for generating, directly from a Lexicon-Grammar matrix, the dependency extraction rules, which are then integrated into a fully-fledged NLP system built for Portuguese – the STRING system [Mamede et al. 2012][1]; and, finally, it evaluates the performance of the system, by comparing it with a golden standard of a manually and independently annotated corpus of 580 *SVC* candidate sentences [Rassi et al. 2015].

[1]For more information on XIP and STRING: string.l2f.inesc-id.pt

2. Related work

Most studies on *SVC* aim at the detection, identification, and extraction from corpora, based only in linguistic information, such as the degree of compositionality of the *SVC*; or only in statistical information, such as association measures on co-occurrence distribution; or, else, hybrid approaches using both linguistic and statistical information [Stevenson et al. 2004], [Tan et al. 2006], [Wang and Ikeda 2008]. Hybrid methods for identification of *MWE* are, nowadays, the most commonly used [Tu and Roth 2011], [Gurrutxaga and Alegria 2011].

In order to parse *SVC* in texts, two main approaches can be adopted: (i) considering *SVC* as a whole block, whose constituents are relatively fixed and treated as a subtype of multiword expressions (*MWE*), such as compound words and many types of idioms (see [Calzolari et al. 2002], [Sag et al. 2002], [Fazly and Stevenson 2007], [de Cruys and Moirón 2007], [Diab and Bhutada 2009], among others); and (ii) an approach that, in spite of some specific syntactic-semantic properties, considers that *SVC* do have syntactic structure and follow the same constituency rules as the general grammar of the language, systematically admitting several lexically determined syntactic transformations (alternative wordings), *e.g.* passive, clefting *etc.* To the best of our knowledge, no study reports any attempt to integrated *SVC* into a parser, under this second perspective.

Portuguese *SVC* constructions have been intensively studied since the late 80's, and extensive lexicon-grammars of *SVC* (over 10 thousand predicative nouns) for both the European (EP) and the Brazilian (BP) variety of Portuguese have been produced, including the *SVC* with support verb *dar* 'give' [Baptista 1997, Rassi et al. 2014b]. For lack of space, see [Rassi et al. 2014a] for a recent overview.

3. Integration of *SVC* in XIP parser

Firstly, about 1,000 *SVC* with the verb *dar 'give'* in EP and BP were formalized into a Lexicon-Grammar matrix, where the lines correspond to the lexical entries (predicative nouns) and the columns indicate linguistic properties. In this matrix, the linguistic properties encoded are: (i) formal properties, such as the number of arguments, subclausal arguments, prepositions introducing the complements and type of determinant of the predicative noun; (ii) distributional properties, such as the semantic type of arguments (human or non-human nouns, locative complements, *etc.*) and the arguments' semantic roles (`<agent>`, `<patient>`, *etc.*); the main support verbs specific to each predicative noun are also explicitly encoded; and (iii) transformational properties, such as *Passive*, *Symmetry*, *Conversion* (see below). Secondly, the original lexicon was enriched with the predicative nouns built with suffix *-ada '-ed'*, which is a quite productive derivational device in Portuguese (particularly in BP), *e.g. dar uma cadeirada 'give an chair-ed'*, *dar uma mãozada 'give a hand-ed'*, *dar uma esquentada 'give a warm-ed'*, *etc.*

This dataset was integrated into STRING [Mamede et al. 2012], a fully-fledged, hybrid (statistical and rule-based) Natural Language Processing chain for Portuguese. It performs all the basic NLP tasks (tokenization, sentence splitting, part-of-speech (POS) tagging, POS-disambiguation, chunking and deep parsing). The STRING system uses XIP – Xerox Incremental Parser [Mokhtar et al. 2002] for its parsing module, which is rule-based and uses finite-state technology. XIP segments sentences into chunks (`NP`, `PP`, `VP`, etc.) and extracts dependency relations between the chunks' heads: `SUBJ`ect, `CDIR`

(Direct Object), MODifier, etc. In this framework, *SVC* parsing consists in the automatic generation, directly from the LG matrix, of dependency rules in the XIP format, which allow the parser to extract the dependency holding between the support verb and the predicative noun. This dependency is called SUPPORT. A set of programs were built for: (i) validating the linguistic data manually inputed into the LG matrix; and, then, (ii) automatically converting it into XIP dependency extraction rules.

The general strategy towards the implementation of *SVC* in STRING is sketched as follows: First, all XIP's normal parsing procedures are applied and the basic syntactic dependencies are extracted, specially SUBJ[ect], CDIR (direct object) and MOD[ifier] (for PPs), that is, the dependencies holding between the verb and its arguments, as for any ordinary distributional verb. Then, the special set rules for *SVC* identification operate upon the parse that has been produced so far in order to extract the SUPPORT dependency. Basically, these rules match, for each support verb and predicative noun combination, the dependencies already extracted (*e.g.*, the CDIR between *deu* 'gave' and *abraço* 'hug' in *Rui deu um abraço no João* 'Rui gave a hug to João'). Rules also consider Passive, Relative, and other structures transformationally derived from the base sentence (*e.g. O abraço que foi dado pelo Rui no João* 'The hug that was given by Rui to João'). Once this SUPPORT dependency has been extracted, then the following parsing stages can take it into account, for example, in the assignment of semantic roles.

The dependency rules consider the distinction between two main cases: (i) *elementary sentences*, whose dependency is called SUPPORT; these include both the *standard* (or active-like) constructions (*e.g. Rui deu um beijo na Eva* 'Rui gave a kiss to Eva') and the *converse* (or passive-like) constructions [Gross 1989, Baptista 1997, Rassi et al. 2014b] (*e.g. Eva ganhou um beijo do Rui* 'Ana got a kiss from Rui'); the SUPPORT dependency receives two features, depending on whether it corresponds the _standard and _converse constructions; and (ii) *causative constructions* [Gross 1981, p.23], which involve a causative operator verb (*VopC*) and a predicative noun, whose dependency is called VOP-CAUSE, and which are not considered as elementary sentences (*e.g. Algo deu raiva na Ana* 'Something gave anger in/on Ana'; cp. *Ana tem raiva* 'Ana has anger'). As the causative constructions occurred only 3 times in the 580 sentences of the reference corpus, they were ignored in this paper.

4. Evaluation

In order to evaluate the overall performance of the system, a reference corpus containing 2,646 sentences with *SVC* in (Brazilian) Portuguese was produced [Rassi et al. 2015], constituting a golden standard for *SVC* processing. These constructions have been manually and independently annotated by 5 annotators, all Portuguese native speakers, professional linguists, and experts in *SVC*. The average agreement between annotators was 80.8% and Cohen's Kappa was 0.604, which can be considered in the range between "moderate" and "substantial". The reference subcorpus for this paper consists of a sample containing 580 sentences with the verb *dar* give' and 8 stylistic or aspectual variants[2].

The evaluation of the new module of the Portuguese grammar for XIP parser in STRING was carried out in two stages: (i) a preliminary evaluation took as reference the

[2]The reference corpus is available at *https://sites.google.com/site/amandaprassi/recursos*

580 manually annotated sentences, considering the majority agreement among the annotators; (ii) the second evaluation was carried out with the same sample of sentences but after error analysis was performed. This analysis made possible to spot some inconsistencies in the annotation as well as some few errors in the Lexicon-Grammar. For example, some diminutive forms of *-da* '*-ed*' ending nouns (*e.g. arrumadinha* '*little tidy-ed up*') had not been adequately analyzed by STRING and hence were not associated with its lemma (*arrumada* '*tidy-ed up*'). This enabled us to improve the STRING lexicon. On the other hand, the inconsistent annotation of some *SVC* as idioms or some linking operator verbs as support verbs led us to refine the criteria for a more precise distinction between those categories. For lack of space, a fully detailed error analysis can not be presented here. The new (corrected) reference was then compared with STRING's new results in a second evaluation run. Results from both runs are compared in Table 1, using standard evaluation metrics (Precision, Recall, Accuracy and F-Measure). In this table, TP=true positives, FP=false-positives, FN=false-negatives and TN=true-negatives.

	TP	FP	FN	TN	Precision	Recall	Accuracy	F-Measure
First evaluation	350	91	114	25	79%	75%	65%	77%
Second evaluation	325	56	84	115	85%	79%	76%	82%

Tabela 1. First and second evaluations of STRING's performance

Comparing the first and second evaluation runs, one can see that the system's overall performance shows a small improvement. The most important change is the number of true-negative cases (TN), due mostly to a more precise definition and reclassification of idioms (*e.g. dar nome* 'give name to', *dar a volta por cima* 'turn things around') or the verb *ter* 'have' as a linking *Vop* (*e.g. Eu* ***tenho*** *uma informação para (dar para) você* 'I **have** an information to (give to) you'). Some errors derive from previous modules of the processing chain, for example errors in POS-tagging and disambiguation, in the chunking or in the syntactic parsing. Other errors came from the ambiguity between standard and converse constructions, especially when involving the verb *ter* 'have'[Rassi et al. 2014a].

5. Final remarks and future work

This paper reported preliminary experiments in integrating into the STRING NLP system, more precisely into the rule-based parser XIP, a set of about 1,000 *SVC*, involving the elementary support verb *dar* '*give*' and its variants, from European and Brazilian Portuguese. The results are promising and suggest that a rule-based approach is suitable for the analysis of support verb constructions. Furthermore, the methodology presented in this paper proved that it is possible to parse the (sometimes complex) syntactic structure that *SVC* present, so as to be able to use this for further NLP processing (*e.g.* semantic role labeling, anaphora resolution).

In the near future, we intend to integrate into STRING the already available Lexicon-Grammar matrices of the remaining predicative nouns, with the support verbs *estar Prep* 'be Prep', *ser de* 'be of', *fazer* 'make/do' and *ter* 'have', and evaluate the system's performance, by using the full corpus of 2,646 manually annotated sentences.

Acknowledgments

This work was partially supported by national funds through Portuguese Fundação para a Ciência e a Tecnologia (ref. UID/CEC/50021/2013), and Brazilian CAPES (ref. BEX 12751/13-8).

Referências

Baptista, J. (1997). *Sermão, tareia* e *facada*: uma classificação das expressões conversas *dar-levar*. *Seminários de Linguística 1*, pages 5–37.

Calzolari, N., Fillmore, C. J., Grishman, R., Ide, N., Lenci, A., Macleod, C., and Zampolli, A. (2002). Towards best practices for Multiword Expressions in Computational Lexicons. In *Proceedings of LREC'02*, pages 1934–1940, Las Palmas, Spain.

de Cruys, T. V. and Moirón, B. V. (2007). Semantics-based Multiword Expression extraction. In *Proceedings of MWE'07*, pages 25–32, Morristown, NJ, USA. ACL.

Diab, M. and Bhutada, P. (2009). Verb Noun Construction MWE Token Supervised Classification. In *Proceedings of the MWE'09*, pages 17–22, Stroudsburg, PA, USA. ACL.

Fazly, A. and Stevenson, S. (2007). Distinguishing Subtypes of Multiword Expressions Using Linguistically-Motivated Statistical Measures. In *Proceedings of MWE'07*, pages 9–16, Prague, Czech Republic. ACL.

Gross, G. (1989). *Les construction converses du français*. Droz, Genève.

Gross, M. (1981). Les bases empiriques de la notion de prédicat sémantique. *Langages*, (63):7–52.

Gurrutxaga, A. and Alegria, I. (2011). Automatic extraction of NV Expressions in Basque: Basic Issues on Cooccurrence Techniques. In *Proceedings of MWE'11*, pages 2–7, Portland, Oregon, USA. ACL.

Mamede, N., Baptista, J., Cabarrão, V., and Diniz, C. (2012). STRING: An hybrid statistical and rule-based Natural Language Processing chain for Portuguese. In *International Conference on Computational Processing of Portuguese (PROPOR 2012)*, volume Demo Session, Coimbra, Portugal.

Mel'cuk, I. (1997). *Vers une linguistique Sens-Texte*. Collège de France, Paris.

Mokhtar, S. A., Chanod, J.-P., and Roux, C. (2002). Robustness beyond shalowness: incremental dependency parsing. *Natural Language Engineering*, pages 121–144.

Rassi, A., Baptista, C. S.-T. A. J., Mamede, N., and Vale, O. (2014a). The fuzzy boundaries of operator verb and support verb constructions with *dar* 'give' and *ter* 'have' in Brazilian Portuguese. In *Proceedings of Workshop on Lexical and Grammatical Resources for Language Processing*, pages 92–101, Dublin, Ireland. COLING 2014.

Rassi, A., Perussi, N., Baptista, J., and Vale, O. (2014b). Estudo contrastivo sobre as construções conversas em PB e PE. In *Anais do Congresso de Estudos do Léxico*, volume 1, Araraquara, SP, Brasil. UNESP.

Rassi, A. P., Baptista, J., and Vale, O. A. (2015). Um corpus anotado de construções com verbo-suporte em Português. *Gragoatá*, 38(1):207–230.

Sag, I. A., Baldwin, T., Bond, F., Copestake, A., and Flickinger, D. (2002). Multiword Expressions: A Pain in the Neck for NLP. In Gelbukh, A., editor, *Proceedings of CICLing*, pages 1–15, Mexico City, Mexico.

Stevenson, S., Fazly, A., and North, R. (2004). Statistical Measures of the Semi-Productivity of Light Verb Constructions. In *Proceedings of MWE'04*, pages 1–8, Barcelona, Spain. ACL.

Tan, Y. F., Kan, M.-Y., and Cui, H. (2006). Extending corpus-based identification of light verb constructions using a supervised learning framework. In *Proceedings of MWE'06*, pages 49–56, Trento, Italy. ACL.

Tu, Y. and Roth, D. (2011). Learning English Light Verb Constructions: Contextual or Statistics. In *Proceedings of MWE'11*, pages 31–39, Portland, Oregon, USA. ACL.

Wang, Y. and Ikeda, T. (2008). Translation of the Light Verb Constructions in Japanese-Chinese Machine Translation. *Advances in Natural Language Processing and Applications*, 33:139–150.

Proceedings of Symposium in Information and Human Language Technology. Natal, RN, Brazil, November 4–7, 2015. ©2015 Sociedade Brasileira de Computação.

Extração de Alvos em Comentários de Notícias em Português baseada na Teoria da Centralização

Frank Willian Cardoso de Oliveira[1], **Valéria Delisandra Feltrim**[1]

[1]Departamento de Informática – Universidade Estadual de Maringá (UEM)
CEP 87020-900 – Maringá – PR – Brazil

{frankwco,valeria.feltrim}@gmail.com

Abstract. *This paper presents a prototype for target extraction in news comments in Portuguese based on Centering Theory. The prototype was evaluated and the results showed that Centering helps target extraction.*

Resumo. *Este trabalho apresenta um protótipo para a extração de alvos em comentários de notícias da língua portuguesa baseado na teoria da centralização. O protótipo foi avaliado e os resultados mostraram que a teoria auxilia na extração de alvos.*

1. Introdução

Para realizar a análise de sentimentos de forma mais refinada é necessário conhecer sobre quais entidades ou aspectos o escritor expressou sua opinião. Assim, uma das etapas dessa análise com uma granularidade mais fina busca extrair qual é o alvo da opinião [Liu 2012].

Grande parte dos trabalhos que buscam identificar alvos se concentram na extração de aspectos em *reviews* de produtos ou serviços, nos quais as entidades já são conhecidas. Poucos trabalhos focam a extração de alvos em outros tipos de texto, como os comentários de notícias. Uma proposta voltada para comentários de notícias escritos em chinês é a de [Ma and Wan 2010]. Já para a língua portuguesa, não foram encontrados na literatura trabalhos relacionados à extração de alvos para esse domínio.

Dessa forma, este artigo apresenta um protótipo para a extração de alvos em comentários de notícias escritos em português. O protótipo é uma adaptação da abordagem proposta por [Ma and Wan 2010], que faz uso da teoria da centralização [Grosz et al. 1995] para identificar para cada sentença do comentário, um alvo.

2. Trabalhos Relacionados

Vários trabalhos da literatura buscaram extrair aspectos sobre entidades conhecidas a partir de *reviews* de produtos e serviços. [Hu and Liu 2004] utilizaram um algoritmo que busca por substantivos e sintagmas nominais frequentes para extrair aspectos a partir de *reviews* de produtos. Exemplos de trabalhos com abordagens similares são os de [Popescu and Etzioni 2005], [Siqueira 2013] e [Silva 2010].

Já no domínio das notícias, [Kim and Hovy 2006] propuseram um método para a extração do titular, do alvo e da polaridade da opinião para cada sentença proveniente de notícias *online*. Para isso, o método explora informações semânticas provenientes de *Semantic Role Labeling* e da FrameNet.

Visto que nosso objetivo é extrair alvos a partir de comentários de notícias, o trabalho que mais se relaciona ao nosso é o de [Ma and Wan 2010], que propuseram uma abordagem para a extração de alvos em comentários de notícias para a língua chinesa baseada na teoria da centralização. A partir da análise manual dos comentários, os autores concluíram que informações relativas aos centros de atenção poderiam ser úteis na extração de alvos. Uma vez que um centro representa o foco de atenção de um enunciado, isso seria um indicativo de que o centro de atenção é o alvo. A abordagem proposta pelos autores contempla tanto alvos implícitos (alvos não mencionados na sentença opinativa), quanto alvos explícitos (alvos mencionados na sentença opinativa). Para a identificação de alvos implícitos são utilizadas informações extraídas da notícia comentada e informações contextuais extraídas em sentenças adjacentes nos comentários. A avaliação da abordagem foi feita com 1.597 sentenças extraídas dos comentários de nove notícias relacionadas a economia, esportes e tecnologia. Para cada sentença foi extraído um único alvo e a taxa de acerto geral (alvos explícitos e implícitos) foi de 43,2%.

3. Teoria da Centralização

Assim como [Ma and Wan 2010], nossa proposta para a extração de alvos usa informações provenientes da teoria da centralização (*Centering*). Proposta por [Grosz et al. 1995], a teoria foi desenvolvida para avaliar a coerência do discurso por meio da análise das transições entre os centros de atenção de cada enunciado.

Na teoria da centralização, cada enunciado U_i possui um conjunto ordenado de centros associados chamado de *Forward-Looking Centers* $Cf(U_i)$. Esse conjunto contém todos os potenciais centros de atenção do enunciado atual e que também representam os potenciais centros dos próximos enunciados, assumindo um texto coerente. A ordenação do $Cf(U_i)$ é realizada de acordo com a função sintática dos elementos, sendo sujeito > objeto > outros a ordem de preferência mais comum. O primeiro elemento do conjunto $Cf(U_i)$ é o mais saliente e é denominado *Preferred Center*, sendo representado por $Cp(U_i)$. Outro elemento do *Cf* é o *Backward-Looking Center*, representado por $Cb(U_i)$. Cada enunciado possui um *Cb*, que se conecta com um elemento do $Cf(U_{i-1})$, desde que o enunciado não seja o primeiro do discurso. Em um discurso coerente, o $Cp(U_i)$ tem a maior probabilidade de ser o $Cb(U_{i+1})$.

4. Descrição do Protótipo para Extração de Alvos

O objetivo deste protótipo é a extração de alvos explícitos em comentários de notícias em português. Considerando a definição de alvo proposta por [Liu 2012], nosso foco são as entidades dos discurso, dado que o *corpus* de comentários utilizado no desenvolvimento e avaliação do protótipo tem como alvos entidades humanas, em particular, políticos.

O protótipo recebe como entrada uma base de comentários. Em uma primeira etapa é feito o pré-processamento, que inclui substituição de abreviações e gírias, correção ortográfica e análise sintática e morfológica. As bases de abreviações e gírias foram criadas manualmente a partir da observação do SentiCorpus-PT [Carvalho et al. 2011] e listas disponibilizadas na internet. O corretor ortográfico foi construído a partir da base léxica do LibreOffice[1].Para a análise sintática e morfológica foi utilizada a API da ferramenta Cogroo [2].

[1] http://pt-br.libreoffice.org/

[2] http://ccsl.ime.usp.br/redmine/projects/cogroo/wiki/API_CoGrOO_4x

Tabela 1. Pseudocódigo baseado na Teoria da Centralização

Entrada: Um comentário com M sentenças $S=\{s_i\}$, sendo que cada sentença possue um conjunto de alvos candidatos $Cf(s_i)=\{c_i\}$.
Saida: Um conjunto de alvos $\{t_i\}$, no qual cada t_i é um alvo da sentença s_i.

Para Cada s_i em S
  Se i = 1 (s_i é a primeira sentença)
    Escolher o elemento de melhor *ranking* no conjunto $Cf(s_i)$ ($Cp(s_i)$) como t_i
  Se Não
    Para Cada c_i em $Cf(s_i)$
      Se c_i está relacionado com um elemento c'_i em $Cf(s_{i-1})$
        Adicionar c'_i no conjunto $Cb(s_i)$
    Se $Cb(s_i)$ não estiver vazio
      Escolher o elemento de melhor *ranking* do conjunto $Cb(s_i)$ como t_i
    Se Não
      Escolher o elemento de melhor *ranking* do conjunto $Cf(s_i)$ como t_i

Após o pré-processamento é feita a extração dos alvos candidatos. São considerados candidatos todos os substantivos, nomes próprios e pronomes encontrados. Assim, para cada sentença é gerada uma lista ordenada com os possíveis candidatos. Tendo por base a teoria da centralização, a ordenação dos candidatos é feita de acordo com a sua função sintática. Neste trabalho usamos a seguinte ordem de preferência: sujeito $>$ objeto direto $>$ objeto indireto $>$ objeto preposicional $>$ outros.

A próxima etapa é a escolha do melhor candidato a alvo da sentença. Assim como em [Ma and Wan 2010], o algoritmo que seleciona o melhor candidato usa informações provenientes do *Cf*, *Cp* e *Cb*. Ao final do processamento, apenas um candidato é escolhido como alvo para cada sentença do comentário. O pseudocódigo do algoritmo de seleção do melhor candidato a alvo utilizado no protótipo é apresentado na Tabela 1.

5. Avaliação do Protótipo

A avaliação do protótipo foi feita com um subconjunto de comentários do SentiCorpus-PT [Carvalho et al. 2011]. O SentiCorpus-PT é composto por comentários relacionados a notícias políticas manualmente anotados com informações relativas à polaridade e aos alvos da opinião. A versão do SentiCorpus-PT utilizada neste trabalho é composta por 1.082 comentários, totalizando 2.726 sentenças opinativas.

Para o teste do protótipo foram extraídos aleatoriamente do SentiCorpus-PT 100 comentários, totalizando 255 sentenças. A quantidade reduzida de comentários usados na avaliação se deve ao fato da teoria da centralização pressupor a resolução de correferência, a qual foi realizada manualmente para os comentários extraídos.

Das 255 sentenças extraídas, 99 continham mais de um alvo. Assim como em [Ma and Wan 2010], neste trabalho apenas um alvo foi extraído para cada sentença. Dessa forma, para as sentenças com mais de um alvo, a extração foi considerada correta se o alvo extraído estava entre os alvos anotados para sentença.

Para avaliar o efeito da teoria da centralização na extração, duas *baselines* foram construídas. A *Baseline 1* considera como alvo o sujeito da sentença. No caso de períodos compostos com mais de um candidato, a *baseline* escolhe o alvo de acordo com a seguinte ordem de preferência: nomes próprios > substantivos > pronomes. Caso os candidatos tenham a mesma classificação sintática e morfológica, é escolhido como alvo o candidato que aparece primeiro na sentença. A *Baseline 2* considera como alvo os nomes próprios, independente da classificação sintática. Caso exista mais de um nome próprio na sentença, é escolhido o primeiro encontrado.

Os resultados obtidos para as duas *baselines* e para o protótipo em termos da taxa de acerto são apresentados na Tabela 2.

Tabela 2. Resultados da Extração

	Precisão
Baseline 1	46,27%
Baseline 2	48,63%
Teoria da centralização e sem resolução de correferência	55,29%
Teoria da centralização e com resolução de correferência	63,92%

Comparando-se as *baselines*, a *Baseline 2* foi 2,36% melhor que a *Baseline 1*. Acreditamos que isso se deva a característica do corpus, em que os alvos são entidades humanas, favorecendo assim a ocorrência de alvos que correspondem a nomes próprios. Já o protótipo superou as duas *baselines*, apresentando um desempenho 17,65% melhor em comparação a *Baseline 1* e 15,29% melhor em comparação a *Baseline 2*. Isso mostra a contribuição da teoria da centralização e o seu potencial na identificação dos alvos.

Para avaliar o impacto da resolução de correferência, o protótipo foi avaliado com o mesmo *corpus* de 100 comentários, porém sem a resolução manual de correferência. Como era esperado, o protótipo apresentou uma queda de 8,63% na taxa de acerto, mas ainda assim foi melhor que as *baselines*.

6. Conclusões e Trabalhos Futuros

Este trabalho apresentou um protótipo para a extração de alvos em comentários de notícias escritos em língua portuguesa. Para isso foi utilizada uma abordagem baseada na extração de sintagmas nominais e na teoria da centralização para escolher o melhor candidato a alvo de cada sentença. Na avaliação do protótipo foram utilizados 100 comentários retirados do SentiCorpus-PT. O resultado final, com a taxa de acerto de 63,92%, foi comparado a duas *baselines*, demonstrando a contribuição da teoria da centralização para a identificação de alvos.

A teoria da centralização pressupõe que seja realizada a resolução de correferência. Neste trabalho esse processo foi feito manualmente, o que limitou o tamanho do corpus utilizado na avaliação. Assim, como um trabalho futuro pretendemos automatizar essa etapa e verificar qual o impacto de se utilizar uma ferramenta de resolução automática de correferência. Além disso, pretendemos testar o protótipo em outros tipos de textos, como comentários extraídos de redes sociais. Outros trabalhos futuros incluem a construção de extratores baseados em aprendizado de máquina e no uso de padrões sintáticos e morfológicos [Liu et al. 2013], permitindo avaliar o desempenho das diferentes abordagens no contexto da extração de alvos em comentários de notícias.

Agradecimentos

A Capes pelo apoio financeiro e ao Prof. Dr. Sérgio Roberto Pereira da Silva (*in memoriam*) pela motivação e apoio para o início deste trabalho.

Referências

Carvalho, P., Sarmento, L., Teixeira, J., and Silva, M. J. (2011). Liars and saviors in a sentiment annotated corpus of comments to political debates. In *Proceedings of the 49th Annual Meeting of the Association for Computational Linguistics: Human Language Technologies: Short Papers - Volume 2*, HLT '11, pages 564–568, Stroudsburg, PA, USA. Association for Computational Linguistics.

Grosz, B. J., Weinstein, S., and Joshi, A. K. (1995). Centering: A framework for modeling the local coherence of discourse. *Comput. Linguist.*, 21(2):203–225.

Hu, M. and Liu, B. (2004). Mining and summarizing customer reviews. In *Proceedings of the Tenth ACM SIGKDD International Conference on Knowledge Discovery and Data Mining*, KDD '04, pages 168–177, New York, NY, USA. ACM.

Kim, S.-M. and Hovy, E. (2006). Extracting opinions, opinion holders, and topics expressed in online news media text. In *Proceedings of the Workshop on Sentiment and Subjectivity in Text*, SST '06, pages 1–8, Stroudsburg, PA, USA. Association for Computational Linguistics.

Liu, B. (2012). *Sentiment Analysis and Opinion Mining*, volume 5. Morgan Claypool Publishers.

Liu, K., Xu, L., and Zhao, J. (2013). Syntactic patterns versus word alignment: Extracting opinion targets from online reviews. In *Proceedings of the 51st Annual Meeting of the Association for Computational Linguistics (Volume 1: Long Papers)*, pages 1754–1763, Sofia, Bulgaria. Association for Computational Linguistics.

Ma, T. and Wan, X. (2010). Opinion target extraction in chinese news comments. In *Proceedings of the 23rd International Conference on Computational Linguistics: Posters*, COLING '10, pages 782–790, Stroudsburg, PA, USA. Association for Computational Linguistics.

Popescu, A.-M. and Etzioni, O. (2005). Extracting product features and opinions from reviews. In *Proceedings of the Conference on Human Language Technology and Empirical Methods in Natural Language Processing*, HLT '05, pages 339–346, Stroudsburg, PA, USA. Association for Computational Linguistics.

Silva, N. G. R. d. (2010). WhatMatter: Extração e visualização de característivas em opiniões sobre serviços. Master's thesis, Universidade Federal de Pernambuco.

Siqueira, H. B. A. (2013). PairClassif - Um Método para Classificação de Sentimentos Baseado em Pares. Master's thesis, Universidade Federal de Pernambuco.

Proceedings of Symposium in Information and Human Language Technology. Natal, RN, Brazil, November 4–7, 2015. ©2015 Sociedade Brasileira de Computação.

Portal Min@s: Uma Ferramenta de Apoio ao Processamento de Córpus de Propósito Geral

Arnaldo Candido Junior[1,3], Thiago Lima Vieira[2], Marcel Serikawa[2], Matheus Antônio Ribeiro Silva[2], Régis Zangirolami[2], Sandra Maria Aluísio[3]

1. Secretaria de Educação Profissional e Graduação Tecnológica
Universidade Tecnológica Federal do Paraná, Medianeira, PR

2. Departamento de Computação
Universidade Federal de São Carlos, São Carlos, SP

3. Núcleo Interinstitucional de Linguística Computacional
Instituto de Ciências Matemáticas, Universidade de São Paulo, São Carlos, SP

{arnaldoc, sandra} at icmc.usp.br, {lima.vieira.thiago, marcel.serikawa, regisrmz} at gmail.com, mateusmoro at hotmail.com

Abstract. *This paper presents Portal Min@s, a general web-based corpus processing tool. Many corpus processing tools available focus on specific tasks, such as lexicography or translation. Portal, on the other hand, took the challenge of being a general purpose corpus processing tool which deals with different types of corpus, languages and linguistic annotations. We present the features provided by this tool and compare it with two other alternatives.*

Resumo. *Este artigo apresenta a ferramenta Portal Min@s, criada para apoiar a tarefa de processamento de córpus. Enquanto muitas ferramentas disponíveis focam em pesquisas específicas como lexicografia ou tradução, o Portal fornecendo recursos para tarefas mais gerais, processando córpus com diferentes propósitos, anotação e estruturação. Os recursos disponibilizados são detalhados e comparados com duas ferramentas similares.*

1. Introdução

Acompanhado o crescimento da linguística de córpus[1], uma grande quantidade de córpus foram compilados e disponibilizados para pesquisa linguística e para a criação de ferramentas de Processamento de Línguas Naturais (PLN). A maioria demanda ferramentas de processamento robustas devido ao seu tamanho. Em resposta a essa demanda, o número de ferramentas para processamento de córpus para apoiar os projetistas de córpus também tem aumentado. Muitas dessas ferramentas focam em córpus específicos (por exemplo, anotados ou não anotados) ou em tarefas específicas da linguística de córpus (por exemplo, tradução ou lexicografia). Nesse contexto, foi proposta a criação da ferramenta Web Portal Min@s[2] para uso em tarefas da linguística

1 Neste trabalho optou-se pela grafia aportuguesada da palavra "córpus/corpora".
2 http://fw.nilc.icmc.usp.br:12480/portal/

de córpus. A ferramenta é livre e disponibilizada publicamente para todas as instituições interessadas em seu uso.

Este trabalho é organizado como segue. A Seção 2 apresenta uma visão geral do dos recursos e funcionalidades do Portal Min@s. A Seção 3 compara o Portal com trabalhos relacionados. Por fim, a Seção 4 apresenta as conclusões do artigo.

2. Detalhamento do Portal Min@s

2.1. Projeto e Implementação

A primeira questão de projeto analisada foram as tecnologias a serem utilizadas no desenvolvimento do Portal Min@s. O Portal foi projetado em linguagem Java[3] para ambiente Web, demandando o servidor Apache Tomcat[4]. Ao importar um córpus, os tokens de cada texto são armazenados em um banco de dados PostgreSQL[5]. As tarefas de tokenização, segmentação sentencial e anotação morfossintática são realizadas com o apoio da biblioteca OpenNLP [Baldridge, 2005]. A geração de n-gramas é baseada na ferramenta Ngram Statistics Package (NSP)[6], enquanto que a extração de palavras-chave é feita pelo método LDA (Latent Dirichet Allocation) [Blei, 2012]. O alinhamento automático de lexemas para córpus paralelos é baseado na biblioteca Giza++ [Och, 2003], complementado com o TCAlign [Caseli, 2004]. A tarefa de lematização é feita com base na saída do etiquetador morfossintático aliada aos dicionários DELA (Dictionnarie Electronique du LADL – Dicionário Eletrônico do LADL) do Unitex [Paumier, 2006]. Por fim, a ferramenta GNU Aspell[7] é aplicada para correção ortográfica automática.

O Portal Min@s é utilizado para armazenar diversos córpus. Considerando sua natureza de acessos paralelos e a existência de córpus com milhões de palavras (não há um limite máximo para o tamanho do córpus), eficiência e desempenho são fatores críticos. Para lidar com essa questão, duas decisões de projeto foram tomadas: (i) o uso de uma fila de tarefas de pré-processamento e importação de córpus e (ii) o uso de bancos de dados para agilizar a recuperação de dados, seguindo as recomendações de Davies [2005, 2009]. A fila reduz problemas de lentidão de acesso durante a importação de grandes córpus. O tempo de importação pode variar de acordo com o tamanho do córpus e com os pré-processadores escolhidos, demandando poucas horas no caso mais comum. Observa-se que usuários podem acessar córpus que estão sendo importados.

Para otimizar as buscas, o Portal Min@s faz uso da estrutura de indexação madura e eficiente oferecida pelos Sistemas Gerenciadores de Banco de Dados. A estrutura atual do banco conta com 40 tabelas. A tabela mais importante se chama *word* e é utilizada para armazenar lexemas e outros *tokens*. Buscas por uma única palavra são simples e diretas. Buscas por sequências de palavras são recuperadas por meio de *joins* da tabela *words* consigo mesma, conforme exemplificado no Quadro 1 para a busca por "vinho tinto".

3 http://www.java.com/pt_BR/
4 http://tomcat.apache.org/
5 http://www.postgresql.org/
6 https://metacpan.org/release/Text-NSP
7 http://aspell.net

Quadro 1. A busca por palavras compostas no Portal Min@s

```
select * from words as w1, words as w2
where w1.word = "vinho"
and w2.word = "tinto"
and w2.postion = w1.position + 1
```

2.2. Principais Funcionalidades

Após a importação de um córpus, diversas funcionalidades são disponibilizadas ao usuário. O principal módulo é o concordanciador, sendo disponibilizado em duas versões: monolíngue e multilíngue. De acordo com o grau de anotação do córpus, diversas buscas podem ser realizadas como fragmentos de lexemas, informações morfossintáticas como "pronome seguido de flexões do verbo ser" e informações no cabeçalho dos textos (como autor e editora). Buscas por palavras normalizadas, por exemplo, grafia atualizada para textos históricos, também são disponibilizadas.

Além do concordanciador, diversos outros módulos são disponibilizados. O módulo para alinhamento automático e semiautomático permite gerenciar córpus multilíngues. Os módulos de estatística e frequências oferecem listagens de tokens/*types*, n-gramas (bigramas ou trigramas) mais frequentes e colocações. O módulo de palavras-chave oferece a extração de candidatas a palavras-chave através do método LDA. O módulo de edição de anotações foi inspirado na ferramenta Brat[8] e permite anotar n-gramas e estabelecer relações binárias entre eles. Por fim, o módulo de córpus multimodais é um recurso simples para arquivamento de informações não textuais como transcrições fonéticas e imagens (os arquivos são apenas armazenados, sem manipulação direta dentro do Portal).

Usuários do Portal Min@s contam com uma série de recursos gerenciais extras para importar e controlar o acesso aos córpus armazenados na ferramenta. O módulo de importação de textos é responsável por aplicar uma série de pré-processadores, tais como tokenização, lematização, alinhamento, dentre outros. Os módulos de gerenciamento permitem administrar córpus, subcórpus e textos. Por meio deles, córpus podem ser marcados como públicos ou privados e suas políticas de acesso como *copyright* e termos de uso são definidas. O submódulo para gerenciamento de etiquetas permite administrar diferentes categorias, incluindo etiquetas do córpus, dos textos (por exemplo, autor), de n-gramas (por exemplo, funções sintáticas), de seções do texto (notas de rodapé) e de formatação. Por fim, o módulo de gerenciamento de usuários permite o cadastro de usuários para acessar o Portal. Cinco perfis de usuários, com diferentes níveis de acesso são fornecidos: administrador, coordenador, colaborador, usuário regular e visitante.

3. Comparativo com Ferramentas Relacionadas

O comparativo desta seção segue a ISO 9126 [ISO, 1994], com foco no item funcionalidade, sendo baseado em duas populares ferramentas livres: Unitex[9] [Paumier, 2006] e Philologic[10] [University of Chicago, 2007]. Outros comparativos mais

8 http://brat.nlplab.org/
9 http://www-igm.univ-mlv.fr/~unitex/
10 http://philologic.uchicago.edu/

detalhados são realizados por Schulze et al. [1994], Santos & Ranchhod [2002] e Rayson [2002].

Unitex é um sistema de processamento de córpus baseado na teoria dos autômatos. Por se tratar de uma ferramenta em Java, é altamente portável. Os recursos oferecidos pela ferramenta são agrupados em quatro funcionalidades principais: (a) autômatos, usados para criação de dicionários, buscas e transformações nos textos; (b) dicionários de apoio, utilizados, entre outras tarefas, para flexionar palavras automaticamente (alguns dos quais utilizados no Portal Min@s); (c) listagem de frequências; e (d) um concordanciador baseado em dicionários e autômatos. O Unitex oferece buscas baseadas em lemas e classes gramaticais, porém sem a eliminação de ambiguidade. Outra limitação é que apenas um texto ou córpus pode ser aberto de cada vez.

Philologic é um conjunto de ferramentas para processar córpus. Como o Portal Min@s, também é uma ferramenta Web capaz de atender a diversos usuários simultaneamente. As funcionalidades oferecidas pelo Philologic podem ser agrupadas em três grandes grupos: concordâncias, frequências e colocações e gerenciamento de subcórpus. Adicionalmente, a ferramenta oferece recursos para córpus multimodais de forma similar ao Portal. Textos devem seguir o padrão TEI Lite (Text Encoding Initiative Lite), mas podem ser personalizados até um certo limite. Um recurso semelhante à normalização ortográfica do Portal é utilizado para córpus históricos ou com erros de grafia através da ferramenta AGREP[11]. De forma similar ao Portal, permite que as concordâncias sejam refinadas por parâmetros bibliográficos, fornecidos pelo cabeçalho TEI em cada texto. Assim como o Portal, é de difícil instalação por demandar um servidor Web e possuir diversas dependências.

4. Conclusões

Este trabalho apresentou a ferramenta Portal Min@s, em fase final de desenvolvimento e com diversos recursos para apoiar diferentes perfis de pesquisas em linguística de córpus em diferentes tipos de córpus. Atualmente, o Português, o Espanhol e o Inglês são processados, estando a introdução de recursos para outras línguas em andamento. O Portal está sendo testado sobre 10 córpus de tipos variados, incluindo jornalísticos, históricos, literários paralelos e de transcrições fonéticas, alguns dos quais em fase de importação. A ferramenta e seu código fonte estão disponíveis em <https://bitbucket.org/portalminas/portal-minas/>. Mais detalhes podem ser encontrados em Candido Junior et al. [2015]. Trabalhos futuros incluem um comparativo mais detalhado do Portal Min@s com ferramentas existentes para processamento de córpus, incluindo tempos para importação e acesso a córpus nas diversas ferramentas.

Agradecimentos

Agradecemos a CAPES (Coordenação de Aperfeiçoamento de Pessoal de Nível Superior) pelo financiamento do projeto. Agradecemos aos pesquisadores idealizadores e parceiros da Faculdade de Letras da Universidade Federal de Minas Gerais, cujo empenho possibilitou o desenvolvimento do Portal.

11 http://www.tgries.de/agrep/

Referencias

Baldridge, J. The Opennlp Project. 2005. Disponível em: <http://opennlp. apache. org/index. Html>. Acesso em: Jun. 2014.

Blei, D. M. Probabilistic Topic Models: Surveying a suite of algorithms that offer a solution to managing large documents archives. Communications of the ACM, s.l., n. 55, p. 77-84, 2012.

Candido Junior, A.; Vieira, T. L.; Serikawa, M.; Silva, M. A. R.; Zangirolami, R.; Aluísio, S. M. *Portal Min@s*: Uma Ferramenta Geral de Apoio ao Processamento de Córpus. Série de Relatórios do NILC. NILC-TR-15-03, Agosto 2015, 11p.

Caseli, H.d.M., Silva, A.M.d.P., Nunes, M.d.G.V.: Evaluation of methods for sen-tence and lexical alignment of brazilian portuguese and english parallel texts. In:Advances in Articial Intelligence (SBIA 2004), Lecture Notes in Computer Science,vol. 3171, pp. 184–193, 2004.

Davies, M. "The advantage of using relational databases for large corpora: speed, advanced queries, and unlimited annotation". International Journal of Corpus Linguistics 10: 301-28, 2005.

Davies, M. "Relational databases as a robust architecture for the analysis of word frequency". In What's in a Wordlist?: In Investigating Word Frequency and Keyword Extraction, ed. Dawn Archer. London: Ashgate. 53-68, 2009.

ISO/IEC. 1994. ISO 9126: The Standard of Reference. 1994. Disponível em <http://www.cse.dcu.ie/essiscope/sm2/9126ref.html> (acessado Abril, 2015).

Och, F.J., Ney, H.: A systematic comparison of various statistical alignment models.vol. 29, pp. 19–51. Association for Computational Linguistics, 2003.

Paumier, S. Unitex 1.2: User Manual. 2006. Disponível em <http://www-igm.univ-mlv.fr/~unitex/UnitexManual.pdf> (acessado Abril, 2015).

PYYSALO, Sampo et al. Brat Rapid Annotation Tool. 2012. Disponível <http://brat.nlplab.org> (acessado Maio, 2015).

Rayson, P. E. Matrix: A statistical method and software tool for linguistic analysis through corpus comparison. PHD Thesis. Lancaster University, 2002.

Santos, D., and E. Ranchhod. 2002. Ambientes de processamento de corpora em português: comparação entre dois sistemas. In: PROPOR'99: Evora, 2002.

Schulze, B. M. et al. Comparative State-of-the-Art Survey and Assessment Study of General Interest Corpus-oriented Tools. Institut fur maschinelle Sprachverarbeitung, Universitat Stuttgart, 1994.

University of Chicago. PhiloLogic User Manual. 2007. Disponível em <http://philologic.uchicago.edu/manual.php> (acessado Abril, 2015).

Proceedings of Symposium in Information and Human Language Technology. Natal, RN, Brazil, November 4–7, 2015. ©2015 Sociedade Brasileira de Computação.

PrepNet.Br: a Semantic Network for Prepositions

Débora D. Garcia[1], Bento Carlos Dias da Silva[2]

[1]Programa de Pós-Graduação em Linguística (PPGL)
Universidade Federal de São Carlos (UFSCar) - São Carlos, SP – Brazil

[2]Departamento de Letras Modernas (DLM)
Universidade Estadual Paulista (UNESP) - Araraquara, SP – Brazil

{deboradom@gmail.com, bento.silva@gmail.com}

Abstract. *This article presents the idea of the* PrepNet.Br, *a semantic network consisting of synsets of prepositions to be built for Brazilian Portuguese along the lines of the French* PrepNet [Saint-Dizier 2005]. *This enterprise is of relevance to the linguistic description of the class of prepositions as well as to Natural Language Processing resource-building. The construction of this network also brings a linguistic analysis alternative to the traditional one, investigating the polysemic nature of prepositions within a cognitive view of language.*

1. Introduction

In the last decades, many studies have been made about nouns, verbs and adjectives, both in Linguistics and Computational Linguistics. The study of prepositions, however, has been more modest due to its high degree of polysemy, which makes it difficult to predict their semantics and their realizations across different languages [Saint-Dizier 2006]. For example, while in Portuguese the same preposition can occur in three distinct contexts - Você mora *no* (em+o) campo; Você conhece pessoas *na* (em+a) festa; and Você entra *em* férias -, in English, we have three different prepositions (*in, at* and *on*) in the very same contexts - You live *in* the country; You meet people *at* the party; and You go *on* holiday" [Taylor 1995], respectively.

An accurate model of preposition usage is crucial to avoid repeatedly making errors in terms of parsing and generation. This paper outlines the idea of a semantic network of prepositions to be built for Brazilian Portuguese – the PrepNet.Br – that aims to do a better characterization of this part of speech.

2. Prepositions and different approaches

In previous studies about prepositions, the biggest challenge has always been to define its semantic value, since there is a tradition that excludes or limits the inherent significance of these items to the syntax.

For example, traditional grammars usually describe prepositions as grammatical items that receive some kind of meaning only in context. This perspective assumes that the native speaker must master the prepositions one by one, because their use is idiomatic and therefore "must be memorized". This results in an unsystematic characterization of prepositions, in which there is no agreement regarding its semantics.

However, the facility that the native speakers learn how to use prepositions in every new context indicates that its usage is highly structured by human mind and the alleged flexibility in the use of prepositions would be guided by some (mental) logic, not just memorization.

As a consequence of this perception, there are new studies that look to the plurality of meanings that each preposition takes in different contexts from a semantic point of view. To the cognitive framework, for example, prepositions do have a certain kind of meaning – their meaning is probably more complex than the meanings of other lexical categories – and the many uses of a preposition are considered "extensions of its core meaning". Thus, prepositions have been discussed as polysemous items. [Castilho 2010].

The cognitive framework supports the idea of a lexicon-grammar *continuum*, where "all the prepositions, regardless of their degree of grammaticalization, can introduce adjuncts, expressing various relations and senses"[1] [Ilari et.al. 2008]. For example, the prepositions "de" (Portuguese) and "on" (English), instantiate either grammatical items (*Eu dependo de você / I depend on you*) or lexical items, which bear semantics (*Maria é de São Paulo / Maria is from São Paulo* (Source), and *O jornal está sobre o tapete / The newspaper is on the mat* (Spatial Location)).

Once presented the view that prepositions are not only grammatical items, we introduce the idea of the PrepNet.Br: a semantic network of prepositions whose structure aims to represent their meanings and usage in terms of a particular computational linguistic representation.

3. A network of prepositions

From a technological point of view, prepositions have great importance to enrich and assist Natural Language Processing (NLP) applications, since they encode essential meanings for understanding the propositions (the logical and conceptual meanings of sentences). For example, prepositions conceptualize **location** (*put the book on the shelf*), **instrumentality** (*cut the meat with a knife*), **origin-goal** (*traveled from São Paulo to Rio de Janeiro*), **recipient** (*the wine given to his friend*), **time interval** (*arrive between noon and 1 p.m.*) and **space location** (*it was between the table and the wall*). These concepts are vital to precise language understanding.

A PrepNet network is a computational linguistic resource for NLP stemming from Saint-Dizier (2005, 2006): a repository of prepositions from different languages with a formal specification of their syntactic and semantic behaviors. This idea has three motivations: (i) to construct a system similar to *wordnets* [Miller; Fellbaum 1991] and with the possibility to complement them; (ii) to assign thematic roles [Bakker; Siewierska 2002; Jackendoff 1991], and, above all, (iii) to reach a more complete and robust conceptual description of prepositions. Saint-Dizier (2005) believes that a PrepNet should be the starting point for a better characterization of prepositions, necessary before analyzing their interaction with verbs, for example.

---

[1] Original version (portuguese): "todas as preposições, independentemente de seu grau de gramaticalização, podem funcionar como introdutoras de adjuntos, expressando as relações e os sentidos mais variados".

In a PrepNet, the different uses of a preposition should be organized around a small number of general senses. That is, the meaning of each preposition is analyzed in terms of its primary (core) sense, which may be the source for further analysis in terms of metaphorical senses. It is known that there is no full synonymy between two or more words, and therefore there is no complete overlap between two or more preposition meanings. However, when we consider that each preposition presents a set of semantic possibilities, partial coincidences between them are possible [Borba 1971]. Therefore, it is quite feasible to organize prepositions in terms of synsets (sets of cognitive synonyms), *à la* wordnets.

In his papers, Saint-Dizier (2005, 2006) presents an initial classification for French prepositions, however it seems not to have progressed beyond the preliminary stages. Inspired by his idea and taking the liberty to carry out formal and methodological changes, we propose the PrepNet.Br. Figure 1 illustrates the analysis we are working on: the description of the contents and layout of Portuguese (Brazil) and English preposition synsets, which provides their grammar and semantics, and the alignment of the "equivalent synsets" of both languages.

	Language: Portuguese (Brazil)	**Language**: English
Linguistic Level	**Synset**: *{a1, para, em1}* ⟷ **Sample sentences** Ele foi levado **para** a cela individual. Só podia sair para ir **ao** banheiro. (...) então a gente vai **no** chá, neh?	**Synset**: *{to1}* **Sample sentences** He went **to** the shop. He walked **to** the house. He goes **to** school at eight o'clock.
Conceptual-Semantic Level	**Gloss:** "spatial direction" **Image Schema:** DYNAMIC PATH Schema ("goal"): The FIGURE is at the final location of a path. **Spatial Axis**: Horizontal **Semantic Feature:** /GOAL/ **Family**: Localization **Facet:** Goal **Modality:** ? **Evoked Frame:** <u>Goal</u>: "A **Landmark** (in combination with the image schema evoked by particular targets) serves to pick out the final location of a **Trajector** in a construed or actual motion event." **Inherits from:** Locative_relation, Trajector-Landmark **Used by:** Source_Path_Goal	

Figure 1 – A preliminary version of a PrepNet.Br synset and its English equivalent.

From Saint-Dizier's proposal, we kept (I) the essential notion of synset (enriched by short definitions and sample sentences illustrating the use of the synset members); (II) the description of prepositional senses in two levels (linguistic and conceptual); and (III) the characterization of semantic features in terms of "semantic family", "facets" and "modalities of a facet" (three levels proposed by the author). The changes proposed for the PrepNet.Br were the inclusion of (i) the semantic-conceptual classification of prepositions presented in Ilari et al (2008), in terms of Image Schema and Spatial Axes; and (ii) *frames* from FrameNet [Fillmore 1982; Ruppenhofer 2010].[2]

The organization of prepositions in terms of synsets is backed up by the hypothesis that prepositions that share semantic features, i.e. share the same meaning in certain contexts, are synonymous. The semantic consistency of a synset is guaranteed by checking whether their constituent prepositions are interchangeable in sample sentences, assuming that the user's intuition guides the validation.

Finally, we outline the strategy to discover and align Brazilian Portuguese and English synsets. When English prepositions express a meaning specified by a synset of Brazilian Portuguese prepositions, we verify if those prepositions are interchangeable in different sentences taken from corpora, and then a synset with these English prepositions is proposed. In Figure 1 it was possible to construct the English synset {*to1*} and align it to the Portuguese synset {*a1, para, em*}, since the prepositions *to1* can be replaced in the English sentence "I take them **to** school and go to work", which is equivalent to the Brazilian Portuguese sentence "Eu os levo ***para*** a escola e vou trabalhar". However, care must be taken with cases such as this: the pair of sentences "Temos que escolher **entre** duas alternativas"/"We must choose **between** two alternatives" and "Temos que escolher **entre** três alternativas"/"We must choose **among** three alternatives" reveals two possibilities worth exploring, either one synset for Brazilian Portuguese and two synsets for English ({*entre1*} = {*among*}; {*between*)}), where {*entre1*} is considered a generalization of both English synsets or two distinct synsets for both languages ({*entre1.1*}={*between*}, which is used in speaking of two discrete entities, and {*entre1.2*}={*among*}), which is used in speaking of three or more entities collectively. A choice that calls for deeper analysis.

4. Final words

With those descriptive and analytical elements, Garcia (2013) carried out the analysis of a set of Brazilian Portuguese spatial prepositions and the systematization of their characteristics in terms of synsets, resulted in the construction of 13 synsets aligned to 14 English synsets. At this first stage, prepositional phrases and metaphorical senses were set aside.

By presenting the conception of a PrepNet.Br, this short paper aims to contribute to the first steps towards a more accurate computational-linguistic description of prepositions and to launch out the idea of a prepositional network to add to Brazilian Portuguese NLP resources.

[2]It is worth mentioning that including the description of preposition semantics in terms of frames allows further structural and conceptual connections between PrepNets and FrameNets.

References

Bakker, D.; Siewierska, A. (2002) Adpositions, the lexicon and expression rules. In Mairal Usón, R.; Perez Quintero, M. J. (editors), *New perspectives on argument structure in functional grammar.* Berlin, Mouton de Gruyter (pp. 125-77).

Borba, F. S. (1971) *Sistemas de preposições em português.* PhD Thesis. Faculdade de Filosofia, Letras e Ciências Humanas, Universidade de São Paulo, 1971.

Castilho, A. T. (2010) *Nova gramática do português brasileiro.* São Paulo, Contexto.

Fillmore, C.J. (1982) Frame semantics. In *Linguistics in the Morning Calm.* Seoul: South Korea: Hanshin Publishing Co., (pp. 111 -137).

Garcia, D. D. (2013). *Construção exploratória de uma PrepNet para o português do Brasil: uma incursão linguístico-computacional no universo das preposições indicativas de espaço.* Master Thesis. Faculdade de Ciência e Letras, Universidade Estadual Paulista.

Ilari, R.; et al. (2008) As preposições. In Ilari, R.; Neves, M. H. M. (Orgs.) *Gramática do português culto falado no Brasil.* Vol. II - Classes de Palavras e Processos de construção. Campinas, Editora da Unicamp, (pp. 623-808).

Jackendoff, R. (1991) *Semantic structures.* Cambridge, The MIT Press

Miller, G. A.; Fellbaum, C. (1991) Semantic networks of English. In *Cognition.* Amsterdam, v. 41, (pp. 197-229).

Ruppenhofer, J.; Ellsworth, M.; Petruck, M.; Johnson, C.; Scheffczyk, J. (2010) *FrameNet II: Extended Theory and Practice.*

Saint-Dizier, P. (2005). PrepNet: A framework for describing prepositions: Preliminary investigation results. In *Proceedings of the Sixth International Workshop on Computational Semantics (IWCS'05)* (pp. 145-157).

Saint-Dizier, P. (Ed.). (2006). *Syntax and semantics of prepositions* (Vol. 29). Springer Science & Business Media.

Taylor, J. R. (1995) Linguistic Categorization. In *Prototypes in Linguistic Theory.* Oxford: Clarendon Press.

Full Papers

Proceedings of Symposium in Information and Human Language Technology. Natal, RN, Brazil, November 4–7, 2015.

Joint semantic discourse models for automatic multi-document summarization

Paula C. F. Cardoso[1], Thiago A. S. Pardo[2]

Núcleo Interinstitucional de Linguística Computacional (NILC)

[1]Departamento de Ciência da Computação, Universidade Federal de Lavras (UFLA)
Caixa Postal: 3037 – CEP: 37200-000 – Lavras/MG

[2]Instituto de Ciências Matemáticas e de Computação, Universidade de São Paulo
Caixa Postal: 668 – CEP: 13566-970 – São Carlos/SP

paulastm@gmail.com; taspardo@icmc.usp.br

Abstract. *Automatic multi-document summarization aims at selecting the essential content of related documents and presenting it in a summary. In this paper, we propose some methods for automatic summarization based on Rhetorical Structure Theory and Cross-document Structure Theory. They are chosen in order to properly address the relevance of information, multi-document phenomena and subtopical distribution in the source texts. The results show that using semantic discourse knowledge in strategies for content selection produces summaries that are more informative.*

Resumo. *Sumarização automática multidocumento visa à seleção das informações mais importantes de um conjunto de documentos para produzir um sumário. Neste artigo, propõem-se métodos para sumarização automática baseando-se em conhecimento semântico-discursivo das teorias Rhetorical Structure Theory e Cross-document Structure Theory. Tais teorias foram escolhidas para tratar adequadamente a relevância das informações, os fenômenos multidocumento e a distribuição de subtópicos dos documentos. Os resultados mostram que o uso de conhecimento semântico-discursivo para selecionar conteúdo produz sumários mais informativos.*

1. Introduction

Automatic Multi-Document Summarization (MDS) aims at selecting the relevant information from multiple documents on the same topic to produce a summary (Mani, 2001). It has seen increasing attention because it can be useful in a variety of areas, mainly due to help coping with information overload.

Two main approaches are generally considered in MDS. The *superficial approach* uses statistical or some limited linguistic information to build a summary, usually has low cost and is more robust (Haghighi and Vanderwende, 2009; Ribaldo, 2013; Castro Jorge, 2015). The *deep approach* uses linguistically motivated assumptions and demands high-cost resources, but it produces summaries of higher quality in terms of information, coherence and cohesion (Marcu, 1997; Afantenos et al., 2007; Uzêda et al., 2010; Castro Jorge and Pardo, 2010). However, studies based on superficial or deep knowledge do not deal jointly with relevance of different sentences in a source text, multi-document phenomena and subtopics.

In a source text, some sentences are more important than others because of their position in the text or in a rhetorical structure, thus, they cannot be treated uniformly (Wan, 2008). In the case of news texts, it is known that the first or leading paragraph usually expresses the main fact reported in the news. Therefore, selecting sentences from the beginning of the text could be a good summary (Saggion and Poibeau, 2013). More sophisticated techniques use analysis of the discourse structure of texts for determining the most important sentences (Marcu, 1997; O'Donnell, 1997; Uzêda et al., 2010).

In order to deal with multi-document phenomena such as redundant, contradictory and complementary information, that occur in a collection of texts, approaches that achieve good results use multi-document semantic discourse models (Radev, 2000; Zhang et al., 2002; Castro Jorge and Pardo, 2010; Kumar et al., 2014). However, those works are not concerned about the relevance of sentences in each text together with multi-document phenomena as a human does when writing a summary.

Another feature is that each text of a collection develops the main topic, exposing different subtopics as well. A topic is a particular subject that we write about or discuss, and subtopics are represented in pieces of text that cover different aspects of the main topic (Hearst, 1997; Salton et al., 1997; Hennig, 2009). For example, a set of news texts related to an earthquake typically contains information about the magnitude of the earthquake, its location, casualties and rescue efforts (Bollegala et al., 2010). There are some proposals that combine the subtopical structure and multi-document relationship (Salton et al., 1997; Wan, 2008; Harabagiu and Lacatusu, 2010) to find important information, but without treating the salience of a sentence in its text.

We may say that current strategies for MDS have separately used each of the three criteria of relevance of information, multi-document phenomena and subtopical distribution, resulting in summaries that are not representative of the subtopics and less informative than they could be. However, human summarization behaviour looks at (i) the subtopics and rhetorical structure of texts to select content (Jaidka et al., 2010) and considers that (ii) the redundant information (that is repeated across texts) tends to be important (Mani, 2001). Therefore, we need effective summarization methods to analyze the information from different texts and produce informative summaries.

As an example, Figure 1 shows an automatic multi-document summary produced from two texts organized in four subtopics related to the health of Maradona, the famous Argentine soccer player: the history of Maradona's disease, current state of health, messages of support and Maradona's relapse. The summary has repeated content (highlighted in bold) and sentences are only from two subtopics: *current state of health* (S1 and S3) and *Maradona's relapse* (S2). The summary would be better if the three criteria for summary production had been used.

In this paper, we propose to model the process of MDS using semantic discourse theories, in order to properly address the three cited criteria. To do that, we choose the theories RST (Rhetorical Structure Theory) (Mann e Thompson, 1987) and CST (Cross-document Structure Theory) (Radev, 2000) due to their importance for automatic summarization described in many works (O'Donnell, 1997; Marcu, 1997; Zhang et al., 2002; Castro Jorge and Pardo, 2010; Castro Jorge, 2015). The RST model details major aspects of the organization of a text and indicates relevant discourse units. The CST model, in turn, describes semantically related textual units from topically related texts. We present some methods for content selection, aiming at producing more informative and representative summaries from the source texts. For this purpose, we use a multi-document corpus manually annotated with RST and CST. The methods produce satisfactory results, improve the state of the art and indicate that the use of semantic discourse knowledge positively affects the production of informative extracts. To the best of our knowledge, this is the first time RST and CST are combined in methods for MDS. Both theories' relations are domain-independent.

[S1] "Maradona had a relapse in acute hepatitis. Now he is stable. Despite he had got better on Sunday, he should continue hospitalized", said Cahe to the news La Nación.
[S2] Hospitalized in Buenos Aires, **he had a relapse** and felt pain again **due to acute hepatitis**, according to his personal doctor, Alfredo Cahe.
[S3] Cahe said that Maradona had not started to drink alcoholic beverages again, and that the causes of the relapse are being investigated.

Figure 1: Example of multi-document summary (Castro Jorge and Pardo, 2010)

The remainder of this paper is organized as follows: Section 2 gives a brief background about the semantic discourse models RST and CST; Section 3 presents some related work; Section 4 shows the developed methods for MDS; the corpus is described in Section 5; Section 6 presents some results; Section 7 presents some final remarks.

2. Discourse knowledge

RST (Mann and Thompson, 1987) is a descriptive theory of major aspects of the organization of a text. It represents relations among propositions in a text and discriminates nuclear (i.e., important propositions) and satellite (i.e., additional information). Each sentence may be formed by one or more propositions. Relations composed of one nucleus and one satellite are named mononuclear relations. On the other hand, in multinuclear relations, two or more units participate and are equally important. The relationships are traditionally structured in a tree-like form (where larger units – composed of more than one proposition – are also related in the higher levels of the tree). RST is probably the most used discourse model in computational linguistics and has influenced works in all language processing fields. Particularly for automatic summarization, it takes advantage of the fact that text segments are classified according to their importance: nuclei are more informative than satellites.

Inspired by RST and other researches, CST appears as a theory for relating text passages from different texts on the same topic (Radev, 2000). It is composed by a set of relations that detect similarities and differences among related texts. Differently from RST, CST was devised mainly for dealing with multi-document organization. The relations are commonly identified between pairs of sentences, coming from different sources, which are related by a lexical similarity significantly higher than random. The result of annotating a group of texts is a graph, which is probably disconnected, since not all segments present relations with other segments. CST was applied in MDS studies for English (Zhang et al., 2002; Kumar et al., 2014) and Portuguese texts (Castro Jorge and Pardo, 2010). These researchers take advantage of the fact that CST relationships indicate relevant information between sources and facilitate the processing of multi-document phenomena.

3. Related work

There are several works based on semantic discourse knowledge for MDS. Zhang et al. (2003) replace low-salience sentences with sentences that maximize the total number of CST relations in the summary. Afantenos et al. (2007) propose a summarization method based on pre-defined templates and ontologies. Kumar et al. (2014) take into account the generic components of a news story within a specific domain, such as *who*, *what* and *when*, to provide contextual information coverage and use CST to identify the most important sentences. Castro Jorge (2015) incorporates features given by RST to generative modelling approaches.

For news texts in Brazilian Portuguese, the state of the art consists in two different summarization approaches of Castro Jorge and Pardo (2010) and Ribaldo (2013). Based on deep knowledge, Castro Jorge and Pardo developed the *CSTSumm* system that employs CST relations to produce preference-based summaries. Sentences are ranked according to the number of CST relationship they hold. Ribaldo, in turn, took advantage of superficial knowledge and developed a multi-document system, called *RSumm*, which segments texts into subtopics using TextTiling (an adapted version for Portuguese, described in Cardoso et al., 2013) and group the subtopics using measures of similarity. After clustering, a relationship map is created and the relevant content is selected by the segmented bushy path (Salton et al., 1997). In the segmented bushy path, at least one sentence of each subtopic is selected to compose the summary.

As we can see, those works do not combine semantic discourse knowledge such as RST and CST for content selection. In this study, we argue that the semantic discourse knowledge improves the process of MDS.

4. The CSTNews corpus

Our main resource is the CSTNews[1] corpus (Cardoso et al., 2011), composed of 50 clusters of news articles written in Brazilian Portuguese, collected from several sections of mainstream news agencies: Politics, Sports, World, Daily News, Money, and Science. The corpus contains 140 texts altogether, amounting to 2,088 sentences and 47,240 words. On average, the corpus conveys in each cluster 2.8 texts, 41.76 sentences and 944.8 words. Besides the original texts, each cluster conveys single-document manual summaries and multi-document manual and automatic summaries.

The size of each summary corresponds to 30% of the size of the biggest text in the cluster (considering that the size is given in terms of the number of words). All the texts in the corpus were manually annotated with RST and CST structures in a systematic way, with satisfactory annotation agreement values.

5. Methods for MDS

In this section, we describe how RST, CST and subtopics may be used together in some strategies for content selection. This investigation was organized in three groups: (1) methods based solely on RST, (2) methods that combine RST and CST, and (3)

[1] http://www.icmc.usp.br/pessoas/taspardo/sucinto/cstnews.html

methods that combine RST, CST and subtopics. It is considered that the texts are segmented and clustered in subtopics, and annotated with CST and RST.

The **first group** is based on the literature for single document summarization using RST, specifically on Marcu's work (1997), which associates a score for each node in the RST tree depending on its nuclearity and the depth of the tree where it occurs. The salient units associated with the leaves are the leaves themselves. The salient units (promotion set) of each internal node is the union of the promotion sets of its nuclear children. Textual units that are in the promotion sets of the top nodes of a discourse tree are more important than units that are salient in the nodes found at the bottom. For scoring each segment, the method attributes to the root of the tree a score corresponding to the number of levels in the tree and, then, traverses the tree towards the segment under evaluation: each time the segment is not in the promotion set of a node during the traversing, it has the score decreased by one. Following the same idea, we proposed a strategy (which we refer to as *RST-1*) to compute a score for each sentence as the sum of its nodes' scores (propositions), given by Marcu's method (1997). It does this for all texts of a collection and, then, a multi-document rank of sentences is organized. From the rank, the next step is to select only nuclear units of the best sentences.

As an example, consider that there are 3 sentences in part A of Figure 2: sentence 1 is formed by proposition 1; sentence 2, by 2; sentence 3, by 3 to 5. The symbols N and S indicate the nucleus and satellite of each rhetorical relation. Applying *RST-1* method, the score (in bold) of sentences 1 and 2 is 4, and for sentence 3 is 6. Whereas sentence 3 has the higher score, its nuclei are selected to compose a summary. Since RST relations do not indicate if there is redundancy between nodes, we control it using cosine measure (Salton, 1989).

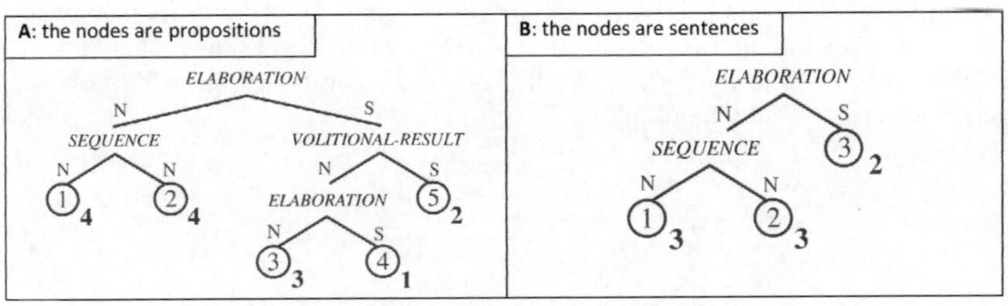

Figure 2: Example of a discourse tree using RST

Because all these scores depend on the length of the document (Louis et al., 2010) and on the number of propositions in a sentence, a rank based on the sum of propositions' scores may insert discrepancies in the method and does not mirror the relevance of sentences in a multi-document scenario. More than this, as we work on news texts, it is expected that first sentences are more relevant, differently from Figure 2 (part A), where the last sentence was more important than the former. As a solution, we proposed to compute the score for sentences, not for propositions, and to normalize each score by the height of the tree, resulting in a number ranged from 0 to 1. In Figure 2 (part B), each node represents a sentence; the bold numbers are sentences' scores before normalization. From this new sentence rank, we create two possibilities of content selection: only nuclear units (propositions) of sentences (we refer to as *RST-2*) or full sentences (*RST-3*).

The **second group** of strategies combines **R**ST and **C**ST. We assume that the relevance of a sentence is influenced by its salience given by RST and its correlation with multi-document phenomena, indicated by CST model. We know that the more repeated and elaborated sentences between sources are, more relevant they are, and likely contain more CST relations (Zhang et al., 2002; Castro Jorge and Pardo, 2010; Kumar et al., 2014). If we find the relevant sentences in a set of related documents, we may use RST to eliminate their satellites and make room for more information. In this and the following groups of methods, redundancy is controlled by means of CST relationships. For example, if there is an EQUIVALENCE relation between two sentences, only one must be selected to the summary.

Based on that, we propose two strategy variations. In the first one (we refer to as *RC-1*), the rank of sentences is organized according to the number of CST relationships one sentence has. The more relevant a sentence is, the higher in the rank it is. The best sentence is selected and, if it has satellites, they are eliminated. This method is a variation of CSTSumm (Castro Jorge and Pardo, 2010). We tested two more variations for RC-1, which were not described in this work because they did not produce satisfactory results (for more details, see Cardoso, 2014).

The second strategy (we refer to as *RC-4*) is a combination of the number of CST relationships and RST-3 strategy (where the RST score of a sentence is normalized by its tree's height), constituting a score that represents the salience of the sentence and its relevance for a collection. In other words, RST and CST scores are added to form the final score of a sentence. In contrast to RC-1, RC-4 selects full sentences.

To illustrate RC-1 and RC-4 methods, consider Figure 3, where there are two discourse trees representing two texts (D1 and D2); D1 is upside down for better visualization; each node is a sentence with its RST score normalized in bold; dashed lines between texts are CST relationship.

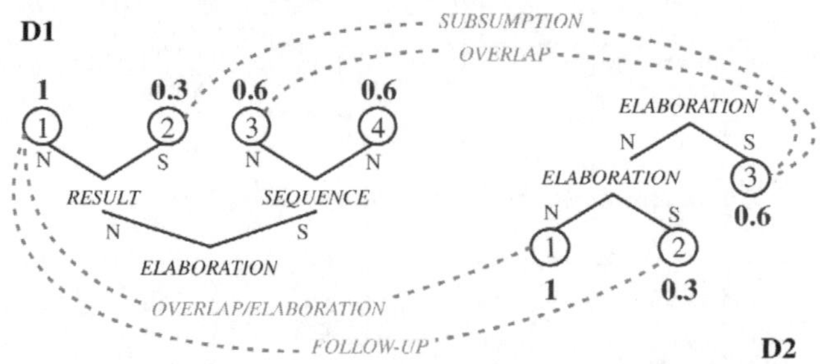

Figure 3: Example of RST and CST relationships for two texts

By applying RC-4, the rank according to the number of CST relationships is D1_1 > {D2_1, D2_3} > {D1_2, D1_3, D2_2} > D1_4. Using RC-4 strategy, the rank is organized as follows: D1_1 > D2_1 > D2_3 > D1_3 > {D1_2, D2_2} > D1_4.

The **third group,** composed of four strategies, combines RST, CST and subtopics, and is based on lessons learned from the previous methods. Texts are segmented in subtopics (by a method described in Cardoso et al., 2013) and similar subtopics are clustered (by a method described in Ribaldo et al., 2013). We assume that a subtopic discussed in several documents is more significant than one that was discussed in only one (Ercan and Cicekli, 2008), thus, sentences of repeated subtopics are relevant. With that in mind, to benefit those subtopics during content selection, their sentences receive an extra score. One strategy of this group, called *RCT-1*, considers that the score of a sentence by RCT-1 method is the sum of its RST score by Marcu's algorithm (1997), applied to sentences, with its number of CST relationships and the relevance of subtopic to which it belongs. From the rank of sentences, content is selected without satellite propositions. Using the same rank, we propose a variation called *RCT-2,* which selects full sentences. Two other variations are the *RCT-3* and the *RCT-4* methods. For these strategies, the total score for each sentence is similar to the first two, with the difference that the RST score is normalized by the size (height) of its discourse tree. RCT-1 and RCT-3 only select nuclear propositions of the best sentences, while RCT-2 and RCT-4 pick out full sentences.

6. Results and discussion

This section presents comparisons of the results over the reference corpus using ROUGE (Lin, 2004), a standard evaluation metric used in text summarization, which produces scores that often correlate quite well with human judgments for ranking systems. This metric computes n-gram overlapping between a human reference and an automatic summary. The methods are compared to CSTSumm (Castro Jorge and Pardo, 2010) and RSumm systems (Ribaldo, 2013), that have used the same corpus as here.

In Table 1, it is observed that, in the **RST group** (lines 9-11), RST-3 method, that selects full sentences, has the best ROUGE evaluation. Since RST-1 and RST-2 select only nuclei, they produce summaries with many problems related to linguistic quality; sometimes it is impossible to get the gist.

Table 1: ROUGE evaluation

		ROUGE-1		
	Method	Recall	Precision	F-measure
1	**RC-4**	**0.4374**	**0.4511**	**0.4419**
2	RC-1	0.4270	0.4557	0.4391
3	**RCT-4**	**0.4279**	**0.4454**	**0.4346**
4	RCT-3	0.4151	0.4446	0.4274
5	RCT-2	0.4199	0.4399	0.4269
6	RSumm	0.3517	0.5472	0.4190
7	RCT-1	0.3987	0.4313	0.4128
8	CSTSumm	0.3557	0.4472	0.3864
9	RST-3	0.3874	0.3728	0.3781
10	RST-2	0.3579	0.3809	0.3671
11	RST-1	0.3198	0.3238	0.3206

In the **RC group**, RC-4 is slightly better in F measure compared to RC-1. It reinforces that selecting full sentences produces more informative summaries. RC-4 was also considered better than all other methods; it indicates that considering the relevance of sentences between texts and for their source texts produces good summaries.

In the evaluation of methods that combine **three** knowledge types (RST, CST and subtopics), RCT-4 had better performance. However, RC-4 is slightly better than

RCT-4. Several factors may contribute to this: (1) the segmentation and clustering of subtopics may not be as good as expected; (2) the way to deal with relevant subtopics may not be appropriate; or (3) it may not be advantageous to invest in subtopics.

All methods of RC and RCT groups were better than those that used the models in isolation (RST group and CSTSumm) in terms of recall and F-measure. With the exception of RCT-1, those methods also outperform RSumm in terms of F-measure. This shows that the combination of semantic discourse knowledge positively affects the production of summaries. At this time of analysis, it is known other advantages of the methods: (1) to use RST to assign scores to full sentences (and not to parts of sentences) and normalized by the height of the tree is a good strategy; and (2) to maintain full sentences generate more informative summaries.

If we only consider F-measure, the three methods with better performance are: RC-4, RC-1 and RCT-4, in this order. If we manually judge them, RC-1 produces summaries with many problems of linguistic quality due to the elimination of satellites. We run t-tests for pair of methods for which we wanted to check the statistical difference. The F-measure difference is not significant when comparing RC-4 and RCT-4 with RSumm (with 95% confidence), but is for CSTSumm. When comparing RC-4 to RCT-4, there is not statistical difference.

7. Final remarks

We have introduced some new methods for MDS that combine different knowledge: RST, CST and subtopics. As far as we know, this is the first time RST is applied for MDS. From its isolated study, it was possible to find clues on how RST associated with a multi-document model could contribute to content selection. The results are more informative summaries than previous approaches. The information on subtopics and how to use it needs more investigation; summaries produced using subtopics are similar to the ones based only on RST and CST.

Acknowledges

The authors are grateful to FAPESP and CAPES for supporting this work.

References

Afantenos, S.D.; Karkaletsis, V; Stamatopoulos, P; Halatsis, C. (2007). Using synchronic and diachronic relations for summarization multiple documents describing evolving events. *Journal of Intelligent Information Systems*, Vol. 30, N. 3, pp. 183-226.

Bollegala, D.; Okazaki, N.; Ishizuka, M. (2010). A bottom-up approach to sentence ordering for multi-document summarization. *Information Processing & Management*, Vol. 46, N. 1, pp. 89-109.

Cardoso, P.C.F. (2014). *Exploração de métodos de sumarização automática multidocumento com base em conhecimento semântico-discursivo*. Tese de Doutorado. Instituto de Ciências Matemáticas e de Computação, Universidade de São Paulo. São Carlos-SP, November, 182p.

Cardoso, P.C.F.; Maziero, E.G.; Castro Jorge, M.L.R.; Seno, E.M.R.; Di Felippo, A.; Rino, L.H.M.; Nunes, M.G.V.; Pardo, T.A.S. (2011). CSTNews - A Discourse-Annotated Corpus for Single and Multi-Document Summarization of News Texts in Brazilian Portuguese. In: *Proceedings of the 3rd RST Brazilian Meeting*, pp. 88-105. Cuiabá/MT, Brazil.

Cardoso, P.C.F.; Taboada, M.; Pardo, T.A.S. (2013). On the contribution of discourse to topic segmentation. In: *Proceedings of the 14th Annual SIGDial Meeting on Discourse and Dialogue*, pp. 92-96. Metz, France.

Castro Jorge, M.L.R. (2015). *Modelagem gerativa para sumarização automática multidocumento.* Tese de Doutorado. Instituto de Ciências Matemáticas e de Computação, Universidade de São Paulo. São Carlos-SP, November, 151p.

Castro Jorge, M.L.R.; Pardo, T.A.S. (2010). Formalizing CST-based Content Selection Operations. In: *Proceedings of the 9th International Conference on Computational Processing of Portuguese Language* - PROPOR, pp. 25-29. April 27-30, Porto Alegre/RS, Brazil.

Ercan, G.; Cicekli, I. (2008). Lexical cohesion based topic modeling for summarization. In: *Computational Linguistics and Intelligent Text Processing*, pp. 582-592. Springer Berlin Heidelberg.

Haghighi, A.; Vanderwende, L. (2009). Exploring content models for multi-document summarization. In: *Proceedings of Human Language Technologies: The 2009 Annual Conference of the North American Chapter of the Association for Computational Linguistics* - NAACL, pp. 362-370. Boulder/Colorado.

Harabagiu, S.; Lacatusu, F. (2010). Using topic themes for multi-document summarization. *ACM Transactions on Information Systems*, Vol. 28, N. 3, pp. 13-45.

Hearst, M. (1997). TextTiling: Segmenting Text into Multi-Paragraph Subtopic Passages. *Computational Linguistics*, Vol. 23, N. 1, pp. 33-64.

Hennig, L. (2009). Topic-based Multi-Document Summarization with Probabilistic Latent Semantic Analysis. In: *Proceedings of the Recent Advances in Natural Language Processing*, pp. 144-149.

Kumar, Y.J.; Salim, N.; Abuobieda, A.; Albaham, A.T. (2014). Multi document summarization based on news components using fuzzy cross-document relations. *Applied Soft Computing*, Vol. 21, pp. 265-279.

Jaidka, K.; Khoo, C.; Na, J-C. (2010). Imitating human literature review writing: an approach to multi-document summarization. In: *Proceedings of the 12th International Conference on Asia-Pacific Digital Libraries*, pp. 116-119.

Lin, C-Y. (2004). ROUGE: a package for Automatic Evaluation of Summaries. In: *Proceedings of the Workshop on Text Summarization Branches Out*, pp. 74-81. Barcelona, Spain.

Louis, A.; Joshi, A.; Nenkova, A. (2010). Discourse indicators for content selection in summarization. In: *Proceedings of the 11th Annual Meeting of the Special Interest Group on Discourse and Dialogue*, pp. 147-156. Association for Computational Linguistics.

Mani, I. (2001). *Automatic Summarization*. John Benjamins Publishing Co., Amsterdam.

Mann, W.C.; Thompson, S.A. (1987). *Rhetorical Structure Theory: A Theory of Text Organization*. Technical Report ISI/RS-87-190.

Marcu, D. (1997). From discourse structures to text summaries. In: *Proceedings of the ACL*, Vol. 97, pp. 82-88.

O'Donnell, M. (1997). Variable-Length On-Line Document Generation. In: *Proceedings of the 6th European Workshop on Natural Language Generation*, Gerhard-Mercator University, Duiburg, Germany.

Radev, D.R. (2000). A common theory of information fusion from multiple text sources, step one: Cross-document Structure. In: *Proceedings of the 1st ACL SIGDIAL Workshop on Discourse and Dialogue*, pp. 74-83. Hong Kong-China.

Ribaldo, R. (2013). *Investigação de Mapas de Relacionamento para Sumarização Multidocumento*. Monografia de Conclusão de Curso. Instituto de Ciências Matemáticas e de Computação, Universidade de São Paulo. São Carlos-SP, November, 61p.

Ribaldo, R.; Cardoso, P.C.F.; Pardo, T.A.S. (2013). Investigação de Métodos de Segmentação e Agrupamento de Subtópicos para Sumarização Multidocumento. In: *Proceedings of 3rd Workshop on Information and Human Technology* - TILic, pp. 25-27. October 21-23, Fortaleza/Brazil.

Saggion, H.; Poibeau, T. (2013). Automatic text summarization: Past, present and future. *Multisource, Multilingual Information Extraction and Summarization*. Springer Berlin Heidelberg, pp. 3-21

Salton, G. (1989). *Automatic Text Processing: The Transformation, Analysis, and Retrieval of Information by Computer*. Addison-Wesley.

Salton, G.; Singhal A.; Mitra, M; Buckley, C. (1997). Automatic text Structuring and summarization. *Information Processing & Management*, Vol. 33, N. 2, pp. 193-207.

Uzêda, V.R.; Pardo, T.A.S.; Nunes, M.G.V. (2010). A Comprehensive Comparative Evaluation of RST-Based Summarization Methods. *ACM Transactions on Speech and Language Processing*, Vol. 6, N. 4, pp. 1-20.

Wan, X. (2008). An exploration of document impact on graph-based multi-document summarization. In: *Proceedings of the Conference on Empirical Methods in Natural Language Processing*, pp. 755-762.

Zhang, Z.; Goldenshon, S.B.; Radev, D.R. (2002). Towards CST-Enhanced Summarization. In: *Proceedings of the 18th National Conference on Artificial Intelligence*, pp. 439-446. Edmonton/Canada.

Proceedings of Symposium in Information and Human Language Technology. Natal, RN, Brazil, November 4–7, 2015. ©2015 Sociedade Brasileira de Computação.

Building and Applying Profiles Through Term Extraction

Lucelene Lopes, Renata Vieira

Computer Science Department – PUCRS University
Porto Alegre – Brazil

{lucelene.lopes,renata.vieira}@pucrs.br

Abstract. *This paper proposes a technique to build entity profiles starting from a set of defining corpora, i.e., a corpus considered as the definition of each entity. The proposed technique is applied in a classification task in order to determine how much a text, or corpus, is related to each of the profiled entities. This technique is general enough to be applied to any kind of entity, however, this paper experiments are conduct over entities describing a set of professors of a computer science graduate school through their advised M.Sc. thesis and Ph.D. dissertations. The profiles of each entity are applied to categorize other texts into one of the builded profiles. The analysis of the obtained results illustrates the power of the proposed technique.*

1. Introduction

The amount of available written material is larger than ever, and it clearly tends to keep growing as not only new material is made available, but also previously produced material is being digitalized and made accessible through the Internet. Often the search for information tends to find as obstacle not the unavailability of texts, but the impossibility to read all available material. In such abundant data environment, the challenge is to automatically gather information from text sources [Balog et al. 2013].

The focus of this paper is to gather information in order to profile entities considering the existence of written material characterizing these entities [Zhou and Chang 2013]. Once these entities are dully profiled, many applications of the profiles may be envisaged [Liu and Fang 2012].

Therefore, this paper objective is to proposed a technique to profile entities according to defining corpora, *i.e.*, a corpus capable to characterize each entity. Additionally, we exemplify the application of such entities profiles to categorize texts according to their great or small similarity to each entity.

Specifically, we chose as entities a group of professors acting on a graduate Computer Science program and we consider as the defining texts of each professor the M.Sc. and Ph.D. dissertations produced under his/her advisory. Therefore, each professor is profiled according to the produced texts under his/her supervision, and these profiles are applied to compute the similarity of other texts to each professor's production, thus allowing to categorize other texts with respect to each professor.

It is important to call the reader attention that the proposed profiling procedure can be applied to any set of entities giving that defining corpora characterizing each entity are available. Also, the exemplified application to categorize texts by the similarity to each entity could be replaced by other applications without any loss of generality.

This paper is organized as follows: the next section briefly presents related work; Section 3 describes the proposed technique to build profiles; Section 4 exemplifies the application of builded profiles to categorize texts; Section 5 presents practical experiments of the proposed technique to a practical case. Finally, the conclusion summarizes this paper contribution and suggests future works.

2. Related Work

Automatic profiling entities is, at the same time, an interesting research topic [Wei 2003, Liu and Fang 2012], and a complex task with important economic potential [Kummamuru and Krishnapuram 2007].

For instance, Liu and Fang [2012] propose two methods to build entities profiles for research papers published in a specific track of a specific conference. In their work, Liu and Fang made an experiment profiling paper published in the Knowledge-Based Approaches (KBA) track of the 21st Text Retrieval Conference, TREC 2012. For this experiment, the authors consider 29 entities (topics) manually chosen from the English collection of Wikipedia that were representative of topics usually covered by KBA track papers along the previous editions.

Basically, Liu and Fang's methods perform the computation of a numerical score based on the number of occurrences of the entity names found in each paper. The methods differences rely on the use of weighting schemas to estimate the relevance of each occurrence according to the presence of co-occurrence of other entities. The conclusions of Liu and Fang indicate that these methods were effective to select relevant documents among the papers appearing in TREC 2012 proceedings.

Another related work worth mentioning is the paper authored by Xue and Zhou [2009] that proposes a method to perform text categorization using distributional features. This work does not explicitly mention the construction of entity profiles, but Xue and Zhou's method do create a descriptor of each possible category to be considered in the form of features. In such way, the category descriptors can be easily viewed as the category profile, and the categorization itself can be viewed as the computation of similarities between each category profile and each text features.

Putting our current work in perspective with these related works, our proposed technique carries on a profile building task that is similar to Xue and Zhou's category descriptors. The main difference of our approach, however, resides on the descriptors contents. While Xue and Zhou's techniques are generic features (number of words, *etc.*) found in the texts, our descriptors are remarkable terms (most relevant concept bearing terms) found in the texts. In this sense our work can be seen as an evolution of [De Souza et al. 2007].

Our proposed text categorization is similar to Liu and Fang's score computation, since we also compute a similarity index to estimate how related a text is to each entity. The main difference between Liu and Fang's and our approach resides in the specific score formulation. While Liu and Fang's observe co-occurrences of entities names, our approach weights more relevant concepts bearing terms found at the entities describing corpora and at the texts to categorize. In this sense, we revisit an old approach [Cavnar and Trenkle 1994], but we use a more effective term extraction.

3. Building Profiles Through Term Extraction from Corpora

The proposed technique starts creating entities descriptors, *i.e.*, a set of data associated to each entity that summarizes the relevant information for each entity. In our approach these descriptors are basically a set of relevant concept bearing terms found in the entity's defining corpus. To obtain these terms we perform a sophisticated term extraction procedure [Lopes and Vieira 2012] followed by a relevance index computation [Lopes et al. 2012]. Specifically, we submit the defining corpora of all entities to an extraction procedure that is actually performed in two steps: The texts are syntactically annotated by the parser PALAVRAS [Bick 2000]; The annotated texts are submitted to ExATOlp [Lopes et al. 2009] that performs the extraction procedure and relevance index computation. It is important to mention that our proposed technique can be applied with other tools to text annotation or term extraction with, at the authors best knowledge, no loss of generality.

Term extraction performed by ExATOlp delivers only concept bearing terms, since it only considers terms that are Noun Phrases (NP) and free of determiners (articles, pronouns, *etc.*). In fact, the extraction procedure performed by ExATOlp considers a set of linguistic based heuristics that delivers the state of the art concept extraction for Portuguese language texts [Lopes and Vieira 2012].

Term frequency, disjoint corpora frequency (*tf-dcf*) is also computed by ExATOlp. *tf-dcf* is an index that estimates the relevance of a term directly proportional to its frequency in the target corpus, and inversely proportional to its frequency in a set of contrasting corpora. Consequently, the computation of the relevance index requires not only the defining corpora, but also a set of contrasting corpora [Lopes et al. 2012].

Once the terms of the defining corpus for each entity are extracted and associated to their respective relevance indices, the proposed construction of each entity descriptor is composed by two lists of terms with their relevance indices:

- **top terms** - The first list is composed by the n top relevant terms[1], *i.e.*, the n terms with higher *tf-dcf* values;
- **drop terms** - The second list is composed by the n more frequent, but common, terms, *i.e.*, the terms with the higher frequency and lower *tf-dcf* values.

To rank the terms for the top terms list it suffices to rank the terms according to the *tf-dcf* index, which is numerically defined for term t in the target corpus c considering a set of contrasting corpora $\mathcal{G}$ as:

$$\textit{tf-dcf}_t^{(c)} = \frac{\textit{tf}_t^{(c)}}{\prod_{\forall g \in \mathcal{G}} 1 + \log\left(1 + \textit{tf}_t^{(g)}\right)} \tag{1}$$

where $\textit{tf}_t^{(c)}$ is the term frequency of term t in corpus c.

To rank terms for the drop terms lists, it is possible to consider a relevance drop index numerically defined as the difference between the term frequency and the *tf-dcf* index, *i.e.*:

$$\textit{drop}_t^{(c)} = \textit{tf}_t^{(c)} - \textit{tf-dcf}_t^{(c)} \tag{2}$$

[1]The number of terms in each list is an arbitrary choice that is not fully analyzed yet. However, preliminary experiments indicate that lists of $n = 50$ terms seem effective.

An important point of the entity descriptors building process is to take into account the fact that sometimes distinct entities can have quite unbalanced corpora. This can be the result of entities with corpora with very different sizes, but it may also happen due to intrinsic characteristics of each defining corpus. In fact, even corpora with similar sizes can have very distinct occurrence distributions. Therefore, in order to equalize the eventual differences between values of distinct corpora we decided to adopt as numerical values of *tf-dcf* and *drop* indices not their raw value expressed by Eqs. 1 and 2, but the logarithm of those values. Such decision follows the basic idea formulated by the Zipf Law [Zipf 1935] that states that the distribution of term occurrences follows and exponential distribution. Consequently, adopting the logarithm values of *tf-dcf* and *drop* is likely to brings those index to a linear distribution[2].

Formally, the descriptor of each entity e, with $e \in \{1, 2, \ldots, E\}$, is denoted by the lists $\mathcal{T}_e$ and $\mathcal{D}_e$ composed by the information:

- $term(t_e^i)$ the i-th term of $\mathcal{T}_e$
- $idx(t_e^i)$ the logarithmic value of the *tf-dcf* of the i-th term of $\mathcal{T}_e$
- $term(d_e^i)$ the i-th term of $\mathcal{D}_e$
- $idx(d_e^i)$ the logarithmic value of the *drop* index of the i-th term of $\mathcal{D}_e$

Figure 1 describes this descriptor building process. In this figure, each entity is described by a defining corpus and from such corpus a term extraction and relevance index computation is made in order to generate a pair of lists to describe each entity.

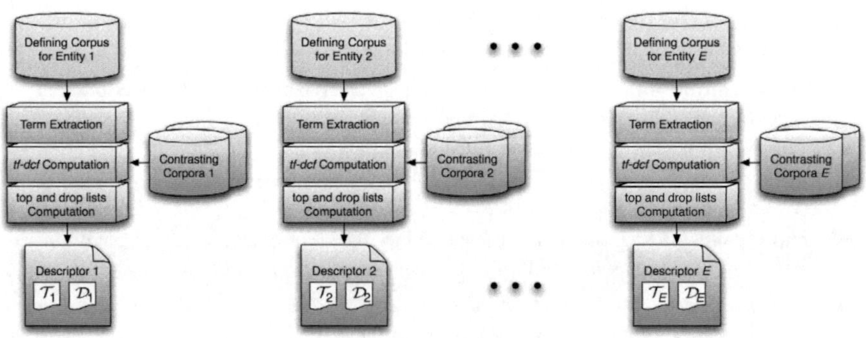

Figure 1. Descriptors Building Process

4. Applying Profiles to Categorize Texts

Given a set of entities dully characterized by their descriptors (top terms and drop terms lists), the categorization of a text (or corpus) can be made computing the similarity of such text (or corpus) with each entity. Obviously, the entity that is more similar to the text is considered the more adequate category.

[2]For the linearization purpose any logarithm would be enough. Specifically for this paper experiments a binary logarithm was adopted, but we also replicated the experiments with natural and decimal logarithms and, as expected, the overall results were not changed, *i.e.*, the numerical values of *tf-dcf* index changed, but the relevance ranking did not change.

Specifically, the proposed technique starts extracting the relevant terms for the text (or corpus) to categorize. This term extraction and relevance index computation must be made using the same tools and parameters as the ones used for constructing the entities descriptor, *i.e.*, in our case, the text to categorize must be submitted to PALAVRAS and ExATOlp with the same contrasting corpora. This step will produce a list of terms with their respective *tf-dcf* index. Analogously, to the profile indices, instead of the raw *tf-dcf* index, we will store its logarithm. Formally, such list is denoted $\mathcal{C}$ and it is composed by the information:

- $term(c^i)$ the i-th term of $\mathcal{C}$
- $idx(c^i)$ the logarithm of the *tf-dcf* index of the i-th term of $\mathcal{C}$

The similarity of a text to categorize with term list $\mathcal{C}$ to an entity e is computed by:

$$sim\ \mathcal{C}_e = \sum_{i=1}^{|\mathcal{C}|} idx(c^i)\left[top_e\left(term(c^i)\right) + drop_e\left(term(c^i)\right)\right] \tag{3}$$

where:

$$top_e\left(term(c^i)\right) = \begin{cases} idx(t_e^j) & \text{if } term(c^i) = term(t_e^j) \\ 0 & \text{otherwise} \end{cases}$$

$$drop_e\left(term(c^i)\right) = \begin{cases} idx(d_e^j) & \text{if } term(c^i) = term(d_e^j) \\ 0 & \text{otherwise} \end{cases}$$

Figure 2 describes this text (or corpora) categorization process. In this figure, the extracted terms of the text to categorize are compared to each entity descriptor, computing the similarity index for each entity.

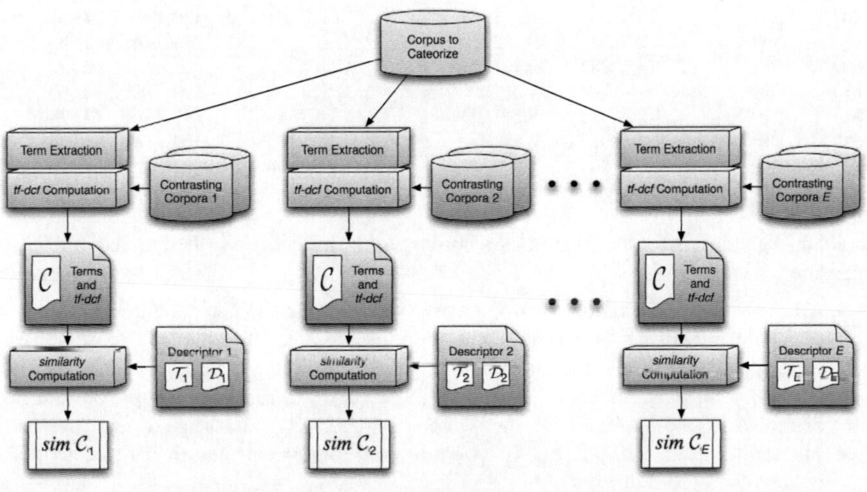

Figure 2. Corpus Categorization Process

5. Experiments for a Set of Professors

To illustrate the proposed technique, we conduct and experiment creating profiles for the full set of professors that successfully advised at least 5 M.Sc. thesis or Ph.D. dissertations from the creation of a Computer Science Graduate Program of a research intensive University from 1994 to 2013. In this corpora gathering process were kept only thesis and dissertation written in Portuguese to whom the text was electronically available. From a practical point of view, we managed to gather about 90% (370 of 410) of the published thesis and dissertations successfully presented during these 20 years. It resulted in 24 professors, grouped in 6 research groups. To each of these professors we assumed that their advised thesis and dissertations were their defining corpora.

Table 1 presents some information about these corpora. In this Table the name of professors was omitted and only a symbolic ID is presented. The name of the research groups is generically indicated by the acronyms BIO for Bioinformatics, AI for Artificial Intelligence, PD for Parallelism and Distribution, DES for Digital and Embedded Systems, SEDB for Software Engineering and Data Bases, and GHCI for Graphics and Human-Computer Interface. This division of research groups follows a classification based on current and historical groups of professors during this 20 years period. To each corpus this table also indicates the total numbers of texts, words and extracted terms.

Table 1. Entities and Corpora Characteristics

Professor	group	# texts	# words	# terms	Professor	group	# texts	# words	# terms
P01	BIO	9	187,010	39,859	P13	DES	19	506,457	108,958
P02	AI	6	101,331	21,722	P14	SEDB	21	635,691	139,911
P03	AI	13	219,930	44,707	P15	SEDB	20	441,555	92,986
P04	AI	25	587,177	120,772	P16	SEDB	28	512,899	103,491
P05	PD	16	287,923	60,727	P17	SEDB	16	425,069	87,532
P06	PD	22	391,329	89,575	P18	SEDB	11	290,040	62,774
P07	PD	14	310,905	64,193	P19	SEDB	5	120,199	24,051
P08	PD	15	278,346	59,582	P20	GHCI	13	223,323	48,089
P09	PD	25	431,082	90,501	P21	GHCI	12	285,893	62,432
P10	DES	8	164,740	34,267	P22	GHCI	11	203,938	42,065
P11	DES	12	269,171	59,297	P23	GHCI	13	197,942	43,534
P12	DES	24	591,018	122,594	P24	GHCI	12	164,130	32,544

5.1. Building Descriptors

To build the descriptors for the 24 entities according to the process described in Section 3, we consider the following:

- All thesis and dissertation advised were assumed to be the adequate description of each professor research topics, and, therefore, all texts advised by a professor were considered his/her defining corpus;
- For *tf-dcf* relevance index computation, the texts of all research groups, but the one to whom the professor belongs, were considered as contrasting corpora;
- The top terms and drop terms lists were limited to 50 terms and their respective indices (*tf-dcf* and *drop*).

Finally, the aimed 24 entities descriptors were composed by 24 pairs of lists (a pair for each professor) denoted $\mathcal{T}_e$ and $\mathcal{D}_e$, with $e \in \{P01, P02, \ldots, P24\}$.

5.2. Categorization of Texts

To illustrate the effectiveness of the builded entity profiles to categorize texts (or corpora) we conduct six experiments:

1. We took a conference paper written by one professor from PD research group (5 thousand words);
2. We took a short note on the Bioinformatics domain (1 thousand words);
3. We took a M.Sc. thesis on NLP - Natural Language Processing absent from the defining corpora (13.6 thousand words);
4. We took a corpus on DM - Data Mining with 53 texts (1.1 million words);
5. We took a corpus on SM - Stochastic Modeling with 88 texts (1.1 million words);
6. We took a corpus on Pneumology with 23 texts (16.5 thousands of words).

In all experiments, we perform the proposed process (Section 4) to extract terms using the same contrasting corpora. Consequently, each text (or corpus) was submitted to 6 different sets of contrasting corpora, *e.g.*, when computing similarity for a professor from research group PD, the contrasting corpora were the texts from all professors from other research groups (BIO, AI, DES, SEDB and GHCI). Table 2 presents the top ten entities (e), *i.e.*, group and professor id., according to the computed similarity ($sim\ \mathcal{C}_e$).

Table 2. Top Ten Entities According to Computed Similarity

Exp. 1 - PD		Exp. 2 - BIO		Exp. 3 - NLP	
e	$sim\ \mathcal{C}_e$	e	$sim\ \mathcal{C}_e$	e	$sim\ \mathcal{C}_e$
PD - **P06**	5.33	BIO - **P01**	22.04	AI - **P03**	61.27
PD - P08	2.57	GHCI - P21	0.01	AI - **P04**	48.99
DES - P12	0.63	SEDB - P16	0.01	AI - P02	12.13
DES - P13	0.48	SEDB - P15	0.00	DES - P11	1.68
DES - P11	0.46	GHCI - P22	0.00	GHCI - P20	0.34
PD - P05	0.45	SEDB - P14	0.00	GHCI - P22	0.10
DES - P10	0.05	SEDB - P18	0.00	DES - P10	0.08
PD - P07	0.03	GHCI - P23	0.00	SEDB - P15	0.07
SEDB - P15	0.02	PD - P05	0.00	BIO - P01	0.06
SEDB - P17	0.02	AI - P04	0.00	SEDB - P18	0.06

Exp. 4 - DM		Exp. 5 - SM		Exp. 6 - Pneumo	
e	$sim\ \mathcal{C}_e$	e	$sim\ \mathcal{C}_e$	e	$sim\ \mathcal{C}_e$
SEDB - **P17**	422.8	PD - **P09**	1,737	BIO - **P01**	8.71
AI - P04	132.4	DES - P12	176	GHCI - **P23**	8.69
SEDB - P16	124.9	PD - P07	118	GHCI - **P22**	5.70
GHCI - P23	66.4	PD - P08	110	GHCI - **P20**	3.71
AI - P03	59.6	DES - P13	97	PD - P06	2.09
GHCI - P20	54.7	PD - P05	71	GHCI - P21	0.52
GHCI - P24	46.3	AI - P02	60	DES - P13	0.45
BIO - P01	44.4	BIO - P01	57	SEDB - P14	0.42
SEDB - P18	31.0	DES - P10	54	GHCI - P24	0.10
GHCI - P22	30.8	AI - P04	51	SEDB - P17	0.08

The first experiment (a conference paper written by P06) was clearly categorized for this professor. It is also remarkable that other professors from PD and DES research groups were also well ranked by the similarity.

The second experiment (a short note about Bioinformatics) was also a clear case to categorize, since it was clearly situated in the professors P01 expertise. Since P01 is the only researcher of BIO group, the results indicate clearly this entity as the more similar one.

The third experiment (a M.Sc. thesis on NLP) is also a clear categorization result, since the three top ranked professors were from AI research group, which comprises the area of NLP. It is also noticeable that professors P03 and P04 clearly dominated the similarity measure with a numerical value above and around 50, while the similarity for the others professors are around or less than 10. It is not a coincidence that these two professors concentrate their research on NLP.

The fourth experiment (DM corpus) is also an interesting result, since it clearly indicates a predominance of P17 that works on the subject of Data Warehouses. The two next top ranked professors are from SEDB and AI. Such result also makes sense, since many Data Mining techniques are strongly related to both Data Bases and Artificial Intelligence.

The fifth experiment (SM corpus) looks like the clearest result, since P09 main research is on the development of performance models and its similarity value (over 1,700) is much higher than the values for all other professors (less than 200). Accentuate the success of this experiment the observation that professors from PD and DES groups clearly dominate the highest similarity values.

The sixth experiment (Pneumology corpus) was chosen to illustrate how a topic far from the professors expertise would be categorized. None of the professors works on the topic of Pneumology, therefore, we would expect that none of the similarity values would clearly stand out from the others. Nevertheless, to our surprise some professors on subjects that could be related to the medical topics delivered the top four similarity values. This is likely to be an effect of some common terms found in Bioinformatics (P01) and also in human related topics (P23, P22 and P20).

Table 3. Ratio Between the Highest Similarity and Logarithm of Number of Words

	Exp. 1	Exp. 2	Exp. 3	Exp. 4	Exp. 5	Exp. 6
highest *sim* C_e	21.40	22.04	53.99	287.67	716.24	10.34
log_2 # words	12.29	9.97	13.73	20.07	20.07	14.01
ratio	1.05E-03	2.21E-00	4.51E-03	3.84E-04	1.58E-03	5.28E-04

Finally, a clear observation from the results in Table 2 is the quite distinct values obtained for each experiment. We noticed a clear, and expected, relation between the size of the texts to categorize and the numerical values of the similarity. In Table 3 we observe the ratio between the highest similarity value and the binary log of the number of words in the texts for each experiment. This ratio seems to indicate the level of confidence in the categorization, *e.g.*, for Experiments 4 and 6 the confidence is lower than the others. On the contrary, Experiment 2 outcome seems to be very reliable, and not Experiment 5 as it would appear in the first observation.

6. Conclusion

This paper proposed a technique to build entity profiles according to a guided term extraction taking relevance indices into account. The builded profiles were applied to a categorization task with a considerable success as shown in the six presented experiments. Therefore, this paper contribution is two-fold, since both entity profiles building and text categorization are interesting problems tackled by the proposed technique.

The entity profiles building process based on term extraction producing top terms and drop terms lists is a robust and innovative solution to a complex problem that can potentially solve many practical issues. Besides text categorization, other possible applications are automatic authoring recognition; terminology classification; *etc.*

The text categorization process based on the entities profiles is a direct application with many practical uses. For instance, the conducted experiments over the M.Sc. thesis and Ph.D. dissertations of a graduate program can be very useful to help practical decisions like: which candidate is more adequate to a future advisor; which professor is the best placed to evaluate an external project or publication; which professors are the more adequate to compose a jury; *etc.* Nevertheless, it is important to keep in mind that our main goal is to propose a profiling technique and the text categorization was just an application example.

Our experiments are the first tests of this original profiling technique, and natural future work for our research will be the deep analysis of parameters as the size of descriptor lists (n), impact of a very large number of entities, *etc.* It is also a possible future work the broader experimentation over other data sets, and even other applications than text categorization. Anyway, the presented results are encouraging due to the effectiveness achieved, specially for large amounts of text to categorize.

References

Balog, K., Ramampiaro, H., Takhirov, N., and Nørvåg, K. (2013). Multi-step classification approaches to cumulative citation recommendation. In *Proceedings of the 10th Conference on Open Research Areas in Information Retrieval*, OAIR '13, pages 121–128, Paris, France, France. Le Centre des Hautes Etudes Internationales d'Informatique Documentaire.

Bick, E. (2000). *The parsing system PALAVRAS: automatic grammatical analysis of portuguese in constraint grammar framework.* PhD thesis, Arhus University.

Cavnar, W. B. and Trenkle, J. M. (1994). N-gram-based text categorization. In *In Proceedings of SDAIR-94, 3rd Annual Symposium on Document Analysis and Information Retrieval*, pages 161–175.

De Souza, A., Pedroni, F., Oliveira, E., Ciarelli, P., Henrique, W., and Veronese, L. (2007). Automated free text classification of economic activities using vg-ram weightless neural networks. In *Intelligent Systems Design and Applications, 2007. ISDA 2007. Seventh International Conference on*, pages 782–787.

Kummamuru, K. and Krishnapuram, R. (2007). Method, system and computer program product for profiling entities. US Patent 7,219,105.

Liu, X. and Fang, H. (2012). Entity Profile based Approach in Automatic Knowledge Finding. In *Proceedings of Text Retrieval Conference, TREC 2012*.

Lopes, L., Fernandes, P., and Vieira, R. (2012). Domain term relevance through tf-dcf. In *Proceedings of the 2012 International Conference on Artificial Intelligence (ICAI 2012)*, pages 1001–1007, Las Vegas, USA. CSREA Press.

Lopes, L., Fernandes, P., Vieira, R., and Fedrizzi, G. (2009). ExATOlp – An Automatic Tool for Term Extraction from Portuguese Language Corpora. In *Proceedings of the 4th Language & Technology Conference: Human Language Technologies as a Challenge for Computer Science and Linguistics (LTC'09)*, pages 427–431, Poznan, Poland. Faculty of Mathematics and Computer Science of Adam Mickiewicz University.

Lopes, L. and Vieira, R. (2012). Heuristics to improve ontology term extraction. In *PROPOR 2012 – International Conference on Computational Processing of Portuguese Language*, LNCS vol. 7243, pages 85–92.

Wei, L. (2003). Entity Profile Extraction from Large Corpora. In *Proceedings Pacific Association of Computational Linguistics 2003*.

Zhou, M. and Chang, K. C.-C. (2013). Entity-centric document filtering: Boosting feature mapping through meta-features. In *Proceedings of the 22Nd ACM International Conference on Conference on Information; Knowledge Management*, CIKM '13, pages 119–128, New York, NY, USA. ACM.

Zipf, G. K. (1935). *The Psycho-Biology of Language - An Introduction to Dynamic Philology*. Houghton-Mifflin Company, Boston, USA.

Proceedings of Symposium in Information and Human Language Technology. Natal, RN, Brazil, November 4–7, 2015. ©2015 Sociedade Brasileira de Computação.

An Annotated Corpus for Sentiment Analysis in Political News

Gabriel Domingos de Arruda[1], Norton Trevisan Roman[1], Ana Maria Monteiro[2]

[1]School of Arts, Sciences and Humanities – University of São Paulo (USP)
Arlindo Béttio Av. 1000 – 03828-000 – São Paulo – SP – Brazil

[2]Campo Limpo Paulista Faculty (FACCAMP)
Guatemala St. 167 – 13231-230 – Campo Limpo Paulista – SP – Brazil

{gabriel.arruda,norton}@usp.br, anammont@cc.faccamp.br

Abstract. *This article describes a corpus of news texts in Brazilian Portuguese. News were collected from four big newswire outlets, segmented in paragraphs, and marked up by a group of four annotators, who had to classify each paragraph according to two dimensions: target entity (that is the person which is the main subject of the news contained in the paragraph), and the paragraph's polarity with respect to the target entity. The corpus comprises 131 news, segmented in 1,447 paragraphs, with 65,675 words in total. Along with the corpus, we have also built a gold standard, where paragraphs are classified according to the opinion of the majority of annotators. This gold standard and annotated corpus are available to the community under a Creative Commons licence.*

1. Introduction

In recent years, sentiment analysis has drawn researchers' attention due to the vast amount of information available through the internet, along with the development of machine learning techniques applied to natural language processing [Pang and Lee 2008]. With this kind of analysis, it is possible to gather information of great commercial interest, such as what costumers are saying about some product, film or person, for example.

In this sense, one of the first domains to serve as a testing field for sentiment analysis was that of customer reviews (*e.g.* [Turney 2001, Pang et al. 2002]), where products are classified as recommended or not by customers (*e.g.* [Turney 2001]). Alternatively, a number of "stars" may be attributed to some product or information which, in turn, are used to classify the reviews according to their valence (*i.e.* positive, neutral or negative, *e.g.* [Pang et al. 2002]).

Differently from customer reviews, however, the newswire domain usually comes with no such hint on customers' (*i.e.* readers') opinion about the product (*i.e.* the news itself), or even on the content of the news. As such, researchers have no inbuilt hint that can help them figure out the valence of the sentiment associated with that news, be it the sentiment expressed along with the news, or the sentiment it elicits in customers.

In order to allow for sentiment analysis techniques to be used and evaluated, it is necessary then to manually annotate a set of news. As a matter of fact, such annotated corpora can already be found in some languages, such as Arabian [Abdul-Mageed and Diab 2012], Portuguese [Rocha and Santos 2000, Aleixo and Pardo 2008] and English [Curran and Koprinska 2013], for example. These, however, are designed for general use, not focusing on a specific subject, such as political news, for instance. On this account, only the German language seems to have a corpus dedicated to this kind of news (*cf.* [Li et al. 2008]).

The focus on politics, in turn, is justifiable given its usually polarised nature, whereby one always have a situation and an opposition. Such a polarisation can be a fertile ground for research on bias (in its different forms), economical situation forecasting, or even political action prediction, which could be inferred from some tendency detected in this kind of news.

To help reduce this lack of resources, specifically in Brazilian Portuguese, in this article we present a corpus of political news texts, annotated with sentiment information according to two dimensions: the entity referred to by the news, and the valence of that reference. From resulting annotations, we have also built a gold standard, which can be used both to evaluate different sentiment analysis techniques, thereby providing a common ground for future comparisons, and to allow for machine learning techniques to be applied. Both corpus and gold standard are publicly available under a Creative Commons licence at `http://www.each.usp.br/norton/viesnoticias/index_ing.html`.

The rest of this article is organised as follows. Section 2 provides an overview of current related research on news corpora annotation. Section 3, in turn, describes the process of data gathering, along with the methodology followed to annotate these data. Section 4 presents the annotation results, in terms of inter-annotator agreement, along with the steps taken to build our gold standard and label distribution within it. These results are then discussed further in this Section. Finally, Section 5 presents our conclusions and directions for future research.

2. Related Work

When annotating newswire texts, it is usual to have a group of annotators classify the news according to some feature, such as polarity (*e.g.* [Li et al. 2008, Kaya et al. 2012]) for example. When adopting this approach, however, researchers need to deal with inter-annotator agreement issues, such as those faced by [Balahur et al. 2010], who report an interannotator agreement lower than 50%, for a binary classification of citations by three annotators. After asking annotators to classify the citations according to their target (*i.e.* the cited entities), without accounting for their polarity, agreement raised to only 60%. Scores as high as 81% were obtained only when asking annotators not to use any previous knowledge they could have when assessing the citations. Apart from this problem, there is also the issue regarding the number of annotators necessary to carry out the task, since it has been noticed that with a high number of annotators comes a reduction in the agreement amongst them [Das and Bandyopadhyay 2010], even though the use of more than two annotators is advisable [Artstein and Poesio 2005].

Alternatively to the use of human annotators, another approach found is the use of external sources of information to classify the news. This is the approach taken by [Siering 2012], who used stock market fluctuations to determine the polarity of news related to some specific stock. As such, if the stock price raised after the news, then that news is regarded as positive, otherwise, it is negative. However solving the problem of low interannotator agreement scores, this kind of approach raises issues of its own. In this specific case, one can never be too sure about the time that it takes for the news to produce any measurable impact on the stock market, there being a potential confounding between the news content and other external variables that might have influenced the sock prices, but which are unrelated to the news itself.

Besides defining the methodology underlying the classification of news, another related question is at what level the news are to be annotated. Since news can refer to multiple facts and, consequently, have multiple polarities, splitting them in smaller units of annotation might help capture each of these individual facts. This, however, is still an unsettled issue, with current approaches ranging from segmenting news in sentences (*e.g.* [Balahur et al. 2010, Abdul-Mageed and Diab 2012]) to separating out text spans, such as third party citations (*e.g.* [Balahur et al. 2009, Drury and Almeida 2012, Curran and Koprinska 2013]), for example.

In this research, we adopted the first approach, and relied on a group of annotators to classify the polarity of news, along with the entity to which it refer. To do so, texts were segmented in paragraphs, instead of sentences, so as to offer annotators a wider context in which to work. Given that our intention was to cover political news in Brazilian Portuguese from a greater variety of news producers (so as to allow for a reasonable comparison amongst them), we had to collect a corpus of our own, since existing initiatives, such as CSTNews [Cardoso et al. 2011], CHAVE [Rocha and Santos 2000] and TeMário [Pardo and Rino 2003], for example, however important, do not fit perfectly our purposes, either because the amount of political news is still small, or because the corpus focus in just a couple of newspapers.

3. Materials and Methods

From 06/09/2014 to 12/09/2014, news on politics were extracted from a set of public twitter profiles[1]. During this period, every day at 20:00, a crawler retrieved the last 20 tweets from each of the selected profiles[2]. After filtering out retweets (*i.e.* the re-publishing of an already published tweet) and tweets without a link to the text of the news, the links in the remaining tweets were followed, so we could retrieve the original news texts as published at the producers' website.

Retrieved news were then classified by one of the authors according to their relevance to the corpus. News were considered relevant whenever they referred either to one of the three main candidates running for president of Brazil (*i.e.* Dilma Rousseff, Aécio Neves and Marina Silva), or to one of the three main candidates running for governor of the State of São Paulo (*i.e.*, Geraldo Alckmin, Paulo Skaf and Alexandre Padilha). At the end of this process, 131 news[3] were selected to form the corpus, comprising 1,447 paragraphs with 65,675 words in total. Table 1 summarises the results for each analysed profile, in terms of number of retrieved and selected tweets, along with the amount of retweets, while Algorithm 1 describes the data collection process.

The choice for twitter profiles was mainly guided by the subjective importance of the newswire outlet, as perceived by its popularity. As such, we selected a set of five news producers: *Folha de São Paulo*, *Estado de São Paulo*, *G1*, *Veja* and *Carta Capital*. *Folha*

[1] `http://twitter.com`

[2] News from 09/09/2014 could not be extracted due to a technical problem in the extraction system that day.

[3] That is 131 texts as published at the producers' websites.

Table 1. Selected Twitter Profiles

Profile	Name	Selected Tweets	Retrieved Tweets	Retweets
@EstadaoPolitica	Política Estadão	7	17	1
@g1politica	G1 - Política	25	118	2
@folha_poder	Folha Poder	64	120	0
@cartacapital	Carta Capital	14	114	42
@VEJA	VEJA	21	118	8

Algorithm 1 Data collection

```
initialDate ← 06/09/2014
endDate ← 12/09/2014
for referenceDate ← initialDate to endDate do
    dailyNews ← extractNewsFromTwitter(referenceDate)
    for all news in dailyNews do
        if eligible(news) then
            addToCorpus(news)
        end if
    end for
end for
```

de São Paulo and *Estado de São Paulo* were chosen due to the fact that they are the biggest newspapers in the State of São Paulo, also being amongst the biggest ones in Brazil. *G1*, in turn, was chosen because it is one of the biggest online news portal in Brazil. Finally, *Veja* and *Carta Capital* were chosen for being popular weekly new magazines, which are usually taken as presenting opposite editorial profiles.

Selected news were then segmented in paragraphs and presented to a set of four annotators (see Table 2 for details on annotators' age, sex, knowledge area and educational attainment). The annotation format corresponds to the inline addition of XML tags, along the lines presented in [Roman 2013] (even though the non-annotated plain corpus is also made available). We chose to use paragraphs as our basic unit of annotation in order to present annotators with a wider context, when compared to other units such as sentences, for example, while still trying to avoid topic changes.

Table 2. Annotators' details

ID	*Age*	*Sex*	*Knowledge Area*	*Educational Attainment*
1	24	Female	Biological	Undergraduate Student
2	24	Male	Exact	Graduate
3	31	Male	Exact	MPhil Student
4	26	Male	Exact	MPhil Student

For each paragraph, annotators should identify its target entity, determining the polarity of the paragraph's content, related to that entity. As such, a paragraph would be relied as positive towards the target entity if it seemed to bring a positive perception about the target to the annotator. Should the perception be otherwise negative, then the paragraph should also be classified as such. Neutral paragraphs, in turn, are those presenting but informative spans of text, not changing the annotator's perception about the target entity.

Annotators were specifically instructed to only consider people as candidates for a target entity, therefore ruling out other possibilities, such as companies and places for example. The definition of a target is of paramount importance, since depending on the targeted entity, some paragraph's polarity might revert, to the extent that some positive news to one of the candidates may potentially be a negative one to another.

Also, annotators should bear in mind that target entities must be the paragraph's main subject, instead any other cited person. Hence, if the paragraph presents a criticism by one of the candidates towards another, the target entity should correspond to the criticised candidate (the main subject), instead of the one making the criticism. Another noteworthy point is that target entities were not required to be explicitly cited in the paragraph. All that was necessary was the annotator to judge the paragraph's content to be related to some entity. Finally, should the annotator find no target entity, then the paragraph should be left unclassified.

4. Results and Discussion

Annotation results were analysed according to three inter-annotator agreement indexes, to wit Krippendorff's alpha, Fleiss' kappa and percent agreement (see [Artstein and Poesio 2008] for a comparison between these indexes). Agreement values were calculated with the aid of AgreeCalc [Alvares and Roman 2013] – a tool for calculating agreement amongst multiple annotators. Table 3 summarises the results for polarity and target entity.

In this table, Polarity_1 refers to the agreement observed when taking polarity as an isolated dimension. That, however, is hardly the case, for disagreements in the target entity may lead to disagreements in the polarity of the report, since the report goes about its target entity. For this reason, agreement was also calculated only for those paragraphs where annotators agreed on about the target entity (Polarity_2 in the Table), in which case paragraphs containing disagreements were considered unclassified.

Table 3. Inter-annotator agreement for polarity and target entity

	Polarity_1	Polarity_2	Target Entity
Krippendorff's α	0.37	0.50	0.67
Fleiss' κ	0.26	0.28	0.39
Percent Agreement	31.78	40.05	60.31

From Table 3, we see that inter-annotator agreement for the target entity was higher than that for its polarity. Overall agreement, however, might have been improved should annotators be restricted only to the main candidates when choosing the target entity. In the excerpt below, for example, two annotators chose "Guido Mantega" as target, whereas other two chose "Dilma Rousseff". Given the relationship between both entities, annotators might have agreed the target to be "Dilma Rousseff", should this restriction be applied.

A presidenta Dilma Rousseff confirmou nesta segunda-feira 8 que, se for reeleita, o ministro da Fazenda, Guido Mantega, não vai permanecer no cargo. De acordo com Dilma, o próprio ministro não deseja continuar em um eventual segundo mandato.[4]

President Dilma Rousseff confirmed this Monday 8th that, if re-elected, the finance minister, Guido Mantega, will be discharged. According to Dilma, the minister himself does not wish to go on with an eventual second term.

As for polarity, agreement was higher when calculated over paragraphs where annotators agreed about the target entity (Polarity_2 in Table 3), then when calculated over paragraphs where target entity and polarity are taken as independent dimensions. This is somewhat expected, for the reason already pointed out, that these dimensions are, in fact, dependent.

Results for pairwise agreement on the target entity, that is agreement calculated for every combination of annotator pairs, can be seen in Table 4. As an example to help the reader understand these figures, in this table, α's value between annotators 1 and 2 is 0.64, whereas its value for annotators 3 and 4 is 0.71, and so on. Mean value amongst all pairs is then 0.68. Table 5, in turn, presents pairwise agreement results for the Polarity_2 dimension.

Table 4. Pairwise inter-annotator agreement for the target entity dimension

			Annotator			
	Mean	*Annotator*	1	2	3	4
Krippendorff's α	0.68	1	–	0.64	0.61	0.69
		2		–	0.72	0.74
		3			–	0.71
Fleiss' κ	0.46	1	–	0.43	0.41	0.47
		2		–	0.46	0.53
		3			–	0.47
Percent Agreement	74.83	1	–	71.31	68.07	74.38
		2		–	78.38	80.04
		3			–	76.78

In looking at Table 4, we see that the difference between the pair with the lowest agreement ($\alpha = 0.61$ between annotators 1 and 3) and the higher agreement ($\alpha = 0.74$ between annotators 2 and 4) lies around 21%, for the target entity. Polarity, on the other hand, shows a 46% difference (Table 5), between the pairs with the lower ($\alpha = 0.39$ between annotators 1 and 3) and higher ($\alpha = 0.57$ between annotators 2 and 4) agreement. These differences are in line with current research (*e.g.* [Roman et al. 2015]), that found an around 32% difference (and, sometimes, even higher), in pairwise agreement for subjective classifications.

In general, cases of disagreement on polarity usually refer to ambiguous passages, where some positive or negative fact is put forth as a counterpoint to something else. One such example is "Após dias reclamando de ataques por parte do PT, a campanha de Marina Silva lançou nesta quinta-feira 11 um site para combater o que chama de "boatos"

[4]http://www.cartacapital.com.br/blogs/carta-nas-eleicoes/mantega-nao-continua-em-eventual-segundo-mandato-diz-dilma-3791.html

Table 5. Pairwise inter-annotator agreement for the Polarity$_2$ dimension

			Annotator			
	Mean	*Annotator*	1	2	3	4
Krippendorff's α	0.48	1	–	0.50	0.39	0.40
		2		–	0.49	0.57
		3			–	0.51
Fleiss' κ	0.34	1	–	0.36	0.35	0.32
		2		–	0.34	0.31
		3			–	0.34
Percent Agreement	65.72	1	–	67.23	59.82	59.89
		2		–	67.33	71.77
		3			–	68.30

sobre sua campanha" ("After days complaining about the attacks by PT[5], Marina Silva's campaign set up a website this Thursday 11 to combat what she calls 'rumours' about her campaign"). In this case, even though annotators selected "Marina Silva" as the target entity, the paragraph describes an attack by one of her opponents (something negative to Marina), while presenting, at the same time, the measures she took to deal with that attack (therefore, a positive thing).

Finally, even though overall inter-annotator agreement may seem rather low, current research on polarity classification of news reports mean pairwise agreement rates ranging from 66% [Curran and Koprinska 2013] to 81% [Balahur et al. 2010], for sets of three annotators (both dealing with third party citations found in news), and 71% [Jang and Shin 2010] for two annotators dealing with sentences extracted from news. With a mean pairwise agreement rate of 74.8% for the target entity and 65.7% for polarity, with an 80% maximum pairwise agreement for the target entity and 72% for polarity (see Tables 4 and 5), our results do not seem off the scale.

4.1. Gold Standard

As a secondary result, we have also built a gold standard for the corpus, annotated according to the opinion of the majority of annotators. To build the standard, each paragraph was first assigned the target entity pointed out by the majority of annotators (which includes the "no target" option, that is the option to leave the paragraph unclassified). Ties were resolved by one of the authors. In the sequence, the paragraph's polarity was defined as the polarity assigned to it by the majority of all annotators who agreed with the paragraph's target entity (as determined in the previous step of the gold standard construction). Polarity classifications associated to other targets are not considered for the majority and, consequently, if no entity was assigned to the paragraph in the previous step, no polarity is associated to it either. Once again, ties were resolved by one of the authors.

Table 6 shows the polarity distribution in the gold standard amongst the five searched twitter profiles. In total, 1,042 paragraphs were annotated both with target entity and polarity values (*Positive*, *Negative* and *Neutral* in the Table), comprising an amount of 50,738 words. As it turned out, the classification of news according to its polarity

[5]Workers' Party.

towards the target entity depended on the newswire outlet to a statistically significant amount ($\chi^2 = 110.5687$, $p << 0.01$, at the 0.95 significance level). This, in turn, may be an indicative of bias in some of these news producers.

Table 6. Polarity distribution in the gold standard

	Classification			
Profile	*Positive*	*Neutral*	*Negative*	*Unclassified*
@EstadaoPolitica	12	8	18	3
@g1politica	68	100	50	136
@folha_poder	187	177	232	148
@cartacapital	20	29	27	49
@VEJA	23	27	64	69
Total	**310**	**341**	**391**	**405**

5. Conclusion

In this article, we presented a corpus of news in Brazilian Portuguese. Comprising 131 news, the corpus was segmented in 1,447 paragraphs, with 65,675 words in total. Paragraphs were classified according to two dimensions: target entity and polarity. Target entity referred to the main subject of the news, as reported in that specific paragraph (that is about whom is the news). Polarity, on the other hand, comprised three values – positive, neutral and negative – and was determined on the basis of the target entity, therefore defining whether that specific piece of news contained in the paragraph was positive, neutral or negative towards the target entity.

Paragraphs' classification was carried out by a set of four annotators, who independently assigned a target unit and corresponding polarity to each paragraph in the corpus. Overall and pairwise agreement lied within the range set by current related literature. From the four sets of annotations, we built a gold standard, where paragraphs were classified according to the opinion of the majority of annotators. This gold standard and annotated corpus, by all four annotators, are available to the community under a Creative Commons licence at `http://www.each.usp.br/norton/viesnoticias/index_ing.html`.

We hope our efforts to be useful to other researchers in a number of ways, from deeper studies related to news texts to the application of machine learning techniques, also serving as a common ground for comparison amongst research that build on our corpus and gold standard. As for future work, we intend to use this corpus as one of the variables necessary to identify bias in newswire outlets, thereby determining not only if news from some outlet is biased, but also allowing for the identification of the way this bias is introduced in texts. Additionally, it would be interesting to verify whether positive and negative tweets agree with the positive or negative sentiment in the news texts to which they refer. Finally, it would also be interesting to tag irony and sarcasm in the corpus.

References

Abdul-Mageed, M. and Diab, M. (2012). Awatif : A multi-genre corpus for modern standard arabic subjectivity and sentiment analysis. *LREC*, pages 3907–3914.

Aleixo, P. and Pardo, T. A. S. (2008). Cstnews: um córpus de textos jornalísticos anotados segundo a teoria discursiva multidocumento cst (cross-document structure theory). Technical Report NILC-TR-08-05, ICMC-USP, São Carlos, SP, Brazil.

Alvares, A. R. and Roman, N. T. (2013). AgreeCalc : Uma ferramenta para análise da concordância entre múltiplos anotadores. In *Proceedings of the 9th Brazilian Symposium in Information and Human Language Technology*, pages 1–10.

Artstein, R. and Poesio, M. (2005). Bias decreases in proportion to the number of annotators. In *Proceedings of the 10th conference on Formal Grammar and the 9th Meeting on Mathematics of Language (FG-MoL 2005)*, Edinburgh, Scotlan.

Artstein, R. and Poesio, M. (2008). Inter-coder agreement for computational linguistics. *Computational Linguistics*, 34(4):555–596.

Balahur, A., Steinberger, R., Goot, E. v. d., Pouliquen, B., and Kabadjov, M. (2009). Opinion mining on newspaper quotations. In *2009 IEEE/WIC/ACM International Joint Conference on Web Intelligence and Intelligent Agent Technology*, volume 3, pages 523–526. IEEE.

Balahur, A., Steinberger, R., and Kabadjov, M. (2010). Sentiment analysis in the news. *LREC*, pages 2216–2220.

Cardoso, P. C. F., Maziero, E. G., Jorge, M. L. R. C., Seno, E. M. R., Felippo, A. D., Rino, L. H. M., das Graças V. Nunes, M., and Pardo, T. A. S. (2011). Cstnews – a discourse-annotated corpus for single and multi-document summarization of news texts in brazilian portuguese. In *Proceedings of the 3rd RST Brazilian Meeting*, pages 88–105, Cuiabá/MT, Brazil.

Curran, T. and Koprinska, P. (2013). An annotated corpus of quoted opinions in news articles. *tokeefe.org*, pages 516–520.

Das, A. and Bandyopadhyay, S. (2010). Topic-based bengali opinion summarization. In *Proceedings of the 23rd International Conference on Computational Linguistics (Coling 2010)*, number August 23-27, pages 232–240, Beijing, China.

Drury, B. and Almeida, J. (2012). The minho quotation resource. *LREC*, pages 2280–2285.

Jang, H. and Shin, H. (2010). Effective use of linguistic features for sentiment analysis of korean. *PACLIC*, pages 173–182.

Kaya, M., Fidan, G., and Toroslu, I. H. (2012). Sentiment analysis of turkish political news. In *2012 IEEE/WIC/ACM International Conferences on Web Intelligence and Intelligent Agent Technology*, volume 1, pages 174–180. IEEE.

Li, H., Cheng, X., Adson, K., Kirshboim, T., and Xu, F. (2008). Annotating opinions in german political news. *LREC*, pages 1183–1188.

Pang, B. and Lee, L. (2008). Opinion Mining and Sentiment Analysis. *Foundations and Trends® in Information Retrieval*, 2(1–2):1–135.

Pang, B., Lee, L., and Vaithyanathan, S. (2002). Thumbs up? In *Proceedings of the ACL-02 conference on Empirical methods in natural language processing - EMNLP '02*, volume 10, pages 79–86, Morristown, NJ, USA. Association for Computational Linguistics.

Pardo, T. A. S. and Rino, L. H. M. (2003). Temário: Um corpus para sumarização automática de textos. Technical Report NILC-TR-03-09, NILC - ICMC-USP, São Carlos/SP, Brazil.

Rocha, P. and Santos, D. (2000). Cetempúblico: Um corpus de grandes dimensões de linguagem jornalística portuguesa. In *Actas do V Encontro para o processamento computacional da língua portuguesa escrita e falada (PROPOR 2000)*, pages 131–140, Atibaia, São Paulo, Brazil.

Roman, N. T. (2013). Resdial – coding description (v.1.0). Technical Report PPgSI-003/2013, EACH-USP, São Paulo, SP – Brazil.

Roman, N. T., Piwek, P., Carvalho, A. M. B. R., and Alvares, A. R. (2015). Sentiment and behaviour annotation in a corpus of dialogue summaries. *Journal of Universal Computer Science (J.UCS)*, 21(4):561–586. ISSN 0948-695x (Online Edition: ISSN 0948-6968).

Siering, M. (2012). "boom" or "ruin"–does it make a difference? using text mining and sentiment analysis to support intraday investment decisions. In *2012 45th Hawaii International Conference on System Sciences*, pages 1050–1059. IEEE.

Turney, P. D. (2001). Thumbs up or thumbs down? In *Proceedings of the 40th Annual Meeting on Association for Computational Linguistics - ACL '02*, page 417, Morristown, NJ, USA. Association for Computational Linguistics.

Proceedings of Symposium in Information and Human Language Technology. Natal, RN, Brazil, November 4–7, 2015.

Campos Aleatórios Condicionais Aplicados à Detecção de Estrutura Retórica em Resumos de Textos Acadêmicos em Português

Alexandre C. Andreani[1], **Valéria D. Feltrim**[1]

[1]Departamento de Informática – Universidade Estadual de Maringá (UEM)
Av. Colombo, 5790 – Bloco C56 – CEP 87020-900 – Maringá – PR – Brasil

alexandre.c.andreani@gmail.com, valeria.feltrim@gmail.com

Abstract. *This paper presents CRF-AZPort, a rhetorical structure predictor for abstracts written in Portuguese. Unlike the AZPort classifier, which predicts the category of each sentence independently, the proposed predictor uses Conditional Random Fields for predicting a sequence of rhetorical categories for a given abstract. CRF-AZPort uses three new attributes in addition to the original AZPort attributes. Results show that rhetorical classification can be modeled as a sequence labeling problem and that considering rhetorical structure contributes to the classification.*

Resumo. *Este trabalho apresenta o CRF-AZPort, um preditor de estrutura retórica para resumos científicos escritos em português. Diferente do classificador AZPort, que prediz a categoria retórica de cada sentença de forma independente, o preditor proposto utiliza Conditional Random Fields para prever uma sequência de categorias retóricas para um resumo. Além dos atributos originais do AZPort, o CRF-AZPort utiliza três novos atributos. Os resultados obtidos mostram que a classificação retórica pode ser modelada como um problema de rotulação sequencial e que considerar a estrutura como um todo contribui para a classificação.*

1. Introdução

Cada gênero literário desperta no leitor uma expectativa do que encontrar no texto, seja um artigo científico, um livro técnico ou um romance. Para o gênero científico é importante que as informações, contidas no texto, sejam transmitidas da maneira mais direta possível. Para isso, esses trabalhos possuem uma estrutura bem estabelecida e reconhecida pelos demais leitores como adequada. Um elemento textual muito importante para artigos científicos é o resumo. O leitor usa o resumo para decidir se o trabalho é de seu interesse ou não. Além disso, o resumo é parte essencial em revisões sistemáticas e indexação em serviços eletrônicos de busca. Portanto, para a divulgação do trabalho, é importante escrever um resumo que tenha estrutura e elementos que o público-alvo espera encontrar.

Em geral, sistemas que fazem a detecção automática de estrutura retórica são construídos aplicando-se algoritmos de aprendizado de máquina para a construção de classificadores. Exemplos de classificadores retóricos são o *AZ* [Teufel and Moens 2002], o *E-Rater* [Burstein et al. 2003], o *Mover* [Anthony and Lashkia 2003], o AZPort

[Feltrim et al. 2006] e o *AZEA* [Genoves Junior 2007]. Cada um dos classificadores citados foi projetado com objetivos e domínios específicos, mas todos fazem a classificação de cada sentença do texto em categorias previstas em um modelo de estrutura retórica pré-definido, como os definidos por [Swales 1990] e [Weissberg and Buker 1990]. Assim, a abordagem mais comum é tratar a detecção de estrutura retórica como um problema de classificação.

Um problema resultante dessa abordagem é que os classificadores têm pouca ou nenhuma informação sobre a ordem das categorias previstas e da dependência entre elas no momento da previsão. É sabido que a ordem dos componentes da estrutura retórica de um texto não é aleatória. Por exemplo, no contexto de resumos científicos, sequências como Propósito-Metodologia-Resultado são mais prováveis de acontecer do que sequências como Resultado-Lacuna-Contexto. Assim, um sistema capaz de prever uma sequência de categorias retóricas, considerando assim a ordem de ocorrência das categorias, pode obter melhores resultados do que um sistema que prevê cada categoria isoladamente. De fato, trabalhos como [Liakata et al. 2012], [Merity et al. 2009], [Hirohata et al. 2008] utilizaram abordagens baseadas na predição de sequências de categorias nesse contexto com bons resultados.

Dessa forma, este trabalho apresenta um preditor de estrutura retórica para resumos científicos escritos em português baseado em predição estruturada. O preditor, chamado de CRF-AZPort, é uma nova versão do classificador AZPort [Feltrim et al. 2006] que utiliza *Conditional Random Fields* (CRF) [Lafferty 2001] para prever uma sequência de categorias. Além dos atributos do AZPort, o CRF-AZPort utiliza três novos atributos. Em comparação com o AZPort original, os resultados obtidos com o CRF-AZPort foram superiores, confirmando que existe uma relação condicional na ocorrência das categorias retóricas e que essa informação contribui para a classificação.

O restando deste trabalho está organizado da seguinte forma: trabalhos relacionados ao problema de detecção de estrutura retórica são apresentados na Seção 2. Na Seção 3 é apresentado o preditor proposto. A avaliação do preditor é apresentada na Seção 4. Por fim, as conclusões e trabalhos futuros são apresentados na Seção 5.

2. Trabalhos relacionados

Os trabalhos sobre detecção de estrutura retórica em textos científicos podem ser divididos em dois grupos: os que classificam cada sentença de forma independente e os que empregam uma abordagem estruturada, prevendo uma sequência de categorias retóricas para o texto como um todo. Entre os trabalhos que se enquadram no primeiro grupo estão os de [Kupiec et al. 1995], [Teufel and Moens 2002], [Burstein et al. 2003], [Anthony and Lashkia 2003], [Mullen et al. 2005], [Feltrim et al. 2006], [Genoves Junior 2007], [Pendar and Cotos 2008] e [Guo et al. 2013]. Entre os trabalhos que se enquadram no segundo grupo estão os de [Hirohata et al. 2008], [Merity et al. 2009] e [Liakata et al. 2012]. Visto que este trabalho trata a detecção de estrutura retórica como um problema de rotulação sequencial, apenas os trabalhos do segundo grupo são descritos nesta seção.

[Hirohata et al. 2008] trataram a detecção de estrutura retórica usando CRF para detectar quatro categorias retóricas em resumos científicos extraídos da literatura médica, a saber: Propósito, Método, Resultado e Conclusão. Os atributos utilizados pelos autores podem ser divididos em três grupos: (i) conteúdo (n-gramas), que buscam identificar expressões que caracterizam cada categoria; (ii) Localização relativa da sentença, composto por atributos binários, que dividem o resumo em cinco regiões; e (iii) atributos das n ($n = 0, 1, 2$) sentenças anteriores/posteriores. Como *corpus* foram utilizados 50.000 resumos extraídos da base *Medline* já com a anotação de categorias, uma vez que a divisão de seções usada para os resumos da base foi utilizada como anotação. Um classificador SVM foi usado como *baseline*. Os resultados foram apresentados em termos da acurácia (% de acerto) por sentença e por resumos. A acurácia por sentença foi de $93,3\%$ para o SVM e de $94,4\%$ para o CRF. A acurácia por resumo foi de de $55,5\%$ para o SVM e $60,4\%$ para o CRF, deixando mais evidente a vantagem do CRF e o impacto que a informação sobre a estrutura tem na classificação.

[Merity et al. 2009] propuseram uma nova versão do classificador AZ [Teufel and Moens 2002] usando um modelo de máxima entropia. Os autores usaram dois *corpora* para treinar e avaliar o modelo: um com 7.840 sentenças provenientes de artigos de astronomia (ASTRO) e outro com 12.000 sentenças provenientes de artigos de linguística computacional (CMP-LG). O esquema de anotação usado no *corpus* CMP-LG foi o proposto por [Teufel 1999], composto pelas categorias: Propósito, Estrutura, Próprio, Contexto, Contraste, Base e Outros; o *corpus* ASTRO foi anotado com uma adaptação desse esquema. Como atributos foram utilizados n-gramas, número de seções, localização da sentença, posição da sentença dentro de um parágrafo, histórico, além de um subconjunto dos atributos propostos por [Teufel 1999]. Para evitar um super ajuste do modelo, os autores aplicaram um limiar de corte para os atributos que ocorrem de maneira esparsa, como é o caso dos n-gramas. O modelo proposto obteve $96,88\%$ de F-score para o corpus CMP-LG, o que corresponde a uma melhora de pelo menos 20% sobre os resultados obtidos por [Teufel 1999] com um classificador *Naïve Bayes*. Os resultados obtidos para o *corpus* ASTRO foram similares aos do *corpus* CMP-LG, evidenciando a vantagem da abordagem estruturada sobre a abordagem tradicional de classificação.

[Liakata et al. 2012] avaliaram o desempenho de classificadores SVM e CRF na detecção de estrutura retórica de artigos científicos completos. Como *corpus* foram utilizados 265 artigos na áreas de química e bioquímica, totalizando 39.915 sentenças manualmente anotadas. O esquema usado na anotação era composto por 11 categorias, a saber: Hipótese, Motivação, Propósito, Objeto, Contexto, Método, Experimento, Modelo, Observação, Resultado e Conclusão. Como atributos foram utilizados 16 atributos binários que buscam capturar informações a respeito do tamanho e localização das sentenças, da seções do texto, das citações, do histórico, do verbo principal, da estrutura sintática, da voz e do conteúdo (n-gramas). Diferentes classificadores foram induzidos usando SVM e CRF. O desempenho da classificação para os artigos completos foi em torno de 50%, não tendo sido observada diferença significativa entre os classificadores SVM e CRF quando todos os atributos foram utilizados. Vale destacar que o esquema de anotação usado por [Liakata et al. 2012] é mais refinado do que o usado por [Teufel 1999] e [Merity et al. 2009]. Em geral, esquemas de anotação menores simplificam a tarefa de anotação manual, o que contribui para um melhor desempenho na classificação.

3. Preditor de Estrutura Retórica para Resumos

Assim como os trabalhos descritos na seção anterior, o preditor de estrutura retórica proposto neste trabalho trata a detecção de estrutura de estrutura retórica como um problema de rotulação sequencial. A motivação para o uso de tal abordagem vem do fato da estrutura retórica ser composta por uma sequência de movimentos articulados de modo a se obter o efeito esperado no leitor, que tende a apresentar padrões específicos do gênero textual, e não de um conjunto de movimentos aleatórios. No caso do gênero científico, esses padrões são mais evidentes, o que motivou propostas de diferentes modelos de estrutura retórica, tanto para seções específicas do texto, como resumos e introduções [Swales 1990], [Weissberg and Buker 1990], como para artigos completos [Teufel and Moens 2002], [Liakata et al. 2012].

O preditor proposto, chamado de CRF-AZPort, foi criado no mesmo contexto do classificador AZPort [Feltrim 2004]. O AZPort é um classificador *Naïve Bayes* que estima a probabilidade de uma sentença S ter a categoria C, dados os valores dos atributos extraídos de S. Os oito atributos utilizados pelo AZPort foram adaptados do conjunto de atributos propostos para o AZ e são determinados automaticamente a partir do texto de entrada. O treinamento e teste do AZPort foi feito com 52 resumos do CorpusDT [Feltrim et al. 2003] , totalizando 366 sentenças. Cada resumo foi manualmente anotado segundo um esquema pré-definido de sete categorias, a saber: Contexto (B); Lacuna (L); Propósito (P); Metodologia (M); Resultado (R); Conclusão (C); e Estrutura (E).

Enquanto o AZPort prevê a categoria de cada sentença de forma independente, o CRF-AZPort prevê a melhor sequência de categorias dadas as sentenças de um resumo. Isso é feito por meio de um classificador CRF, que faz a previsão de cada categoria de maneira condicional às categorias da sequência completa.

3.1. *Conditional Random Fields*

Conditional Random Fields (CRF) é um método probabilístico que tem sido amplamente aplicado no Processamento de Linguagem Natural. Proposto por [Lafferty 2001], o método é usado em predição estruturada por permitir considerar amostras vizinhas e fazer predições interdependentes. CRF pode ser pensado como um modelo de estados finitos com transições não normalizadas [McCallum et al. 2000].

Uma forma especial de *Conditional Random Fields* é a cadeia linear que modela as variáveis de saída, neste caso, as categorias, como uma sequência. Considerando que para um resumo com sentenças $x = (x_1, ..., x_n)$ é desejado determinar uma sequência ótima de categorias $y = (y_1, ..., y_n)$ de todas as possíveis sequências, *Conditional Random Fields* usa a probabilidade condicional conforme a Equação (1).

$$p(y|x) = \frac{1}{Z_\lambda(x)} \exp(\lambda \cdot F(y, x)) \quad (1)$$

A função $F(y, x)$ representa um vetor global de atributos para a sequência de entrada x e uma sequência de saída y, como mostra a Equação (2).

$$F(y, x) = \sum_i f(y, x, i) \quad (2)$$

A variável i varia sobre a sequência de entradas, ou seja, a função $f(y, x, i)$ é um vetor de atributos para a sequência de entradas x e a sequência de saída y na posição i. Na Equação (2), λ é um vetor no qual um elemento λ_k representa o peso do atributo $F_k(y, x)$ e $Z_\lambda(x)$ é o fator de normalização, que é calculado pela Equação (3). A sequência de maior probabilidade, dada pela Equação (4), é obtida aplicando-se o algoritmo de Viterbi [Forney 1973].

$$Z_\lambda(x) = \sum_y \exp(\lambda \cdot F(y, x)) \tag{3}$$

$$\hat{y} = \arg \max_y p(y|x) \tag{4}$$

3.2. Atributos

Além dos atributos usados pelo AZPort, o CRF-AZPort utiliza três novos atributos. Os oito atributos provenientes do AZPort são apresentados na Tabela 1 e os novos atributos propostos para o CRF-AZPort são mostrados na Tabela 2. Assim, ao todo, foram implementados 11 atributos para o CRF-AZPort.

Tabela 1. Atributos usados pelo AZPort [Feltrim 2004]

Nome	Descrição	Valores possíveis
Tamanho	Tamanho da sentença em comparação aos dois limiares 20 e 40 palavras	curta, média ou longa
Localização	Posição da sentença	primeira, segunda, mediana, penúltima ou última
Citação	A sentença contém citações?	sim ou não
Expressão	Tipo de expressão padrão observado na sentença	C, L, P, M, R, Co(conclusão) ou noexpr(sem ocorrência)
Tempo	Tempo do primeiro verbo finito da sentença	IMP, PRES, PAST, FUT, PRES-CPO, PAST-CPO, FUT-CPO, PRES-CT, PAST-CT, FUT-CT, PRES-CPO-CT, PAST-CPO-CT, FUT-CPO-CT ou *noverb*(sem verbo)
Voz	Voz do primeiro verbo finito da sentença	passiva, ativa ou *noverb*(sem verbo)
Modal	O primeiro verbo finito da sentença é modal?	sim, não ou *noverb*(sem verbo)
Histórico	Categoria da sentença anterior	_, C, L, P, M, R, Co ou E

Os atributos da Tabela 2 foram inspirados no trabalho de [Hirohata et al. 2008]. O atributo *Janela deslizante* foi implementado usando os mesmos valores previstos por [Hirohata et al. 2008]. Já para o atributo *Segmentação* foi proposto um conjunto próprio de valores possíveis que ajudam a mapear as sequências de categorias com base em uma marcação de início, meio e fim. Os valores possíveis são:

- I(Início): ocorre quando a sentença anterior possui um movimento retórico diferente e a sentença posterior tem o mesmo movimento retórico da atual;
- IF(Início-Fim): ocorre quando as sentenças anterior e posterior possuem movimentos retóricos diferentes;

- M(Meio): ocorre quando as sentenças anterior e posterior possuem o mesmo movimento retórico que a sentença atual;
- MF(Meio-Fim): ocorre quando a sentença anterior possui o mesmo movimento retórico da sentença atual, mas a sentença posterior tem um movimento retórico diferente.

O atributo *Classe por frequência de n-gramas* utiliza 2-gramas, 3-gramas e 4-gramas e medidas de relevância (TF-IDF, χ^2 e k-vizinhos mais próximos) para estimar uma categoria para sentença entre as sete categorias retóricas possíveis.

Experimentos preliminares mostraram que alguns dos atributos utilizados prejudicam o desempenho do CRF com *corpora* pequenos. Esse foi o caso do atributo *Citação*, que diminuiu o desempenho do preditor treinado com o corpus de 366 sentenças usado pelo AZPort. Com base nessas observações, foi definido um limiar $\delta = 400$ para selecionar o conjunto de atributos de acordo com o tamanho do *corpus* utilizado na etapa de treinamento. Dessa maneira, os atributos *Citação*, *Classe por frequência de n-gramas* e *Segmentação* não são utilizados quando o número de sentenças do conjunto de treinamento é menor que δ. Se o número de sentenças disponível para o treinamento é maior que δ, então todos os atributos são utilizados.

Tabela 2. Atributos exclusivos do CRF-AZPort

Nome	Descrição	Valores possíveis
Classe por frequência de n-gramas	Classe de acordo com TF-IDF, χ^2 e k-vizinhos mais próximos	Um dos valores possíveis de classe
Segmentação	A sentença atual continua o movimento retórico da sentença anterior?	I(Início), IF(Início-Fim), M=(Meio), MF(Meio-Fim)
Janela deslizante	Atributos dos k elementos vizinhos	$k = \{0, 1, 2\}$

3.3. Corpora

Para o treinamento e teste do CRF-AZPort foram utilizados dois *corpora* de resumos [1] escritos em português extraídos a partir de dissertação e teses em Computação. Ambos tiveram as sentenças anotadas manualmente por três anotadores treinados e com experiência em escrita científica. O primeiro, que chamaremos de Corpus366, é o mesmo *corpus* utilizado no treinamento e teste do AZPort original, sendo composto por 52 resumos e totalizando 366 sentenças. O segundo, que chamaremos de Corpus466, também é composto por 52 resumos, que totalizam 466 sentenças. O valor da medida *kappa* calculado para os três anotadores que participaram da anotação manual sobre um conjunto de 320 sentenças do Corpus366 e 455 sentenças do Corpus466 foi, em ambos os casos, de $K = 0,695$. Todas as sentenças dos *corpora* foram utilizadas no treinamento e teste.

3.4. Avaliação

Para permitir a comparação de resultados foram realizados experimentos com o CRF-AZPort e com o AZPort. Nas avaliações do AZPort foi utilizada a implementação de [Feltrim 2004]. As avaliações do CRF-AZPort foram feitas com a ferramenta CRFSuite [2] [Okazaki 2007].

[1]Os corpora e demais programas utilizados neste trabalho podem ser obtidos no endereço `acandreani.info/rmd`

[2]http://www.chokkan.org/software/crfsuite/

Os resultados experimentais foram calculados a partir de 30 execuções de validação cruzada de *13-fold*. Em cada execução, os resumos foram aleatoriamente distribuídos em 13 *folds*, sendo 12 *folds* usados no treinamento e 1 no teste.

4. Resultados Experimentais

Os resultados das avaliações do AZPort com o Corpus366 e com o Corpus466, em termos das métricas de Precisão, Cobertura e F1-*score* são apresentados, respectivamente, na Tabela 3 e na Tabela 4. Os valores médios foram obtidos por meio de média ponderada dos valores observados para cada categoria. A coluna Suporte corresponde ao total de sentenças da categoria considerando 30 avaliações.

Em ambos os *corpora*, os melhores resultados foram observados para a categoria Propósito (P) e o pior resultado para a categoria Estrutura (E). Com exceção da categoria Contexto (B), os resultados obtidos com o Corpus366 foram superiores aos obtidos com o Corpus466. Isso pode ser atribuído ao fato do Corpus366 ter sido utilizado como *corpus* de desenvolvimento para o AZPort (por exemplo, na construção das expressões regulares utilizadas pelo atributo Expressão). Outro fator a ser observado é que as distribuições de categorias observadas nos dois *corpora* são diferentes.

Tabela 3. AZPort com o Corpus366

Categoria	Precisão	Cobertura	F1-*score*	Suporte
C	47,02%	34,17%	39,58%	600
B	68,20%	74,55%	71,23%	2310
L	77,48%	63,70%	69,92%	1080
M	80,63%	56,74%	66,61%	1350
E	0,00%	0,00%	0,00%	180
P	86,05%	69,59%	76,95%	1950
R	62,57%	81,57%	70,81%	3510
Média	69,73%	69,22%	68,51%	–

Tabela 4. AZPort com o Corpus466

Categoria	Precisão	Cobertura	F1-*score*	Suporte
C	37,58%	22,96%	28,51%	540
B	69,51%	84,93%	76,45%	5340
L	60,47%	45,46%	51,90%	1080
M	38,52%	27,70%	32,23%	1350
E	0,00%	0,00%	0,00%	120
P	86,29%	63,53%	73,18%	2070
R	49,18%	52,84%	50,95%	3480
Média	61,41%	62,07%	60,94%	–

Os resultados das avaliações do CRF-AZPort com o Corpus366 e com o Corpus466 são apresentados, respectivamente, na Tabela 5 e na Tabela 6. Considerando os valores médios observados, o CRF-AZPort teve desempenho superior ao AZPort para ambos os *corpora*. A maior diferença de desempenho foi obtida com o Corpus466 (5,84%), sugerindo que a superioridade do CRF-AZPort fica mais evidente quando os resumos são maiores, consequentemente correspondendo à sequências maiores de categorias. De fato, o número médio de sentenças por resumo no Corpus466 é de 8,96 (desvio padrão 4,89), enquanto no Corpus366 é de 7,04 (desvio padrão de 2,96).

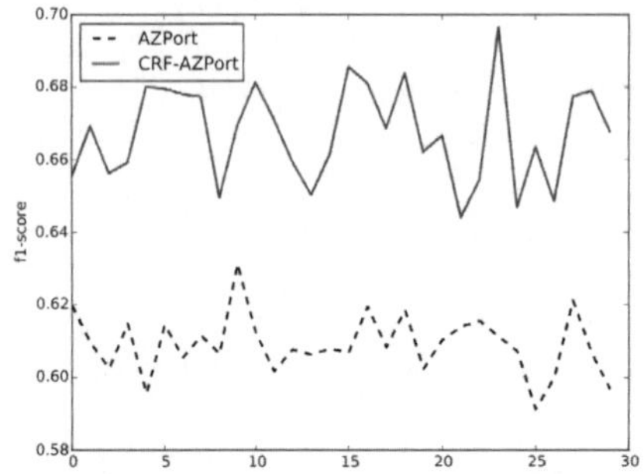

Figura 1. F1-*score* para as execuções do AZPort e CRF-AZPort com o Corpus466

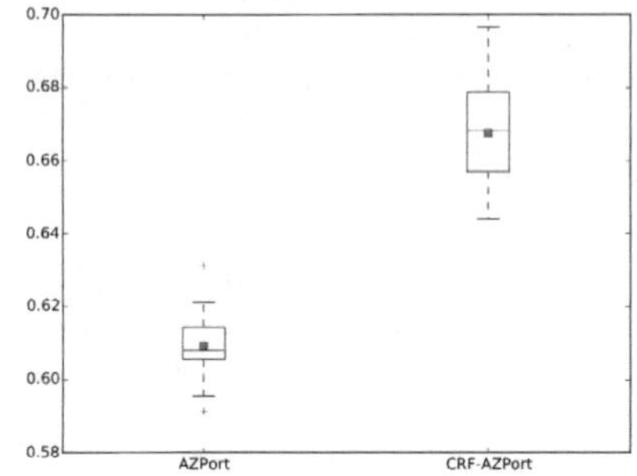

Figura 2. Diagrama de caixas do F1-*score* do AZPort e CRF-AZPort com o Corpus466

A Figura 1 mostra a comparação das medidas F1-*score* obtidas para as 30 execuções do AZPort e do CRF-AZPort com o Corpus466. A Figura 2 mostra o diagrama de caixas correspondente, que evidencia a relação entre as médias, medianas e desvio padrão. Conforme pode ser observado, o CRF-AZPort foi superior em todas as execuções.

A significância dos resultados foi avaliada utilizando o T-*test*. Considerando um nível de significância (α-value) de 1%, é possível afirmar que o CRF-AZPort teve um desempenho superior ao AZPort para as medidas F1-*score* com os dois *corpora* usados nas avaliações.

Tabela 5. CRF-AZPort com o Corpus366

Categoria	Precisão	Cobertura	F1-*score*	Suporte
C	48,07%	18,67%	26,89%	600
B	81,99%	78,05%	79,97%	2310
L	75,89%	69,07%	72,32%	1080
M	81,18%	55,93%	66,23%	1350
E	0,00%	0,00%	0,00%	180
P	84,53%	78,77%	81,55%	1950
R	63,14%	86,67%	73,05%	3510
Média	72,51%	72,80%	71,38%	–

Tabela 6. CRF-AZPort com o Corpus466

Rótulos	Precisão	Cobertura	F1-*score*	Suporte
C	37,58%	22,96%	28,51%	540
B	69,51%	84,93%	76,45%	5340
L	60,47%	45,46%	51,90%	1080
M	38,52%	27,70%	32,23%	1350
E	0,00%	0,00%	0,00%	120
P	86,29%	63,53%	73,18%	2070
R	49,18%	52,84%	50,95%	3480
Média	66,46%	68,74%	66,78%	–

5. Conclusões e Trabalhos Futuros

Este trabalho apresentou o CRF-AZPort, um preditor de estrutura retórica para resumos científicos escritos em português baseado em CRF, proposto para uso no mesmo contexto do classificador AZPort.

Os resultados obtidos na avaliação do CRF-AZPort com dois *corpora* de resumos científicos foram superiores aos obtidos com o AZPort, especialmente quando o *corpus* de treinamento possui resumos com um número maior de sentenças. Isso mostra que existe uma relação condicional entre as categorias retóricas e que a contribuição dessa informação para a classificação retórica fica mais evidente quando as sequências utilizadas no treinamento são maiores.

Entre os trabalhos futuros está prevista a coleta e a anotação de um novo *corpus* de resumos científicos com objetivo de aumentar o tamanho do conjunto de treinamento disponível. Também está prevista a investigação de novos atributos, bem como experimentos para a seleção de atributos, visando melhorar o desempenho do preditor, mesmo para *corpora* compostos por resumos menores.

Agradecimentos

A Capes pelo apoio financeiro.

Referências

Anthony, L. and Lashkia, G. (2003). Mover: A machine learning tool to assist in the reading and writing of technical papers. *IEEE Transactions on Professional Communication*, 46(3):185–193.

Burstein, J., Chodorow, M., and Leacock, C. (2003). Criterion online essay evaluation: An application for automated evaluation of student essays. In *Proceedings of the Fifteenth Annual Conference on Innovative Applications of Artificial Intelligence*.

Feltrim, V. D. (2004). *Uma abordagem baseada em córpus e em sistemas de crítica para a construção de ambientes Web de auxílio à escrita acadêmica em português*. Tese de doutorado, Universidade de São Paulo.

Feltrim, V. D., Aluísio, S. M., and Nunes, M. d. G. V. (2003). Analysis of the rhetorical structure of computer science abstracts in portuguese. In *Proceedings of Corpus Linguistics*, volume 16, pages 212–218.

Feltrim, V. D., Teufel, S., Nunes, M. G. V. d., and Aluísio, S. M. (2006). Argumentative zoning applied to critiquing novices' scientific abstracts. In Shanahan, J. G., Qu, Y., and Wiebe, J., editors, *Computing Attitude and Affect in Text: Theory and Applications*, number 20 in The Information Retrieval Series, pages 233–246. Springer Netherlands.

Forney, Jr., G. (1973). The viterbi algorithm. *Proceedings of the IEEE*, 61(3):268–278.

Genoves Junior, L. C. (2007). *Avaliação automática da qualidade de escrita de resumos científicos em inglês*. Dissertação de mestrado, Universidade de São Paulo.

Guo, Y., Silins, I., Stenius, U., and Korhonen, A. (2013). Active learning-based information structure analysis of full scientific articles and two applications for biomedical literature review. *Bioinformatics*, 29(11):1440–1447.

Hirohata, K., Okazaki, N., Ananiadou, S., Ishizuka, M., and Biocentre, M. I. (2008). Identifying sections in scientific abstracts using conditional random fields. In *IJCNLP*, pages 381–388

Kupiec, J., Pedersen, J., and Chen, F. (1995). A trainable document summarizer. In *Proceedings of the 18th Annual International ACM SIGIR Conference on Research and Development in Information Retrieval*, SIGIR '95, pages 68–73, New York, NY, USA. ACM.

Lafferty, J. (2001). Conditional random fields: Probabilistic models for segmenting and labeling sequence data. pages 282–289. Morgan Kaufmann.

Liakata, M., Saha, S., Dobnik, S., Batchelor, C., and Rebholz-Schuhmann, D. (2012). Automatic recognition of conceptualization zones in scientific articles and two life science applications. *Bioinformatics*, 28(7):991–1000.

McCallum, A., Freitag, D., and Pereira, F. C. N. (2000). Maximum entropy markov models for information extraction and segmentation. In *Proceedings of the Seventeenth International Conference on Machine Learning*, ICML '00, pages 591–598, San Francisco, CA, USA. Morgan Kaufmann Publishers Inc.

Merity, S., Murphy, T., and Curran, J. R. (2009). Accurate argumentative zoning with maximum entropy models. In *Proceedings of the 2009 Workshop on Text and Citation Analysis for Scholarly Digital Libraries*, pages 19–26. Association for Computational Linguistics.

Mullen, T., Mizuta, Y., and Collier, N. (2005). A baseline feature set for learning rhetorical zones using full articles in the biomedical domain. *SIGKDD Explor. Newsl.*, 7(1):52–58.

Okazaki, N. (2007). Crfsuite: a fast implementation of conditional random fields (crfs).

Pendar, N. and Cotos, E. (2008). Automatic identification of discourse moves in scientific article introductions. In *Proceedings of the Third Workshop on Innovative Use of NLP for Building Educational Applications*, pages 62–70. Association for Computational Linguistics.

Swales, J. (1990). *General analysis: english in academic and research settings*. Cambridge University Press, Cambridge [etc.].

Teufel, S. (1999). *Argumentative zoning: Information extraction from scientific text*. PhD thesis, University of Edinburgh.

Teufel, S. and Moens, M. (2002). Summarizing scientific articles: Experiments with relevance and rhetorical status. *Comput. Linguist.*, 28(4):409–445.

Weissberg, R. and Buker, S. (1990). *Writing up research: experimental research report writing for students of English*. Prentice Hall Regents, Englewood Cliffs, NJ.

Proceedings of Symposium in Information and Human Language Technology. Natal, RN, Brazil, November 4–7, 2015. ©2015 Sociedade Brasileira de Computação.

Anotando um Corpus de Notícias para a Análise de Sentimento: um Relato de Experiência

Mariza Miola Dosciatti, Lohann Paterno Coutinho Ferreira, Emerson Cabrera Paraiso

Pontifícia Universidade Católica do Paraná, Rua Imaculada Conceição, 1155 - Curitiba, PR, Brasil

{mariza, paraiso}@ppgia.pucpr.br, lohann.ferreira@pucpr.br

Resumo. *Este artigo relata o processo de construção e anotação de um corpus de notícias para a Análise de Sentimento. Os textos, extraídos de jornais do Brasil, foram anotados com as emoções básicas (alegria, tristeza, raiva, surpresa, repugnância e medo) ou a ausência de emoção (neutro). O processo de anotação resultou em valor de concordância baixo (kappa = 0,38). Apresentamos o processo de anotação e os resultados de alguns experimentos realizados durante e após a anotação, com o objetivo de entender os motivos da baixa concordância. O corpus anotado foi submetido a um método de identificação de emoções, sendo os resultados obtidos também apresentados.*

1. Introdução

O estudo da identificação de emoções em texto é uma área de pesquisa que ganhou impulso recente com pesquisadores buscando a avaliação automática de opiniões deixadas em sites Web ou nas Redes Sociais. A área de pesquisa que envolve o estudo e a identificação de emoções em informação textual é conhecida como Análise de Sentimento (AS). A AS requer o desenvolvimento de métodos e recursos que, integrados, possibilitam aos sistemas computacionais serem capazes de manipular significado afetivo no discurso. Estes recursos ainda são escassos para o Português do Brasil.

Neste artigo apresentamos o relato do processo de anotação de um corpus de textos em Português do Brasil. O corpus é composto por textos curtos (título e linha fina de notícias) extraídos de jornais online (exemplos na Tabela 1). Optamos por utilizar esse tipo de textos pois em geral, os trabalhos na área de AS utilizam pequenos textos, como tweets, posts, avaliações de produtos, etc. A necessidade da construção do corpus de notícias surgiu durante o desenvolvimento de um método para a identificação das seis emoções básicas de Ekman [Ekman 1992]: *alegria, tristeza, raiva, medo, repugnância* e *surpresa.*

O processo de construção e principalmente de anotação de um corpus costuma ser uma atividade bastante complexa e lenta, tendo em vista a subjetividade da rotulação e a dificuldade em atingir um grau de concordância adequado entre os anotadores. Neste trabalho observamos um baixo grau de concordância entre os anotadores do corpus de notícias (kappa = 0,38). Ao longo deste texto apresentamos os motivos que contribuíram para a obtenção deste resultado.

O artigo está organizado nas seguintes seções: a seção 2 apresenta alguns trabalhos que relatam corpora para a AS. A Seção 3 descreve a metodologia aplicada na anotação dos textos. Na Seção 4 é realizada uma análise dos resultados da concordância obtida durante o processo de anotação dos textos. A Seção 5 apresenta as conclusões e os trabalhos futuros.

2. Corpora em Análise de Sentimento

A literatura não é farta quanto a artigos que apresentem os resultados obtidos quando da construção de um corpus para a AS. Buscamos na literatura trabalhos que apresentassem os seguintes elementos: a existência de corpora para AS na língua Portuguesa do Brasil; a metodologia de construção e anotação de corpora utilizados em métodos de AS; o grau de concordância entre os anotadores nos corpora utilizados nestes trabalhos.

Alguns trabalhos envolvendo a construção de corpus em Português para a AS foram identificados na literatura. O trabalho de [Freitas et al. 2014] se refere a construção de um corpus composto por resenhas de livros publicadas na internet e anotado manualmente em relação à polaridade. O Reli (Resenha de livros), como é chamado o corpus, tem como objetivo identificar opiniões sobre entidades nos textos. As 1.600 resenhas totalizando 12.000 sentenças foram anotadas, considerando os aspectos linguísticos como as categorias morfossintáticas e a informação semântica. Os textos foram anotados por três anotadores e o estudo do acordo entre os anotadores foi realizado com 400 sentenças. Usando a métrica *Agr* (a mesma que foi usada em [Wiebe et al.]) o acordo de atribuição de polaridade alcançou quase a totalidade (100%) e a concordância na identificação de expressões que continham opiniões ficou em 80%.

No trabalho de [Nascimento et al. 2012] foi construído e anotado um corpus de textos de tweets que se referem a comentários de notícias. As notícias (três no total) foram selecionadas por terem ampla repercussão na imprensa na época da coleta dos textos. Os documentos de tweets foram anotados manualmente por três pesquisadores envolvidos no trabalho, que poderiam atribuir a cada texto apenas uma categoria: positivo ou negativo. Ao final do processo foi criado um corpus composto de 850 documentos, divididos em 50% positivos e 50% negativos.

No trabalho de [Alves et al. 2014], foi construído um corpus com 17.000 tweets que foram colhidos durante a Copa das Confederações, em 2013. Dos 17.000 textos, 1.500 foram anotados por dez voluntários, que puderam atribuir a cada texto uma entre as três categorias possíveis, positivo, negativo ou neutro. A categoria final atribuída ao texto foi escolhida através de voto majoritário.

Alguns pesquisadores publicaram artigos apresentando os resultados do processo de construção e anotação dos corpora em outras línguas e mostraram o grau de concordância obtido entre os avaliadores por meio do índice kappa [Cohen 1960], que é um coeficiente que leva em conta a proporção de concordância que ocorre devido ao acaso. O kappa tem como valor máximo 1, que representa alta concordância entre os avaliadores e 0, que indica que não houve concordância.

Os textos de um corpus composto de 5.205 posts de blogs, escritos em Inglês, usado em [Aman e Szpakowicz 2007] e em [Ghazi et al. 2014], foram anotados em um nível de sentença por quatro anotadores. Cada anotador atribuiu, a cada texto, uma das seis emoções básicas ou uma categoria chamada emoções mistas. Também classificaram o texto como emocional ou não emocional e avaliaram a intensidade das emoções atribuindo uma das categorias alta, média ou baixa. O valor kappa obtido entre os anotadores foi de 0,76 para textos emocionais e não emocionais, 0,65 (valor médio) para as categorias e de 0,52 (valor médio) para as intensidades. Em [Strapparava e Mihalcea 2008] um corpus composto por 1.250 textos de notícias, escritos em Inglês, foi anotado em um nível de documento por cinco anotadores sendo que em cada texto o anotador escolheu uma entre as seis emoções básicas de [Ekman 1992]. O valor kappa obtido entre os anotadores foi de 0,53. No trabalho de [Habernal et al. 2014] um corpus com 10.000 comentários extraídos do Facebook, escritos em idioma Tcheco, foi anotado em um nível de documento por dois avaliadores atribuindo uma entre três categorias possíveis: positivo, negativo ou neutro. O kappa obtido neste corpus foi de 0,66. Em [Alm et al. 2005] um corpus com 1.580 textos extraídos de 185 histórias infantis, escritas em Inglês, foi anotado em um nível de sentença por dois anotadores. Cada texto foi rotulado com: raiva, repugnância, medo, alegria, tristeza, surpresa positiva ou surpresa negativa. O grau de concordância kappa entre os anotadores desse corpus ficou entre 0,24 e 0,51.

Analisando o grau de concordância obtido nos trabalhos, percebe-se que corpora com seis ou mais classes tiveram um baixo grau de concordância. Para o Português do Brasil não foi encontrado nenhum corpus, que tenha sido anotado com as seis emoções básicas e estivesse disponível para ser utilizado em pesquisas de AS.

3. Construindo um Corpus de Notícias para a Análise de Sentimentos

A maioria dos textos usados para validar os métodos de AS costumam ser informais, com autores expressando livremente suas emoções. Os textos extraídos de notícias, por sua vez, possuem algumas características que os diferem dos textos comumente usados: são escritos usando uma estrutura formal, e as emoções não são explicitamente encontradas e, quando o são, normalmente apresentam-se contraditórias, como as identificadas no exemplo *"Mãe e bebê caem em rio do Recife e dupla consegue resgatar criança"* (*alegria* e *tristeza*).

Alguns pesquisadores da área de AS se interessaram em trabalhar com corpora de notícias. Gomes e colegas [Gomes et al. 2013] utilizaram um corpus de notícias para monitorar o estado da economia. Em [Balahur e Steinberger 2009], os autores destacam a importância de se aplicar a AS em notícias. Também destacam os três diferentes tipos de pontos de vista que devem ser levados em conta no momento da anotação quando se trata de textos de notícias: o ponto de vista do autor, do leitor e do texto. Do ponto de vista do autor e do leitor, os fatos transmitidos são interpretáveis pela emoção que emitem, porém algumas dessas emoções não são universais em seu significado e são determinadas por influências sociais e culturais. Os autores citam o exemplo do texto *"The results of the match between Juventus Torino and Real Madrid last night are 3-0"* ("Os resultados do jogo entre Juventus e Torino Real Madrid ontem à noite foram 3-0") que poderia ser interpretado como algo alegre para um jornal italiano ou uma notícia triste para um jornal espanhol.

Os textos de notícias que compõem o corpus apresentado neste trabalho de pesquisa têm, em média, 23 palavras em cada e foram extraídos automaticamente do site *www.globo.com* por meio de uma ferramenta chamada FeedReader[1]. Os textos do corpus de notícias pertencem a diferentes categorias, tais como: mundial, política, polícia e economia. O corpus contém 2.000 textos anotados e distribuídos da seguinte forma: 184 (9%) rotulados como *alegria*, 262 (13%) como *repugnância*, 222 (11%) como *medo*, 83 (4%) como *raiva*, 252 (13%) como *surpresa*, 455 (23%) como *tristeza* e 542 (27%) de textos neutros. Os textos foram avaliados considerando especificamente o ponto de vista do autor e foram anotados em nível de documento.

Uma primeira conclusão importante a se destacar é o alto grau de desbalanceamento entre as emoções (classes). Há uma grande dificuldade em encontrar textos jornalísticos com a emoção predominante *raiva*.

O processo de anotação foi realizado por cinco anotadores voluntários. Estabeleceu-se como regra que todos os textos do corpus fossem anotados por dois anotadores diferentes e, em caso de discordância, o texto deveria passar pela análise de um terceiro anotador. Uma das principais dificuldades do processo de anotação como um todo foi encontrar voluntários aptos e que executassem a atividade com comprometimento. O perfil esperado dos voluntários era de profissionais com experiência em linguística ou linguística computacional e que não estivessem envolvidos no projeto do método de AS. Na primeira etapa do processo de anotação, que consistia em anotar 2.000 textos, participaram cinco anotadores voluntários, todos profissionais com experiência mínima de 15 anos em linguística (professores no ensino superior). Cada anotador teve dois meses para que essa etapa fosse concluída. Ao final deste prazo apenas 1.540 textos foram anotados duas vezes e 460 textos tiveram que ser submetidos à análise de um sexto anotador.

A atividade de anotação consistiu em ler o texto e identificar a emoção (ou ausência dela) presente no mesmo. Os rótulos possíveis eram: *alegria, tristeza, raiva, medo, repugnância e surpresa*, e *neutro*. A cada texto foi atribuído um único rótulo, ou seja, aquele que representa a emoção predominante do texto. O anotador também atribuiu um rótulo de intensidade (ou neutralidade) da emoção no texto. Essa intensidade pôde ser escolhida entre *alta*, *média* ou *baixa*. O anotador tinha a possibilidade de escolher uma emoção secundária, para indicar um segundo rótulo e uma segunda intensidade. Apesar de não ser obrigatória, essa opção foi dada a fim de facilitar o processo de anotação de textos que possuem duas emoções na mesma proporção.

Apesar da atividade de anotação ser uma tarefa completamente subjetiva, é preciso encontrar uma forma de padronizá-la. Assim, um manual do anotador foi escrito contendo informações a respeito dos textos, como tipo, categorias, como usar o sistema web de anotação, além de uma lista de 40 textos já anotados pela equipe do projeto. Esses textos-modelo foram escolhidos por serem textos difíceis de serem analisados. A maioria deles continha várias emoções por texto ou emoções contraditórias. Assim, os anotadores foram incentivados a: primeiramente identificar a emoção predominante em cada sentença do texto; em seguida identificar a emoção que obteve o maior número de ocorrências no texto como um todo e, por fim, determinar essa emoção como sendo a predominante do texto. Em muitos textos, porém, ocorreu um empate no número de

[1] http://feedreader.com/

emoções encontradas nas sentenças e nessas situações, optou-se pela escolha intuitiva da emoção analisando o documento em sua totalidade. Na Tabela 1 podem ser visualizados dois dos 40 textos que foram fornecidos previamente aos anotadores a título de ilustração do processo. Para gerenciar o processo de anotação, um sistema Web foi implementado.

Tabela 1. Exemplos de anotação de textos

Texto	Emoções em cada sentença	Emoção predominante	Intensidade
Mãe e bebê caem em rio do Recife e dupla consegue resgatar criança. Mulher ainda está desaparecida e bombeiros trabalham nas buscas. No momento do acidente, chovia muito e nível do Rio Tejipió havia subido.	*Sentença 1:* tristeza e alegria *Sentença 2:* tristeza *Sentença 3:*repugnância	tristeza	alta
Estudante queimada em sessão de bronzeamento recebe alta, em Goiás. Mãe comemora recuperação: 'Ela está bem emocionalmente, animada'. Treze mulheres se queimaram ao passar óleo de coco com canela, em Jataí.	*Sentença 1:*tristeza e alegria *Sentença 2:*alegria *Sentença 3:*tristeza	alegria	baixa

Na segunda etapa do processo de anotação foi necessário que um novo anotador decidisse o rótulo dos textos que não tiveram concordância na primeira etapa do processo. Nos casos em que os textos haviam recebido um segundo rótulo e/ou grau de intensidade em uma ou em ambas as anotações, o anotador analisava essas informações antes de escolher o rótulo final. Nos textos que não continham essa informação, o anotador era obrigado a escolher intuitivamente um entre os dois rótulos possíveis.

4. Avaliação da Concordância entre os Anotadores

Segundo [Klebanov e Beigman 2009], para a tarefa de classificação de textos, a prática corrente é usar o valor de um coeficiente de concordância inter-anotador, como o kappa, para verificar se o conjunto dados é adequado para treinar e testar um classificador. Um valor de concordância alto entre os anotadores indica que o conjunto, como um todo, é bom para treinar e testar algoritmos de classificação. Caso o valor de concordância seja baixo, o conjunto de dados é considerado pouco confiável.

O percentual de casos em que dois anotadores concordam em relação à classificação de um conjunto de textos com um dado número de categorias é a forma mais simples de se atribuir confiabilidade a um processo de anotação de textos realizado em um determinado corpus. Porém, este método não considera a proporção dessa concordância que é devido ao acaso. O coeficiente kappa leva em conta no cálculo a proporção de concordância que ocorre devido ao acaso e por isso é bastante utilizado para medir a concordância entre anotadores em corpora usados em sistemas de AS.

Em linguística computacional, o limite de aceitabilidade do grau de concordância de um corpus anotado pode variar de pesquisador para pesquisador. [Krippendorff 1980] defende que só pode ser considerado aceitável um corpus anotado com um valor kappa superior a 0,67. Em [Artstein e Poesio 2005] verificou-se que apenas valores acima de 0,8 sugerem uma anotação de qualidade. Di Eugenio e Vidro [Di Eugenio e Vidro 2004] sugerem que os pesquisadores devem apresentar detalhadamente a metodologia que foi seguida na coleta e anotação dos textos, como por exemplo, número de anotadores, se os textos foram anotados independentemente, se a anotação se baseou em um manual de anotação, dentre outros detalhes.

Neste trabalho, o coeficiente kappa foi usado para avaliar o grau de acordo entre os anotadores. Para tal, vários experimentos foram realizados durante o processo de anotação. No primeiro experimento, o objetivo foi verificar o grau de concordância geral entre as duas anotações realizadas em cada um dos 2.000 textos, além do grau de concordância entre as duas anotações em relação a cada categoria (emoção). A Tabela 2 apresenta a matriz de confusão da concordância para os 2.000 textos anotados. A Tabela 3 apresenta os valores de concordância obtidos por emoção.

Tabela 2. Matriz de confusão: concordância entre anotadores para 2.000 textos

		Anotação 1						
	Categoria	**Neutro**	**Repugnância**	**Alegria**	**Medo**	**Raiva**	**Surpresa**	**Tristeza**
Anotação 2	**Neutro**	294	34	51	12	8	64	43
	Repugnância	32	66	4	21	13	37	55
	Alegria	34	1	97	3	0	43	7
	Medo	4	28	1	73	4	27	78
	Raiva	2	13	1	8	15	5	24
	Surpresa	55	18	31	10	8	150	35
	Tristeza	23	38	5	50	29	47	299

Na Tabela 2, os valores destacados na diagonal representam o número de textos que tiveram concordância. O valor kappa obtido para o acordo geral das categorias entre os seis anotadores foi 0,38, um valor baixo considerando as metas de anotação comumente usadas em linguística computacional [Artstein e Poesio 2008].

Analisando os valores de kappa apresentados na Tabela 3 e o número de textos que tiveram concordância/discordância em cada categoria apresentada na Tabela 2, pode-se verificar que as maiores discordâncias ocorreram entre as categorias *medo, repugnância, tristeza* e *raiva* e entre as categorias *neutro, alegria* e *surpresa*. Isso faz bastante sentido visto que um texto cuja emoção predominante é *tristeza*, por exemplo, pode conter palavras que remetem o anotador a interpretar a emoção do autor como *raiva, medo* ou *repugnância*. O texto *"Francesa admite que matou afogados dois bebês encontrados congelados. A mulher, que mantinha o corpo de dois bebês congelados em sua casa no centro da França, declarou à polícia ter matado os dois recém-nascidos afogados"* é um exemplo disso, pois na primeira anotação este texto foi anotado com a emoção *raiva* e na segunda anotação com *tristeza*. Essa situação também ocorre frequentemente ao analisar textos das categorias *neutro, alegria* e *surpresa*. No texto *"Jornalista Merval Pereira recebe prêmio da Universidade de Columbia: Colunista do jornal "O Globo" receberá medalha e um prêmio de US$ 5 mil. Premiação acontecerá em Nova York no dia 14 de outubro"* foi analisado como *alegria* na primeira anotação e como *neutro* na segunda anotação.

Tabela 3. Valores kappa por emoção

Categoria	Neutro	Repugnância	Alegria	Medo	Raiva	Surpresa	Tristeza
kappa	0,50	0,23	0,47	0,31	0,18	0,33	0,43

No segundo experimento o objetivo foi verificar se havia diferença entre as duas anotações quando um mesmo texto é analisado por um mesmo anotador em datas diferentes. Percebemos que o grau de subjetividade e o alto número de textos a serem anotados por anotador estavam gerando diferenças de "comportamento" nos anotadores. O sistema de anotação foi configurado para que o anotador anotasse 25 textos por sessão. Se ele quiser, poderia realizar várias sessões em sequência. Como o intervalo entre sessões poderia ser curto (segundos) ou longo (semanas), os anotadores não perceberam que anotaram duas vezes alguns textos. O sistema de anotação foi configurado então para que, aleatoriamente, em torno de 20% do total de textos do corpus fossem anotados duas vezes por um mesmo avaliador. Assim, 438 textos foram anotados duas vezes pelo mesmo avaliador na primeira etapa do processo de anotação. Estes textos foram analisados no segundo experimento: a Tabela 4 apresenta a matriz de confusão da concordância entre as duas anotações realizadas pelo mesmo anotador. A Tabela 5 apresenta os valores de concordância kappa obtidos por emoção.

Tabela 4. Textos anotados duas vezes pelo mesmo anotador

		Anotação 1						
	Categoria	**Neutr**	**Repugnância**	**Alegri**	**Medo**	**Raiva**	**Surpres**	**Tristez**
Anotação 2	**Neutro**	75	4	2	1	1	7	8
	Repugnância	4	14	0	4	3	1	8
	Alegria	2	0	28	0	0	4	1
	Medo	0	5	0	36	2	2	24
	Raiva	1	2	0	1	7	0	2
	Surpresa	14	4	4	2	3	33	8
	Tristeza	5	5	2	11	4	9	85

O grau kappa de concordância obtido neste experimento foi de 0,55 e, dessa forma podemos concluir que mesmo quando um texto é anotado duas vezes pelo mesmo avaliador, ainda assim o grau de discordância é bastante alto.

Tabela 5. Valores kappa por emoção

Categoria	Neutro	Repugnância	Alegria	Medo	Raiva	Surpresa	Tristeza
kappa	0,68	0,36	0,77	0,51	0,40	0,46	0,52

Alguns experimentos também foram realizados submetendo o corpus, ou parte dele, a um método de identificação de emoções. O método treina um classificador SVM [Chang e Lin 2011] para identificar a emoção predominante nos textos [Dosciatti et al. 2013]. O SVM foi configurado com kernel RBF, *cost* = 1 e *gamma* = 0 e avaliado com validação cruzada com 10 partes. Assim, o terceiro experimento teve como objetivo verificar se os textos que tiveram total concordância obtiveram um resultado melhor ao serem submetidos ao método de identificação de emoções. Foram extraídos do corpus de notícias dois conjuntos de amostras, um composto de 994 textos, que tiveram concordância entre os anotadores e outro composto de 994 textos, em que os anotadores discordaram.

Tabela 6. Identificação de emoções no conjunto de textos sem concordância

	A	**B**	**C**	**D**	**E**	**F**	**G**	**Precisão**	**Cobertura**	**F-Measure**
A = Neutro	206	11	29	3	9	4	7	0,61	0,77	0,68
B =Alegria	39	18	6	2	5	6	8	0,34	0,21	0,26
C = Repugnância	45	9	83	9	13	9	11	0,51	0,46	0,48
D = Tristeza	12	2	13	113	16	9	7	0,66	0,66	0,66
E = Medo	16	3	9	29	61	6	4	0,57	0,48	0,52
F = Raiva	6	1	11	7	0	27	3	0,42	0,49	0,45
G = Surpresa	14	9	13	8	4	3	56	0,58	0,52	0,55
Acurácia: 56,7%										

Nos resultados apresentados na Tabela 6, o classificador foi treinado e testado com textos que possuem um alto grau de discordância entre os anotadores, kappa=0,38, e obteve uma taxa de acerto de 56,7%.

Tabela 7. Identificação de emoções no conjunto de textos com concordância

	A	B	C	D	E	F	G	Precisão	Cobertura	F-Measure
A = Neutro	248	13	8	8	3	0	14	0,72	0,84	0,78
B =Alegria	40	19	7	13	2	1	15	0,35	0,20	0,25
C = Repugnância	13	3	29	12	6	0	3	0,42	0,44	0,43
D = Tristeza	25	7	10	239	8	0	10	0,73	0,80	0,76
E = Medo	5	2	5	27	23	0	11	0,45	0,32	0,37
F = Raiva	1	0	4	8	0	1	1	0,33	0,07	0,11
G = Surpresa	12	10	6	20	9	1	92	0,63	0,61	0,62
Acurácia: 65,5%										

Nos resultados apresentados na Tabela 7, o classificador foi treinado e testado com textos que tiveram total concordância durante a anotação e obteve uma taxa de acerto de 65,5%. Percebe-se que existe um melhor desempenho do método de AS quando os textos submetidos a ele tiveram maior concordância durante a anotação. Aplicou-se um teste de hipótese para comparar duas proporções amostrais (teste Z [Palaniswamy e Palaniswamy 2006]) para verificar se a acurácia obtida com o conjunto de textos que tiveram concordância era melhor que a acurácia obtida com o conjunto de textos sem concordância, em um nível de significância de 5%. O resultado do teste apresentou p-valor igual a 0,00003. Portanto, conclui-se que o método de AS teve um desempenho significativamente superior ao ser treinado e testado com textos de notícias que tiveram total concordância entre os avaliadores durante o processo de anotação.

Os dois conjuntos de dados usados no terceiro experimento foram unificados para serem usados no quarto experimento, que teve como objetivo verificar o desempenho do método de AS ao ser treinado e testado com uma mesma quantidade de textos sem concordância e com concordância (Tabela 8).

Tabela 8. Identificação de emoções no conjunto de 1.988 textos

	A	B	C	D	E	F	G	Precisão	Cobertura	F-Measure
A = Neutro	435	28	20	22	11	1	23	0,65	0,81	0,72
B =Alegria	72	64	7	13	3	9	15	0,42	0,35	0,38
C = Repugnância	69	11	103	42	18	9	8	0,56	0,40	0,46
D = Tristeza	41	10	18	316	42	15	11	0,64	0,70	0,67
E = Medo	18	5	8	57	112	7	13	0,56	0,51	0,53
F = Raiva	7	2	12	22	1	33	5	0,42	0,40	0,41
G = Surpresa	24	32	16	24	13	5	136	0,65	0,54	0,59
Acurácia: 60,3%										

Ao comparar os percentuais de acurácia, verificou-se que a acurácia obtida com textos que tiveram concordância é maior que a obtida com o conjunto completo de textos. Para confirmar essa hipótese, também foi aplicado o teste Z, em um nível de significância de 5%. O resultado do teste apresentou p-valor igual a 0,003 e permitiu concluir que o desempenho do método foi melhor quando se usou textos com total concordância. Isso significa que os textos que tiveram discordância prejudicaram o aprendizado do classificador. Com base nos resultados obtidos no terceiro e no quarto experimento foi possível verificar que para o método de identificação de emoções em questão, a taxa de concordância dos anotadores impacta diretamente no desempenho do mesmo.

5. Conclusões e Trabalhos Futuros

Neste artigo apresentamos o relato do processo de rotulação de um corpus de notícias. Experimentos foram realizados para entender o baixo grau de concordância entre os anotadores. Com base na análise dos resultados foi possível chegar a algumas conclusões. Inicialmente é importante destacar que textos jornalísticos não têm uma grande variabilidade de emoções expressas, em função da forma de escrita utilizada por partes de seus autores (jornalistas). Pôde-se concluir ainda que analisar emoções em um nível de documento contribui para se obter um baixo grau de concordância devido ao grande número de documentos que contém mais de uma emoção presente. Finalmente, o fato de nos interessar a identificação de seis diferentes emoções também colabora para que o grau de concordância entre os anotadores seja reduzido.

Foi possível observar o desempenho de um método de identificação de emoções quando do processamento do corpus. Percebe-se que ao testar o método com a porção de textos que tiveram total concordância obtém-se uma taxa de acerto de 65,5%, o que pode ser considerado um bom resultado visto que o método, para o Português do Brasil, identifica categorias de emoções usando exclusivamente uma abordagem sem léxicos. Porém, não se pode considerar um resultado obtido com um método no qual o classificador foi treinado somente com textos que tiveram total concordância. Dessa forma, a taxa de acerto de 60,3%, apresentada na Tabela 8, reflete um resultado mais realista.

Na sequência, pretende-se anotar o corpus de notícias em um nível de sentença para verificar o desempenho do método de AS e comparar com os resultados obtidos no nível de documento. Pretende-se também estudar os graus de intensidade indicados pelos anotadores e, até o presente momento, não utilizados efetivamente.

Referências

Alm, C. O. Roth, D. e Sproat, R. (2005) Emotions from text: Machine learning for text-based emotion prediction. In Proceedings of Human Language Technology Conference / Conference on Empirical Methods in Natural Language Processing.

Alves, A. L. F., Baptista, C. S., Firmino, A. A., Oliveira, M. G. e Paiva, A. C. (2014) Uma comparação de SVM Versus Naive Bayes -Técnicas para Análise de sentimento nos tweets: Um Estudo de Caso com o 2013 Copa das Confederações. WebMedia 2014, 123-130.

Aman, S. e Szpakowicz, S. (2007) Identifying expressions of emotion in text. In: Proc. 10th International Conf. Text, Speech and Dialogue. SpringerVerlag, 196-205.

Artstein, R. e Poesio, M. (2005) Bias decreases in proportion to the number of annotators. In Proceedings of FG-MoL 2005, 141-150, Edinburgh.

Artstein, R. e Poesio, M. (2008) Inter-coder agreement for computational linguistics, Computational Linguistics, vol. 34 n.4, 555-596.

Balahur, A. e Steinberger, R. (2009) Rethinking Sentiment Analysis in the News: from Theory to Practice and back. Proceeding of WOMSA.

Cohen, J. (1960) A coefficient of agreement for nominal scales. Educational and Psychological Measurement, 20(1):37-46.

Chang, C.-C. e Lin, C.-J. (2011) LIBSVM: a library for support vector machines. ACM Transactions on Intelligent Systems and Technology, 2:27:1-27:27.

Di Eugenio, B. e Glass, M. (2004) The kappa statistic: A second look. Computational Linguistics, 30(1):95-101.

Dosciatti, M. M., Ferreira, L. P. C. e Paraiso, E. C. (2013) Identificando Emoções em Textos em Português do Brasil usando Máquina de Vetores de Suporte em Solução Multiclasse. ENIAC - Encontro Nacional de Inteligência Artificial e Computacional. Fortaleza, Brasil.

Ekman, P. (1992) An argument for basic emotions. Cognition & Emotion 6. 3-4: 169-200.

Freitas, C., Motta, E., Milidiú, R. L. e César J. (2014) Sparkling Vampire... lol! Annotating Opinions in a Book Review Corpus. In Sandra Aluísio & Stella E. O. Tagnin (eds.), New Language Technologies and Linguistic Research: A Two-Way Road. Cambridge Scholars Publishing, 128-146.

Ghazi, D., Inkpen, D. e Szpakowicz, S. (2014) Prior and contextual emotion of words in sentential context, Comput. Speech Lang., vol. 28, no. 1, 76 -92.

Gomes, H., Neto, M. C. e Henriques, R. (2013) Text Mining: Sentiment analysis on news classification. 8th Iberian Conference on Information Systems and Technologies, 1-6.

Habernal, I. Ptácek, T. e Steinberger, J. (2014) Supervised sentiment analysis in Czech social media. Inf. Process. Manag., vol. 50, no. 5, 693-707.

Klebanov, B. B. e Beigman, E. (2009) From annotator agreement to noise models. Computational Linguistics, vol. 35 n.4, 495-503.

Krippendorff, K. (1980) Content Analysis: An Introduction to Its Methodology. Chapter 12. Sage, Beverly Hills, CA.

Nascimento, P., Aguas, R., Lima, D., Kong, X., Osiek, B., Xexeo, G. e Souza, J. (2012). Análise de sentimento de tweets com foco em notícias. Brazilian Workshop on Social Network Analysis and Mining.

Palaniswamy, U. R. e Palaniswamy, K. M. (2006) Handbook of Statistics for Teaching e Research in Plant e Crop Scienc. 201-203, Publishing Food Products Press.

Wiebe, J., Wilson, T. e Cardie, C. (2005). Annotating expressions of opinions and emotions in language, in: Language Resources and Evaluation, vol. 39, issue 2-3, 165-210.

Strapparava, C. e Mihalcea, R. (2008) Learning to identify emotions in text. In Proceedings of the 2008 ACM symposium on Applied computing. ACM, 1556-1560.

Proceedings of Symposium in Information and Human Language Technology. Natal, RN, Brazil, November 4–7, 2015.

Tesauros Distribucionais para o Português: avaliação de metodologias

Rodrigo Wilkens, Leonardo Zilio, Eduardo Ferreira, Gabriel Gonçalves, Aline Villavicencio

[1] Instituto de Informática – Universidade Federal do Rio Grande do Sul (UFRGS)

{rswilkens,lzilio,eduardo.ferreira}@inf.ufrgs.br

{gcgoncalves,avillavicencio}@inf.ufrgs.br

Abstract. *In recent decades there has been an increase in interest on methods for the automatic construction of distributional thesauri from corpora. Efforts to systematically evaluate and improve the resulting thesauri have been made for languages like English and French, but for Portuguese there is an urgent need for such initiatives. This paper presents a comparative investigation of the two main approaches for thesaurus generation: count-based and predictive methods, focusing on Portuguese. For the evaluation we propose a TOEFL-like test for Portuguese which was automatically generated from BabelNet, using nouns and verbs.*

Resumo. *Nas últimas décadas, houve um crescente interesse em métodos para a construção automática de tesauros distribucionais a partir de corpora. Esforços para a avaliação e aprimoramento sistemáticos dos recursos resultantes têm sido feitos para línguas como o inglês e o francês, mas, para o português, há ainda uma necessidade de tais iniciativas. Este artigo apresenta uma investigação comparativa entre dois métodos para construção de tesauros: baseados em contagens e preditivos, com foco no português. Para avaliação, é proposto um teste similar ao TOEFL para o português, o Brazilian BabelNet-based Semantic Gold Standard (B^2SG), que contém questões automaticamente geradas a partir do BabelNet, com foco em substantivos e verbos.*

1. Introdução

A importância de recursos como a WordNet [Fellbaum 1998], que explicitam relações entre palavras, pode ser medida pelo número de iniciativas dedicadas a (re)produzi-los para outras línguas, tais como a EuroWordNet[1] [Vossen 1998] e a Global WordNet Association[2] [Bond and Paik 2012]. Tais recursos têm sido utilizados em inúmeras aplicações de tecnologia de linguagem, como sistemas de perguntas e respostas, de simplificação de texto e de análise de sentimentos. Para o português, estão disponíveis o Onto.PT[3] [Gonçalo Oliveira and Gomes 2010], OpenWN-PT[4] [de Paiva et al. 2012], MultiWordnet of Portuguese[5], o WordNet.PT[6] [Marrafa 2002], WordNet.Br[7] [Dias-da-Silva et al. 2008],

[1] http://www.illc.uva.nl/EuroWordNet/
[2] http://globalwordnet.org/wordnets-in-the-world/
[3] http://ontopt.dei.uc.pt
[4] https://github.com/arademaker/openWordnet-PT
[5] http://mwnpt.di.fc.ul.pt/
[6] http://www.clul.ul.pt/clg/wordnetpt/index.html
[7] http://143.107.183.175:21380/wordnetbr

entre outros.

A construção manual desse tipo de recurso requer conhecimento especializado, além de ser cara e demorada. Além disso, o recurso resultante é estático, tem cobertura limitada e se aplica a um domínio geral. Por isso, como alternativa, investigam-se métodos baseados em corpora para a construção automática de tesauros distribucionais com associações semânticas entre palavras. Esses métodos são independentes de linguagem e aplicáveis a qualquer domínio [Lin 1998], e os recursos gerados podem complementar a informação de recursos lexicais e ontológicos como a WordNet.

Assim, muita atenção tem sido devotada para construção, avaliação e aprimoramento sistemáticos de tesauros distribucionais, principalmente para o inglês, mas também para outras línguas, como o francês. Para essas línguas, o desenvolvimento de conjuntos de testes e gold standards disponíveis para a comunidade, tais como o English Lexical Substitution Task[8] [McCarthy and Navigli 2009], o TOEFL [Landauer and Dumais 1997] e o teste derivado do TOEFL, o WordNet-Based Synonymy Test (WBST) [Freitag et al. 2005], tem permitido a comparação direta de técnicas diferentes e a quantificação precisa de melhorias na qualidade dos recursos gerados. Questões como a influência do método usado (baseado em contagem ou preditivo) [Baroni et al. 2014, Lebret and Collobert 2015], da medida de associação e medida de similaridade [Lin 1998, Padró et al. 2014], do tipo de contexto (bag-of-words ou dependências sintáticas) e de seu tamanho (1 x 2 x 5 x n palavras em torno de cada palavra-alvo) [Freitag et al. 2005] têm sido cuidadosamente analisadas para determinar a melhor estratégia para se obter um tesauro de qualidade de acordo com língua, tamanho e tipo de corpus.

Para o português, ainda faltam estudos comparativos e conjuntos de dados e gold standards. Este trabalho tem por objetivo contribuir na criação de gold standards que possam ser usados para avaliações comparativas desses métodos, através da construção de um teste similar ao TOEFL para o português. O Brazilian BabelNet-based Semantic Gold Standard (B^2SG) foi automaticamente gerado a partir do BabelNet [Navigli and Ponzetto 2010], contendo questões que envolvem o cálculo de similaridade entre uma determinada palavra e candidatos a palavras semanticamente relacionadas. Este artigo também visa a responder parte das questões sobre a qualidade dos tesauros gerados com foco no português, através de uma investigação comparativa entre dois métodos para a construção de tesauros (baseado em contagem e preditivo).

Esses tópicos são discutidos no artigo da seguinte forma: em §2, são apresentados os trabalhos relacionados sobre tesauros distribucionais e, em §3, os materiais e métodos empregados. A avaliação comparativa e os resultados são discutidos em §4, e as conclusões e trabalhos futuros são expostos em §5.

2. Tesauros Distribucionais

A palavra tesauro surgiu na Lexicografia com Peter Mark Roget, em 1852, para designar seu *Thesaurus of English Words and Phrases* [Moreira and Moura 2006]. O nome foi usado para designar o seu dicionário, em que as palavras se organizavam "de acordo

[8]Disponível em `http://nlp.cs.swarthmore.edu/semeval/tasks/task10/summary.shtml`.

com as ideias que exprimiam" [Gomes et al. 1990]. Assim, surgiram dicionários que exprimiam a similaridade entre as palavras por meio de relações.

No português, existe o *Dicionário analógico da língua portuguesa* [Santos Azevedo 1990], que divide as palavras em seis classes primárias: relações abstratas, espaço, matéria, entendimento, vontade e afeições. Em formato eletrônico, temos como exemplo o TEP [Dias-Da-Silva and Moraes 2003], o BabelNet [Navigli and Ponzetto 2010] e o Onto.PT [Oliveira and Gomes 2014]. Dentre esses, como veremos mais adiante, optamos por usar o BabelNet como comparação devido principalmente à sua cobertura e à distinção de polissemia.

Para a construção automática de tesauros distribucionais a partir de corpora, tradicionalmente, utiliza-se como base a hipótese distribucional de Harris de que se pode conhecer uma palavra pelas palavras que costumam ocorrer com ela [Lin 1998]. Há duas principais abordagens para a construção de tesauros: uma, mais tradicional, baseada em contagem [Lin 1998, Baroni and Lenci 2010] e outra, mais recente, baseada em redes neurais [Mikolov et al. 2010]. Avaliações sobre a qualidade dos recursos gerados por cada abordagem existem para algumas línguas e domínios [Padró et al. 2014]; porém, avaliações comparativas das duas abordagens ainda são raras [Baroni et al. 2014, Lebret and Collobert 2015] e reportam resultados divergentes. Por exemplo, comparando modelos tradicionais e modelos preditivos em 14 tarefas diferentes, os modelos preditivos obtiveram os melhores resultados [Baroni et al. 2014], mas, em outras tarefas, ambos os modelos obtiveram resultados comparáveis [Lebret and Collobert 2015]. Neste artigo, apresentamos os dois modelos e uma avaliação comparativa para o português.

2.1. Modelos baseados em contagem

Os modelos tradicionais baseados em contagem foram propostos para a construção automática de tesauros distribucionais, variando principalmente em termos de (a) tipo e tamanho do contexto a ser utilizado, (b) medidas utilizadas para calcular a associação de uma palavra-alvo com o contexto em que ocorre e (c) medidas para calcular a similaridade entre palavras a partir de seus contextos.

Em (a), o contexto usado para representar o perfil distribucional da palavra-alvo pode envolver relações sintáticas (por exemplo, para verbos, pode-se usar sujeito e objeto) ou uma *bag-of-words* (BoW) contendo as n palavras de conteúdo à sua volta[Freitag et al. 2005]. Em (b), são utilizadas medidas estatísticas para determinar um valor de associação entre cada palavra do contexto e o alvo. Para calcular a associação entre a palavra-alvo e cada palavra nos seus contextos de ocorrência, são usadas várias medidas estatísticas de associação, tais como *pointwise mutual information* (PMI), χ^2, *log likelihood*, entre outras [Lin 1998]. A similaridade entre duas palavras (c) é então calculada com base na semelhança de seus contextos, usando medidas de proximidade (p.ex., cosseno), de distância (p.ex., Manhattan ou Euclidiana) ou de divergência (p.ex., Kulback-Leibler) [Lin 1998, Freitag et al. 2005].

2.2. Modelos baseados em predição

Redes neurais têm sido utilizadas com bastante sucesso para o problema clássico da construção de modelos de linguagem: a predição da probabilidade de uma sequência de palavras. Em particular, o trabalho de Mikolov em redes neurais recorrentes para modelar a linguagem gerou modelos que, ao serem treinados para predizerem sequências de palavras, as distribuem num espaço que captura propriedades linguísticas [Mikolov et al. 2010]. A arquitetura típica dessas redes consiste em uma camada de entrada e uma de saída, uma camada oculta com conexões recorrentes e uma matriz de pesos. Os vetores de entrada e saída codificam as palavras e a camada oculta mantém o histórico de representação. Nesse modelo, não são utilizados conhecimentos sintáticos, morfológicos ou semânticos explicitamente. Ele apenas recebe como entrada um texto simples, sem qualquer anotação ou pré-processamento.

2.3. Avaliação

A avaliação de tesauros distribucionais é uma tarefa complexa, pois faltam recursos que meçam a similaridade entre palavras. Para realizar a avaliação, pode-se utilizar uma validação por juízes; contudo, essa forma de avaliação é lenta e custosa. Uma alternativa é a utilização de ontologias lexicais, como a WordNet, comparando a ontologia e o tesauro. A avaliação também pode ser indireta, através de tarefas que necessitam da quantificação da similaridade, tais como:

Detecção de relações semânticas: objetiva agrupar as palavras segundo uma relação predeterminada. Datasets incluem o BLESS [Baroni and Lenci 2011], com 200 substantivos agrupados em 17 classes; o ESSLLI, [Baroni et al. 2008] com 44 conceitos em 6 classes; o Strudel, com 83 conceitos e 10 classes [Baroni et al. 2010] [9]; e o SemEval 2010 Task 8 [Hendrickx et al. 2010], baseado em 9 relações semânticas profundas.

Identificação da preferência selecional de verbos: objetiva identificar qual a relação sintática mais adequada entre um verbo e um substantivo. Existem conjuntos de 211 verbos [Padó 2007] e de 100 verbos [McRae et al. 1998].

Identificação de analogia: usa exemplos da relação para fazer inferência de analogias morfológicas, sintáticas e semânticas [Mikolov et al. 2013b], tais como *man está para woman assim como king está para queen* [Mikolov et al. 2013a].

Identificação de itens relacionados semanticamente: objetiva identificar palavras que são relacionadas por alguma relação semântica (p.ex., *tigre* e *animal*, *areia* e *praia*). Datasets incluem 65 pares de substantivos [Rubenstein and Goodenough 1965], 80 substantivos (TOEFL [Landauer and Dumais 1997]), 353 pares (WordSim353 [Finkelstein et al. 2001]), 2003 pares com sentenças de contexto (SCWS [Huang et al. 2012]) e 3000 pares (MEN [Bruni et al. 2014]). No TOEFL, para cada uma das 80 palavras-alvo, há quatro alternativas, dentre as quais se deve identificar a palavra mais próxima semanticamente. Já o WordNet-Based Synonymy Test (WBST) [Freitag et al. 2005] é uma extensão gerada automaticamente a partir da WordNet.

3. Materiais e métodos

Nesta seção, apresentamos a metodologia de criação do recurso de avaliação utilizado, o Brazilian BabelNet-based Semantic Gold Standard (B^2SG), o corpus utilizado para o treino dos modelos e, por fim, o desenvolvimento dos tesauros distribucionais.

[9] As tarefas de agrupamento são avaliadas com base na pureza [Baroni and Lenci 2011, Baroni et al. 2008, Baroni et al. 2010].

3.1. Gold standard para português

A fim de avaliar a performance das diferentes abordagens no português, criamos um gold standard para o português baseado no WBST do inglês [Freitag et al. 2005]. Diferente do WBST, que explora apenas a relação de sinonímia, o recurso desenvolvido explora as relações de sinonímia, antonímia, hiperonímia, hiponímia e outras[10]. Outro ponto de diferença é nosso foco em substantivos e verbos, por causa de sua relevância entre as classes gramaticais. Como no WBST, para cada palavra-alvo, há 4 alternativas: 1 semanticamente relacionada e 3 não relacionadas.

O Brazilian BabelNet-based Semantic Gold Standard (B^2SG) foi gerado em 3 etapas: (1) criação da lista de palavras-alvo, (2) seleção das palavras relacionadas e (3) seleção das palavras não relacionadas. Para a lista de alvos, utilizou-se uma lista de palavras (substantivos e verbos) anotadas com a frequência de um corpus de referência do projeto AC/DC[11]. A anotação do grau de polissemia das palavras foi feita com base no BabelNet [Navigli and Ponzetto 2010], e as palavras não contidas nele foram removidas. Para a geração da lista de palavras semanticamente relacionadas, foi utilizado o BabelNet para identificar sinônimos, antônimos, hiperônimos etc. de cada alvo. A escolha de palavras não relacionadas utilizou como base a mesma lista de palavras relacionadas, porém, para cada palavra-alvo, selecionaram-se palavras sem relação com ela de acordo com o BabelNet. As palavras selecionadas como relacionadas e não relacionadas tiveram frequência e polissemia uniformizadas por meio de filtros baseados, respectivamente, no AC/DC e no BabelNet.

Frequência: com base na anotação de frequência, as alternativas foram ordenadas pela menor distância em relação à frequência da palavra-alvo, e a média da frequência das palavras não relacionadas. Selecionamos os 10.000 substantivos e os 5.000 verbos com menor distância por relação[12].

Polissemia: parecida com a filtragem por frequência, a filtragem por polissemia usou a ordenação pela distância entre o valor de polissemia da palavra relacionada e a média dos valores das palavras não relacionadas, sendo que a seleção dos substantivos e verbos foi baseada na menor distância por relação.

Como resultado, foram geradas 5 listas de verbos e 5 de substantivos, uma para cada tipo de relação, num total de 11.235 perguntas (2.700 para verbos e 8.535 para substantivos), como na Tabela 1, considerando relação e classe gramatical.

3.2. Corpus

Como o tamanho do corpus tem impacto na performance de muitas tarefas em PLN, procuramos utilizar o maior corpus possível. Nesse sentido, a metodologia WaC (Web as Corpus kool yinitiative) provê uma forma rápida e simples de criação de grandes corpora [Baroni et al. 2009]. Para o português, foi utilizado o brWaC [Boos et al. 2014] com anotação de rótulo morfossintático do TreeTagger [Schmid 1994]. Esse processo resultou em um corpus com 52 milhões de tokens e 875 mil types.

[10] Neste trabalho, incluímos quatro classes de relações que são explicitamente distintas (sinonímia, antonímia, hiperonímia e hiponímia) e uma classe que inclui outros tipos de relações (por exemplo, meronímia).

[11] Disponível em `http://www.linguateca.pt/ACDC`.

[12] A relação de antônimo em ambas as classes gramaticais não alcançou o número mínimo (10.000 substantivos e 5.000 verbos), então usamos todos os valores como saída do processo de filtragem de frequência.

Tabela 1. Tamanho em número de palavras-alvo nas diferentes relações semânticas no gold standard proposto

	Sinônimos	Hiperônimos	Hipônimos	Antônimos	Outros	*Total*
Verbos	500	500	500	200	1000	*2700*
Subst	1667	1667	1667	200	3334	*8535*
Total	*2167*	*2167*	*2167*	*400*	*4334*	*11235*

3.3. Tesauros de contagem

O tesauro baseado em contagem foi construído seguindo Padró et. al [Padró et al. 2014]: descartaram-se palavras com ocorrência de bigrama menor que 5 no corpus e utilizou-se a implementação *DISSECT* [Dinu et al. 2013]. O tipo de contexto usado são as palavras em torno de substantivo ou verbo como uma bag-of-words, isto é, uma janela de n palavras de contexto antes e depois da palavra-alvo. Foram gerados tesauros com dois tamanhos de janela: 5 e 10. Assim, um contexto (s, c, t) é a ocorrência de substantivo s, contexto c e marcação t, e o número de ocorrências de um contexto em um corpus é representado por ||s,c,t||. Por exemplo, a frase "O cão comeu o osso" gera duas triplas (s = "cão", c = "comer", t = "verbo") e (s = "cão", c = "osso", t = "substantivo"). Utilizaram-se apenas contextos com mais de 5 ocorrências e com PMI maior do que zero.

3.4. Tesauros de predição

Com os modelos baseados em predição, foram criados dois tesauros distintos a partir do brWaC: um com apenas os lemas das palavras (corpus normalizado) e outro com os lemas e sua anotação morfossintática (corpus anotado). Esses modelos foram construídos a partir do pacote *word2vec* [Mikolov et al. 2010], que possui diversos parâmetros, tais como: (1) tamanho desejado do vetor (a quantidade de nós que são passados para a rede neural); (2) janela de contexto que será analisada pelo algoritmo; (3) *downsampling* (limiar para que palavras de alta frequência sejam aleatoriamente ignoradas); e (4) quanto de ruído será extraído por técnicas de suavização.

Cada tesauro utilizou um algoritmo de bag-of-words para a geração do modelo, com um vetor de palavras de tamanho 500, uma janela de contexto de tamanho 10, um limiar de *downsampling* de 1e-5, uma amostragem de 25 para o algoritmo de treinamento negativo e uma frequência mínima de 5 ocorrências no corpus para que a palavra fosse utilizada no tesauro resultante[13].

4. Avaliação

A avaliação e a comparação de métodos de criação de tesauros distribucionais usam o recurso descrito na Seção 3.1 para verificar a capacidade dos modelos para identificarem a resposta adequada em nível de relação.

Na Tabela 2, são apresentados os acertos dos dois modelos (contagem e predição). No modelo de contagem, os resultados são divididos entre as bag-of-words com janela de tamanho 5 e 10. No modelo de predição, o corpus normalizado apresenta os dados

[13]Os valores utilizados na parametrização do pacote são os sugeridos para grandes corpora no site do pacote (https://code.google.com/p/word2vec/).

sem distinção morfossintática, enquanto o corpus anotado considera a anotação morfossintática. Os acertos foram calculados com base no número de perguntas em que a resposta certa se encontrava no vocabulário (ou seja, consideramos apenas os casos em que o modelo poderia acertar). Observou-se que o modelo preditivo sem morfossintaxe tem um resultado superior aos demais para a maioria das relações. Consideramos que o resultado inferior do modelo preditivo usando anotação morfossintática se deve à maior esparsidade nos dados.

Analisando a diferença entre o corpus usado para gerar o teste (AC/DC) e o corpus usado para gerar os modelos percebemos uma diferença quanto à distribuição da frequência[14], o que pode afetar a cobertura de vocabulário. A fim de evitar o impacto das palavras fora de vocabulário sobre a performance dos modelos, rodamos também um teste restrito em que foram consideradas apenas as palavras-alvo em que todas as 4 alternativas eram conhecidas pelo modelo (Tabela 3). Nesse teste mais restrito, o modelo preditivo sem anotação morfossintática continuou sendo superior na maioria das relações.

Tabela 2. Porcentagem de acertos obtidos nos quatro modelos

	Contagem		Predição	
	Janela 5	Janela 10	Corpus anotado	Corpus normalizado
Antônimo	64.5%	62.5%	55.7%	**67.3%**
Hiperônimo	60.7%	56.2%	56.2%	**64.3%**
Hipônimo	54.2%	53.6%	56.3%	**59.4%**
Sinônimo	65.8%	64.5%	61.4%	**68.4%**
Outras	**57.0%**	55.7%	55.5%	55.3%

Tabela 3. Porcentagem de acertos obtidos com as quatro alternativas conhecidas

	Contagem		Predição	
	Janela 5	Janela 10	Corpus Anotado	Corpus Normalizado
Antônimo	**64.0%**	61.1%	50.6%	62.2%
Hiperônimo	55.1%	52.8%	33.8%	**56.0%**
Hipônimo	47.8%	46.5%	38.5%	**50.0%**
Sinônimo	61.8%	60.7%	46.7%	**62.5%**
Outras	**49.9%**	**49.9%**	39.5%	49.5%

Esses resultados para o português são compatíveis com os obtidos para o inglês por Baroni et al. [Baroni et al. 2014], já que o método preditivo teve um resultado superior na identificação de itens semanticamente relacionados. Desse modo, o modelo parece capturar aspectos da representação semântica das palavras nessas línguas.

5. Conclusões

Recentemente houve um aumento no interesse pela construção automática de tesauros distribucionais a partir de corpora. Para línguas como o inglês e o francês, já existem avaliação e melhora dos recursos, mas, para o português, há ainda muito espaço para

[14]Analisando as palavras com frequência superior a 5 nos corpora brWaC e AC/DC observamos uma correlação 0,5298 (com 99,99% de confiança).

desenvolvimento. Nesse sentido, este artigo apresentou uma investigação comparativa entre dois métodos para construção de tesauros: baseado em contagem e preditivo, com foco no português.

Para avaliação, foi proposto um teste similar ao TOEFL, um dos principais testes utilizados na língua inglesa. Esse teste (denominado Brazilian BabelNet-based Semantic Gold Standard – B^2SG)[15] contém questões automaticamente geradas a partir de um recurso lexical similar à WordNet, o BabelNet.

A comparação apresentada neste trabalho aponta que a utilização de um método preditivo sem uso de anotação morfossintática tem um resultado superior para a criação de tesauros. Um ponto importante a ser considerado é que o BabelNet foi construído automaticamente, de modo que pode haver erros nas relações, impactando o teste gerado neste trabalho.

Como trabalhos futuros, pretendemos avaliar manualmente as perguntas e alternativas do teste, além de estender os testes avaliados, incluindo testes de preferência lexical. Com isso, poderemos delimitar melhor a qualidade dos tesauros do português para uma tarefa em particular: a simplificação textual, e, em um âmbito maior, avaliar a qualidade dos modelos preditivos de maneira interlinguística.

Agradecimento

Agradecemos ao Instituto de Informática da UFRGS pelo apoio à pesquisa. Parte dos resultados apresentados neste trabalho foram obtidos no projeto *Simplificação Textual de Expressões Complexas* patrocinado pela Samsung Eletrônica da Amazônia Ltda., através da lei 8.248/91, e também contou com apoio do CNPq (482520/2012-4, 312184/2012-3).

Referências

Baroni, M., Barbu, E., Murphy, B., and Poesio, M. (2010). Strudel: A distributional semantic model based on properties and types.

Baroni, M., Bernardini, S., Ferraresi, A., and Zanchetta, E. (2009). The wacky wide web: a collection of very large linguistically processed web-crawled corpora. *Language resources and evaluation*, 43(3):209–226.

Baroni, M., Dinu, G., and Kruszewski, G. (2014). Don't count, predict! a systematic comparison of context-counting vs. context-predicting semantic vectors. In *Proceedings of the 52nd Annual Meeting of the Association for Computational Linguistics*, volume 1, pages 238–247.

Baroni, M., Evert, S., and Lenci, A. (2008). Bridging the gap between semantic theory and computational simulations: Proceedings of the esslli workshop on distributional lexical semantics. *Hamburg, Germany: FOLLI*.

Baroni, M. and Lenci, A. (2010). Distributional memory: A general framework for corpus-based semantics. *Computational Linguistics*, 36(4):673–721.

Baroni, M. and Lenci, A. (2011). How we blessed distributional semantic evaluation. In *Proceedings of the GEMS 2011 Workshop on GEometrical Models of Natural Language Semantics*, pages 1–10. Association for Computational Linguistics.

[15]O Brazilian BabelNet-based Semantic Gold Standard (B^2SG) será disponibilizado para a comunidade em http://www.inf.ufrgs.br/pln/explaintext/index.php?title=Publications

Bond, F. and Paik, K. (2012). A survey of wordnets and their licenses. In *Proceedings of the 6th Global WordNet Conference*, pages 64—-71.

Boos, R., Prestes, K., Villavicencio, A., and Padró, M. (2014). brwac: a wacky corpus for brazilian portuguese. In *Computational Processing of the Portuguese Language*, pages 201–206. Springer.

Bruni, E., Tran, N.-K., and Baroni, M. (2014). Multimodal distributional semantics. *J. Artif. Intell. Res.(JAIR)*, 49:1–47.

de Paiva, V., Rademaker, A., and de Melo, G. (2012). Openwordnet-pt: An open brazilian wordnet for reasoning. In *Proceedings of the 24th International Conference on Computational Linguistics*. See at http://www.coling2012-iitb.org (Demonstration Paper). Published also as Techreport http://hdl.handle.net/10438/10274.

Dias-da-Silva, B. C., Felippo, A. D., and das Graças Volpe Nunes, M. (2008). The automatic mapping of princeton wordnet lexical-conceptual relations onto the brazilian portuguese wordnet database. In *Proceedings of the International Conference on Language Resources and Evaluation, LREC 2008, 26 May - 1 June 2008, Marrakech, Morocco*. European Language Resources Association.

Dias-Da-Silva, B. C. and Moraes, H. R. d. (2003). A construçao de um thesaurus eletrônico para o português do brasil. *ALFA: Revista de Linguística*.

Dinu, G., N, P., and M, B. (2013). Dissect-distributional semantics composition toolkit. In *System Demonstrations of ACL 2013 (51st Annual Meeting of the Association for Computational Linguistics)*.

Fellbaum, C. (1998). *WordNet*. Wiley Online Library.

Finkelstein, L., Gabrilovich, E., Matias, Y., Rivlin, E., Solan, Z., Wolfman, G., and Ruppin, E. (2001). Placing search in context: The concept revisited. In *Proceedings of the 10th international conference on World Wide Web*, pages 406–414. ACM.

Freitag, D., Blume, M., Byrnes, J., Chow, E., Kapadia, S., Rohwer, R., and Wang, Z. (2005). New experiments in distributional representations of synonymy. In *Proceedings of the Ninth Conference on Computational Natural Language Learning*, pages 25–32. Association for Computational Linguistics.

Gomes, H. E., da Educação, M., de Pessoal, B. C. d. A., de Estudos, F., et al. (1990). *Manual de elaboração de tesauros monolíngües*. Programa Nacional de Bibliotecas das Instituições de Ensino Superior.

Gonçalo Oliveira, H. and Gomes, P. (2010). Towards the automatic creation of a wordnet from a term-based lexical network. In *Proceedings of the ACL Workshop TextGraphs-5: Graph-based Methods for Natural Language Processing*, pages 10–18. ACL Press.

Hendrickx, I., Kim, S. N., Kozareva, Z., Nakov, P., Ó Séaghdha, D., Padó, S., Pennacchiotti, M., Romano, L., and Szpakowicz, S. (2010). Semeval-2010 task 8: Multi-way classification of semantic relations between pairs of nominals. In *Proceedings of the 5th International Workshop on Semantic Evaluation*, pages 33–38, Uppsala, Sweden. Association for Computational Linguistics.

Huang, E. H., Socher, R., Manning, C. D., and Ng, A. Y. (2012). Improving word representations via global context and multiple word prototypes. In *Proceedings of the 50th Annual Meeting of the Association for Computational Linguistics: Long Papers Volume 1*, pages 873–882. Association for Computational Linguistics.

Landauer, T. K. and Dumais, S. T. (1997). A solution to plato's problem: The latent semantic analysis theory of acquisition, induction, and representation of knowledge. *Psychological review*, 104(2):211.

Lebret, R. and Collobert, R. (2015). Rehabilitation of count-based models for word vector representations. In Gelbukh, A. F., editor, *Computational Linguistics and Intelligent Text Processing - 16th InternationalConference*, volume 9041 of *Lecture Notes in Computer Science*, pages 417–429. Springer.

Lin, D. (1998). Automatic retrieval and clustering of similar words. In *Proceedings of the 36th Annual Meeting of the Association for Computational Linguistics and 17th International Conference on Computational Linguistics - Volume 2*, ACL '98, pages 768–774. Association for Computational Linguistics.

Marrafa, P. (2002). *WordNet do Português: uma base de dados de conhecimento linguístico*. Instituto de Camões, Lisboa.

McCarthy, D. and Navigli, R. (2009). The english lexical substitution task. *Language Resources and Evaluation*, 43(2):139–159.

McRae, K., Spivey-Knowlton, M. J., and Tanenhaus, M. K. (1998). Modeling the influence of thematic fit (and other constraints) in on-line sentence comprehension. *Journal of Memory and Language*, 38(3):283–312.

Mikolov, T., Chen, K., Corrado, G., and Dean, J. (2013a). Efficient estimation of word representations in vector space. *arXiv preprint arXiv:1301.3781*.

Mikolov, T., Karafiát, M., Burget, L., Cernockỳ, J., and Khudanpur, S. (2010). Recurrent neural network based language model. In *INTERSPEECH 2010, 11th Annual Conference of the International Speech Communication Association, Makuhari, Chiba, Japan, September 26-30, 2010*, pages 1045–1048.

Mikolov, T., Yih, W.-t., and Zweig, G. (2013b). Linguistic regularities in continuous space word representations. In *HLT-NAACL*, pages 746–751.

Moreira, M. P. and Moura, M. A. (2006). Construindo tesauros a partir de tesauros existentes: a experiência do tci–tesauro em ciência da informação. *DataGramaZero-Revista de Ciência da Informação*, 7(4).

Navigli, R. and Ponzetto, S. P. (2010). Babelnet: Building a very large multilingual semantic network. In *Proceedings of the 48th annual meeting of the association for computational linguistics*, pages 216–225. Association for Computational Linguistics.

Oliveira, H. G. and Gomes, P. (2014). Eco and onto. pt: A flexible approach for creating a portuguese wordnet automatically. *Language resources and evaluation*, 48(2):373–393.

Padó, U. (2007). *The integration of syntax and semantic plausibility in a wide-coverage model of human sentence processing*. PhD thesis, Universitätsbibliothek.

Padró, M., Idiart, M., Villavicencio, A., and Ramisch, C. (2014). Comparing similarity measures for distributional thesauri. In *Proceedings of the Ninth International Conference on Language Resources and Evaluation (LREC'14), Reykjavik, Iceland: European Language Resources Association (ELRA)*.

Padró, M., Idiart, M., Villavicencio, A., and Ramisch, C. (2014). Nothing like good old frequency: Studying context filters for distributional thesauri. In Moschitti, A., Pang, B., and Daelemans, W., editors, *Proceedings of the 2014 Conference on Empirical Methods in Natural Language Processing, EMNLP 2014*, pages 419–424. ACL.

Rubenstein, H. and Goodenough, J. B. (1965). Contextual correlates of synonymy. *Communications of the ACM*, 8(10):627–633.

Santos Azevedo, F. F. d. (1990). *Dicionário analógico da língua portuguesa*. Lexikon.

Schmid, H. (1994). Probabilistic part-of-speech tagging using decision trees. In *Proceedings of the international conference on new methods in language processing*, volume 12, pages 44–49. Citeseer.

Vossen, P., editor (1998). *EuroWordNet: A Multilingual Database with Lexical Semantic Networks*. Kluwer Academic Publishers, Norwell, MA, USA.

Proceedings of Symposium in Information and Human Language Technology. Natal, RN, Brazil, November 4–7, 2015. ©2015 Sociedade Brasileira de Computação.

On Strategies of Human Multi-Document Summarization

Renata T. Camargo[1], Ariani Di-Felippo[1], Thiago A. S. Pardo[2]

Núcleo Interinstitucional de Linguística Computacional (NILC)

[1]Departamento de Letras – Universidade Federal de São Carlos
Caixa Postal 676 – 13565-905 – São Carlos – SP – Brazil

[2]Instituto de Ciências Matemáticas e de Computação, Universidade de São Paulo
Caixa Postal 668 – 13566-970 – São Carlos – SP – Brazil

renatatironi@hotmail.com, arianidf@gmail.com, taspardo@icmc.usp.br

Abstract. *In this paper, using a corpus with manual alignments of human-written summaries and their source news, we show that such summaries consist of information that has specific linguistic features, revealing human content selection strategies, and that these strategies produce indicative results that are competitive with a state of the art system for Portuguese.*

Resumo. *Neste artigo, a partir de um corpus com alinhamentos manuais entre sumários e suas respectivas notícias-fonte, evidencia-se que tais sumários são compostos por informações que possuem características linguísticas específicas, revelando estratégias humanas de sumarização, e que essas estratégias produzem resultados iniciais que são competitivos com um sistema do estado da arte para o português.*

1. Introduction

The increasing of new technologies has had an impact on the amount of available textual information on the web. Consequently, Multi-document Summarization (MDS) appears to be a useful Natural Language Processing (NLP) application to promote quick access to large quantities of information, since it produces a unique summary from a collection or cluster of texts on the same topic or related topics [Mani 2001]. Within a generic perspective, the multi-document summary should ideally contain the most relevant information of the topic that is being discussed in the source texts. Moreover, MDS should not only focus on the extraction of relevant information, but also deal with the multi-document challenges, such as redundant, complementary and contradictory information, different writing styles and varied referential expressions.

There are two ways of approaching MDS [Mani 2001]. The superficial/shallow approach uses little linguistic information (or statistics) to build summaries. The deep approach is characterized by the usage of deep linguistic knowledge, i.e., syntactic, semantic or discourse information. The superficial approach usually requires low-cost processing, but produces summaries that tend to have lower linguistic quality. The deep approach is said to produce summaries of higher quality in terms of information, coherence and cohesion, but it demands various high-cost resources. The deep and superficial MDS applications commonly produce extracts (i.e., summaries generated by concatenating sentences taken exactly as they appear in the source texts), but deep approach can also generate abstracts (i.e., with rewriting operations).

To select the sentences to compose the summaries, MDS may take into account human strategies from single-document summarization, codified in features such as sentence position and word frequency [Kumar and Salim 2012]. Regarding human multi-document summarization (HMDS), only redundancy has been widely applied as criterion for content selection, which is based on the empirical observation that the most repeated information covers the main topic of the cluster [Mani 2001; Nenkova 2006].

In this context, this work is focused on the investigation of HMDS content selection strategies. Particularly, for a corpus of news texts, we study some superficial and deep sentence features that may be useful for summarization. Since the source sentences in this corpus are aligned to the sentences of the correspondent reference (human) summary, we show that a machine learning technique could identify that a few features characterize well the aligned sentences (i.e., the sentences whose content was selected to the summary), achieving 70.8% of accuracy. We also show that additional experiments with the best learned HMDS strategy indicated that it may produce competitive results with a state of the art system for Portuguese, outperforming it for a small test corpus. Consequently, this work contributes to the understanding of the HMDS task and to the improvement of the automatic process by providing linguistic insights.

To describe this work, we organized the paper in 5 sections. In Section 2, we describe the main human content selection strategies and the correspondent features of the literature. In Section 3, the used methodology is reported. In Section 4, results are discussed, and, in Section 5, some final remarks are made.

2. Human Content Selection in Text Summarization

In one of the most comprehensive study of human summarization, Endres-Niggemeyer (1998) established that humans perform single-document summarization in three stages: (i) document exploration, (ii) relevance assessment, and (iii) summary production. This means that humans first interpret the source-text, then select important information from it, and finally present a new text in the form of a summary.

Regarding the relevance assessment stage, where, according to Hasler (2007), humans perform the core summarization task (i.e., the selection of the relevant information), Endres-Niggemeyer pointed out the use of some strategies. Some well-known shallow features are [Kumar and Salim 2012]:

(i) *sentence length* or *size*, according to which very short or long sentences may not be suitable to compose the summary;
(ii) *sentence position*, according to which sentences in the initial positions of a text should compose a summary;
(iii) *word frequency*, according to which the summary is produced by retrieving and putting together sentences with the highest frequent content words in the cluster;
(iv) *title/subtitle word*, according to which the relevance of a sentence is the sum of all the content words appearing in the title and (sub-)headings of their text, and;
(v) *cue word/expression*: according to which the relevance of a sentence is computed by the presence or absence of certain cue words or expressions.

Although multi-document summarization can be conceived as an extension of the single one, humans seem to use specific strategies for relevance assessment in the scenario of multiple source texts, which have been empirically observed and reported in MDS literature. The main one is the selection of the most redundant information in a collection to produce the corresponding summary, as we have already mentioned before [Mani 2001; Nenkova 2006]. The other is that humans choose one text of their preference as a basis to select the main information and then they seek the other texts of the cluster to complement the multi-document summary information [Mani 2001; Camargo 2013]. For the choice of the basis source text, many linguistic or extra-linguistic factors may influence, such as: (i) date of publication (i.e., humans can first consider the latest or the oldest text, depending on the interest), (ii) prestige of the journalistic vehicle, etc.

In feature-based methods of MDS, word frequency may indicate redundancy. In other shallow methods, such as those based on clustering, highly similar sentences of a collection are grouped into one cluster, which generates a number of clusters. A very populous cluster represents redundant information or topic. Hence, for each of the most populous clusters, the methods select only one sentence to compose the summary, which is based on the closeness of the sentence to the centroids (i.e., frequent occurring words) of the cluster. In graph-based methods, the source documents are represented in a graph where each sentence becomes a node and the weighted connections between nodes codify the similarity between the corresponding sentences. A redundant sentence is the one that is strongly connected to other sentences.

In deep approaches, semantic-based MDS methods commonly map nouns of the input sentences onto concepts of a hierarchy or ontology, and then select the sentences with the most frequent concepts of the collection to produce the summary (e.g. Lin et al. (2010)). Discourse-based methods take into account discourse relations such as those of the *Cross-document Structure Theory* (CST) [Radev 2000]. These works represent the input texts in a graph, where each node codifies one sentence and the connections represent the CST relations established among those sentences. For content selection, one method consists in extracting sentences that have more CST connections with other sentences, assuming that they are redundant and, then, more relevant.

In this paper, we test features from the above approaches to look for a good summarization strategy. We describe the method used in this work in the next section.

3. Corpus-based Investigation of HMDS strategies

The experiments in this work were conducted over CSTNews corpus [Cardoso et al. 2011], a multi-document corpus that is composed of 50 clusters of news texts in Brazilian Portuguese. Each cluster contains 2 or 3 news texts on the same topic, automatic and human multi-document summaries (with a 70% compression rate[1]), and many annotation layers. In this corpus, each sentence of the input texts is aligned to one or more sentences of the correspondent human multi-document summary, which indicates the origin of the summary content. The manual alignment was performed in the summary-to-text direction according to content overlap rules [Camargo et al. 2013; Agostini et al. 2014]. To illustrate, the summary sentence (1), "*17 people died after a plane crash in the Democratic Republic of Congo*", is aligned to the text sentence (2), "*A crash in the town of Bukavu in the eastern Democratic Republic of Congo (DRC), killed 17 people on Thursday afternoon, said on Friday a spokesman of the United*

[1] This rate means that the summary may have up to 30% of the number of words of the longest text of the cluster.

Nations". Approximately 78% of the summary sentences were aligned to more than one sentence of the source texts.

Having this corpus, our investigation followed the following stages: feature selection, corpus description (in terms of the features), and HMDS strategy identification. From the literature, we used 8 features as strong indicators for content selection in HMDS: 4 shallow and 4 deep features.

The shallow features correspond to characteristics that refer to the structure of the text or sentence. Particularly, we selected 4 features: *size, frequency, keyword,* and *position*[2]. In our experiments, the values of the first 3 features are normalized in order to avoid discrepancies in the data due to cluster variations. We use the previous parsing annotation of CSTNews, generated by PALAVRAS [Bick 2000], for computing size, frequency, and keyword features.

The sentence size describes the size or length of a sentence in terms of the number of content words it contains. The normalized size is the ratio of the number of words occurring in the sentence over the number of words occurring in the longest sentence of the cluster. For example, the sentence 6 from document 1 of the cluster 9 (S6D1C9), "*The others will be in Rondônia*", has 2 content words, "be" and "Rondônia". Considering that the longest sentence in cluster 9 is composed by 43 content words, the normalized size of S6D1C9 is 2/43=0.046.

The frequency of a sentence is the sum of the frequency (in the cluster) of the content words it contains. To normalize the feature, we divide the value of a sentence by the highest frequency value of a sentence in the cluster. For example, the frequency value of S6D1C9 is 18 because the frequencies of "be" and "Rondônia" in cluster 9 are, respectively, 1 and 17. Given that the highest frequency obtained by a sentence in the same cluster is 230, the normalized frequency of S6D1C9 is 18/230=0.078.

The keyword feature of a sentence is computed as the sum of the 10% most frequent content words in the cluster that occur in the sentence. To normalize the feature, we divide the keyword value of each sentence by the highest keyword value of the cluster. For instance, the S6D1C9 has only 1 keyword, "Rondônia". Thus, the normalized keyword value of S6D1C9 is 0.05 because 1 is divided by 20, which is the highest keyword value in the cluster. It is worth noting that frequency and keywords are different superficial techniques that may indicate redundancy.

The sentence position refers to the location of the sentence in the source text. This feature can assume 3 possible values: *begin*, *middle*, and *end*. *Begin* value corresponds to the first sentence of the text, *end* value corresponds to the last sentence, and *middle* corresponds to the remaining sentences between "begin" and "end".

The deep feature set refers to discourse characteristics of the texts provided by the annotation of the corpus with CST (*Cross-document Structure Theory*) [Radev 2000]. For the manual annotation, 14 CST relations were used (namely, *Identity, Equivalence, Summary, Subsumption, Overlap, Follow-up, Historical background, Elaboration, Contradiction, Citation, Attribution, Modality, Indirect speech, and Translation*). Considering sentences as the basic segments, we illustrate an *Equivalence*

[2] We did not consider the other popular features of the literature, as *title word* and *cue word,* because CSTNews do not provide the title for all source texts and such cue words are more suitable for scientific texts.

(paraphrasing) with the following two sentences from different texts [Radev 2000, p. 79]: "*Ford's program will be launched in the United States in April and globally within 12 months*" and "*Ford plans to introduce the program first for its employees in the United States, then expand it for workers abroad*". The CST annotation of a cluster in CSTNews is a graph, whose nodes are sentences and the edges are relations. The nodes may be disconnected, since not all sentences present relations with others.

According to the CST typology proposed by Maziero et al. (2010), we specified 4 features: *redundancy, complement, contradiction* and *form*. The redundancy feature of a sentence corresponds to the number of the following CST relations that the sentence presents: *Identity, Equivalence, Overlap, Summary,* and *Subsumption*. The complement feature corresponds to the number of *Historical background, Elaboration* and *Follow-up* relations. The contradiction feature is the number of *Contradiction* relations. Finally, the form feature codifies the number of *Citation, Attribution, Modality, Indirect-speech* and *Translation* relations. To normalize these features in a specific cluster, we divide the feature value by the total number of relations in the cluster. As an example of how these features are calculated, consider a sentence that is connected by a *Subsumption* and an *Attribute* relation to other sentences. This sentence has 1 relation of the redundancy category and 1 of the form category. Supposing that these are the only relations in the cluster, the sentence has the following feature-value pairs: redundancy=0.5 (=1/2), complement=0, contraction=0, and form=0.5 (=1/2).

Once the features for each sentence in the source texts were computed, we need to determine the correspondent class of each sentence in our corpus. Since for each cluster in CSTNews we have the summary-text alignments, we can determine which sentences had their content selected for the summary. Two possible classes can be assigned: "yes" or "no". Sentences classified as "yes" represent the ones that were aligned to the summary and sentences classified as "no" represent the ones that were not aligned (and, therefore, were considered irrelevant to be included in the summary).

To perform the machine learning over CSTNews, we applied the *10-fold cross validation*[3] technique, which gets more realistic estimates of the error rates for classification, since our dataset is relatively small. In total, there are 2080 learning instances in our dataset, with 57% of them belonging to the "no" class, which, in summarization, is usually the majority class. We used Weka environment [Witten and Frank 2005] for running all the algorithms, and general accuracy for evaluating the results.

Our focus in this paper is to look for symbolic approaches to the task, given that, more than a good classification accuracy, we want to be able to make the summarization strategy explicit. Nonetheless, we have also tested other machine learning techniques from other paradigms, for comparison purposes only. We explore in more details the results achieved by the symbolic approaches, and only briefly comment on the results of the other approaches that we consider, i.e., the connectionist and mathematical/probabilistic approaches.

[3] In *k-fold cross-validation*, the corpus is randomly partitioned into k equal sized subsamples. Of the k subsamples, a single one is retained for test, and the remaining $(k-1)$ subsamples are used as training data. The process is repeated k times, with each of the k subsamples used once as the test data. The results are averaged over all the runs.

In the connectionist paradigm, we used the well known method called Multi-Layer Perceptron (MLP), with the default Weka configurations. We achieved 65.7% of accuracy. Among the several mathematical/probabilistic methods in Weka, we run Naïve-Bayes and SMO. Naive-bayes achieved 69% of accuracy, while SMO was the highest among all the algorithms, achieving 70.9%.

The symbolic methods produce rules/trees that can be verified by human experts. Among them, we tried JRip, PART, Prism, J48, and OneR. PART and Prism algorithms generated long sets of rules (more than 60) with close accuracy (approximately 69%). The decision tree produced by J48 also contains many rules, but it presents slightly higher accuracy, 70.2%. OneR algorithm uses only the most discriminative feature to produce a unique set of rules over this feature. In our case, OneR selected the redundancy feature and achieved 70.5% of accuracy. As usual, it surprisingly produced very good results, but did not outperform JRip, which we discuss below.

JRip learned a small set of rules with the best accuracy, 70.8%. Such combination (manageable rule set and highest accuracy among the symbolic approaches) makes the choice of JRip a good one for our purposes. Table 1 presents the 9 rules of JRip, which are followed by the number of instances (sentences) correctly classified and incorrectly classified, and the precision of the rule, given by the number of correctly classified instances over all the instances classified by that rule.

Table 1 – JRip logic rules

Rules	Correct	Incorrect	Precision (%)
1. If Position = beginning then "yes"	140	16	89.7
2. Elseif Redundancy = 0.9-inf then "yes"	81	11	88
3. Elseif Redundancy = 0.3-0.5 then "yes"	369	164	69.2
4. Elseif Redundancy = 0.6-0.8 then "yes"	114	19	85.7
5. Elseif Redundancy = 0.2-0.3 and Frequency = 0.5-0.6 then "yes"	35	9	79.5
6. Elseif Redundancy = 0.1-0.2 and Frequency = 0.4-0.5 then "yes"	10	2	83.3
7. Elseif Redundancy = 0.1-0.2 and Size = 0.2-0.3 then "yes"	12	2	85.7
8. Elseif Size = 0.1-0.2 and Frequency = 0.3-0.4 then "yes"	14	3	82.3
9. Elseif "no"	1305	346	79

In the rules, one can say that position, redundancy, frequency and size features characterize well the aligned sentences of CSTNews, i.e., sentences whose content composes the summary. As it is well known about position, the "beginning" value in Rule 1 reveals that human commonly select the first sentences of source documents to compose a summary. We may justify this strategy by the "inverted pyramid" structure of news, in which the first sentence conveys the primary information ("lead"). Redundancy (codified by CST relations or word frequency) is the most characteristic feature, since 7 of the 9 rules are based on it, individually or in combination with other features. For attribute selection[4] was applied two methods (at Weka), i.e., InfoGainAttributeEval and CfsSubsetEval, and both indicated the relevance of the

[4] The aim of attribute selection is to improve the performance of the algorithms. It is important because there are attributes that can be irrelevant and removing them can reduce the processing time and generate simpler models.

redundancy feature. Thus, selecting the most repeated information as a HMDS strategy is confirmed in our corpus investigation. Moreover, the low values of the size feature indicate that humans select content preferably expressed by medium or short sentences. The above results demonstrate that the human single-document summarization strategies based on position, frequency and size are also applied in HMDS. If none of the 8 first rules are applied, the default class is "no" (i.e., non-aligned sentence), which is given the 9th rule.

It is also interesting to see how productive the rules are. For instance, rules 1 to 4 deal with many more cases than rules 6 to 8, which is natural to happen due to the way the machine learning process chooses the features to start the rules. Given that, one might still achieve good results by using only the first 4 rules for the "yes" class and the last default rule for the "no" class. In Table 2, we have the JRip confusion matrix, by means of which we verify in more details how the classifier is dealing with each class. Each column of the matrix represents the instances in a predicted class, while each row represents the instances in an actual class.

Table 2 - Confusion matrix of JRip algorithm

Class \ Test	Aligned (895) "Summary=yes"	Non-aligned (1185) "Summary=no"
Aligned	523	372
Non-aligned	235	950

It can be observed from the results of Table 2 that, from the total of 1185 non-aligned source sentences, the rules of JRip correctly classified 950 of them. Still, from the total of 895 sentences of source texts that were aligned to the summaries, the algorithm correctly identified 523 of them. Based on this performance, we may conclude that JRip correctly classified more non-aligned sentences than aligned ones. This might be a consequence of the aforementioned unbalanced nature of our training corpus. It is important to say that we opted for not balancing the data (by using oversampling, for instance), since the task is naturally unbalanced in the real world.

We now describe the evaluation of summaries produced by the JRip rules.

4. Summary Evaluation

Besides the results of the machine learning, we were also interested in checking the quality and informativeness of the summaries produced by the JRip rules. These are the criteria that are usually assessed in summaries.

In order to do this summary evaluation, we manually created a new test corpus with the same characteristcs of CSTNews. The test corpus consists of 6 clusters, and each of them contains: (i) 3 news texts on the same topic, (ii) 3 human multi-document summaries (abstracts), produced by different computational linguists, with 70% compression rate, (iii) sentential alignments among source texts and human summaries, and (iv) CST annotation in the texts. We restricted the corpus to only 6 clusters because text annotation and summary writing tasks are expensive and time consuming tasks.

The summary building process is as follows. Given a cluster of the test corpus, we first apply the JRip rules to select the sentences that are worthy to be in the summary (only sentences classified as "yes" are considered). Having these "yes" sentences, we need to rank them in order to produce a sentence relevance rank, which we do by ordering the sentences by the precision of the rule that was applied to select each sentence (see Table 1); if it happens that there are sentences competing for the same position in the rank (supposing that the rules that selected them had the same precision), we give preference to sentences that come first in their texts; if this is not enough to distinguish them (supposing that they are in the same position in different texts), we order them by the prestige of the source, as indicated by Camargo (2013). Having the rank, we start selecting the best ranked sentences to compose the summary, always checking for redundancy between the newly selected sentence and eventual previously selected sentences to the summary. We use the information provided by CST to eliminate redundancy, by discarding the candidate sentence that has relations of the redundancy category with the ones already selected to the summary. For example, if the relation between two sentences is *Identity*, the new sentence is ignored; if the relation is *Equivalence*, we eliminate the longest sentence (considering the number of words in the sentence); if the relation is *Subsumption*, we eliminate the sentence that is subsumed. We select as many sentences to the summary as the compression rate allows.

To analyze the quality of the summaries, we used the 5 traditional criteria proposed by the DUC conference [Dang 2005]: (i) gramaticality (G): the summary should have no datelines, capitalization errors or ungrammatical sentences; (ii) non-redundancy (NR): there should be no unnecessary repetition in the summary; (iii) referential clarity (RC): it should be easy to identify who or what the pronouns and noun phrases in the summary are referring to; (iv) focus (F): the summary should only contain information that is related to the rest of the summary, and (v) structure and coherence (SC): the summary should be well-structured and well-organized, i.e., it should not just be a heap of related information.

For comparison, the summaries generated by another method of MDS for the same 6 clusters were also judged considering the same textual properties. In this case, the automatic method used to generate the comparison summaries was RSumm [Ribaldo et al. 2012], which is one of the state of the art systems for Portuguese.

The evaluation of the properties related to quality was performed by 10 computational linguists. For each automatic summary, the judges scored each of the 5 textual properties through an online form. For all properties, judges had a scale from 1 to 5 points, being 1=very poor, 2=poor, 3=barely acceptable, 4=good, and 5=very good. The results are shown in Table 3. The values are presented in two ways: (i) absolute values (which is the number of votes for the corresponding scale), and (ii) percentage. Looking to the average values, one may see that the JRip rules outperform Rsumm in all the evaluated criteria, indicating that the used features in this study are better at dealing with textuality factors in the summaries.

Regarding informativeness evaluation, we used the traditional automatic ROUGE (Recall-Oriented Understudy for Gisting Evaluation) measure [Lin 2004], which is mandatory in the area. ROUGE computes the number of common n-grams among the automatic and reference/human summaries, being able to rank automatic summaries as well as humans would do, as its author has shown. Table 4 shows average ROUGE results for 1-grams (referenced by ROUGE-1), 2-grams (ROUGE-2) and the longest common subsequence (ROUGE-L) overlap, in terms of Recall (R), Precision (P) and F-measure (F), for both JRip rules and RSumm. Basically, recall computes the amount of common n-grams in relation to the number of n-grams in the reference summaries; precision computes the number of common n-grams in relation to the n-grams in the automatic summary; the f-measure is the harmonic mean of the previous 2 measures, being an unique indicator of the system performance. One may see that the JRip rules outperform RSumm in all the measures. If we consider the f-measure for ROUGE-1, which is by far the most used in the literature, we may see that the JRip rules are approximately 6.7% better than RSumm.

Table 3. Linguistic quality evaluation of summaries with DUC criteria

Criteria	Method	Very poor (1)		Poor (2)		Barely Acceptable (3)		Good (4)		Very Good (5)		Average
G	HMDS	0	**0%**	0	**0%**	3	**5%**	18	**30%**	39	**65%**	4,7 (**very good**)
	RSumm	0	**0%**	0	**0%**	7	**11,6%**	22	**36,6%**	31	**51,6%**	4,4 (**good**)
NR	HMDS	0	**0%**	0	**0%**	2	**3,3%**	15	**25%**	43	**71,6%**	4,7 (**very good**)
	RSumm	0	**0%**	2	**3,3%**	17	**28,3%**	17	**28,3%**	24	**40%**	4,1 (**good**)
RC	HMDS	0	**0%**	0	**0%**	9	**15%**	20	**33,3%**	31	**51,6%**	4,4 (**good**)
	RSumm	0	**0%**	2	**3,3%**	5	**8,3%**	26	**43,3%**	27	**45%**	4,3 (**good**)
F	HMDS	0	**0%**	0	**0%**	3	**5%**	24	**40%**	33	**55%**	4,5 (**very good**)
	RSumm	1	**1,6%**	4	**6,6%**	11	**18,3%**	22	**36,6%**	22	**36,6%**	4,0 (**good**)
SC	HMDS	0	**0%**	0	**0%**	7	**11,6%**	33	**55%**	20	**33,3%**	4,2 (**good**)
	RSumm	0	**0%**	6	**10%**	19	**31,6%**	23	**38,3%**	12	**20%**	3,7 (**good**)

Table 4. Informativeness evaluation of summaries with ROUGE

	Avg. ROUGE-1			Avg. ROUGE-2			Avg. ROUGE-L		
	R	**P**	**F**	**R**	**P**	**F**	**R**	**P**	**F**
JRip rules	0.444	0.517	0.464	0.200	0.242	0.212	0.373	0.441	0.392
RSumm	0.425	0.448	0.435	0.191	0.202	0.196	0.358	0.378	0.367

It is important to say, however, that such results are only indicative of what we may expect from the rules and the discriminative power of the studied features, since the test set for quality evaluation and ROUGE was too small (only 6 clusters). For a more reliable result, we would need to run the rules for a bigger corpus. We could not do that for CSTNews because this corpus was already used for creating the rules (during the training), and using it for testing would result in a biased evaluation. And, besides CSTNews, we are not aware of other corpora with the data/annotation we need for our rules to work.

Having the reservations been made, it is interesting that the rules could outperform RSumm (even for a small test corpus), since highly deeper and more informed approaches have struggled to do that (see, e.g., Cardoso (2014)). This shows how effective the learned HDMS strategy is.

5. Final Remarks

To the best of our knowledge, this integrated study of features over a corpus of human summaries and their application in an automatic method is new in the area and, at least for Portuguese, has potential to advance the known state of the art. Future work may include the study of other features, as well as a more detailed characterization of the summaries, in terms of lexical and syntactical patterns.

References

Agostini, V.; Camargo, R.T.; Di-Felippo, A.; Pardo, T.A.S. (2014). Manual alignment of news texts and their multi-document human summaries. In Aluísio, S.M. and Tagnin, S.E.O. (Eds.), *New language technologies and linguistic research: a two-way road*, pp. 148-170. Cambridge: Cambridge Scholars Publishing.

Bick, E. (2000). *The Parsing System Palavras - Automatic Grammatical Analysis of Portuguese in a Constraint Grammar Famework*. PhD Thesis. Aarhus University Press.

Camargo, R.T.; Agostini, V.; Di-Felippo, A.; Pardo, T.A.S. (2013). Manual typification of source texts and multi-document summaries alignments. *Procedia - Social and Behavioral Sciences*, Vol. 95, pp. 498-506.

Camargo, R.T. (2013). *Investigação de Estratégias de Sumarização Humana Multidocumento*. Dissertação de Mestrado. Universidade Federal de São Carlos. 135p.

Cardoso, P.C.F.; Maziero, E.G.; Jorge, M.L.C.; Seno, E.M.R.; Di Felippo, A.; Rino, L.H.M.; Nunes, M.G.V.; Pardo, T.A.S. (2011). CSTNews - A Discourse-Annotated Corpus for Single and Multi-Document Summarization of News Texts in Brazilian Portuguese. In the *Proceedings of the 3rd RST Brazilian Meeting*, pp. 88-105.

Cardoso, P.C.F. (2014). *Exploração de métodos de sumarização automática multidocumento com base em conhecimento semântico-discursivo*. Tese de Doutorado. Instituto de Ciências Matemáticas e de Computação, Universidade de São Paulo. 182p.

Dang, H.T. (2005). Overview of DUC 2005. In the *Proceedings of the Document Understanding Conference*.

Endres-Niggemeyer, B. (1998). *Summarization Information*. Berlin: Springer.

Hasler, L. (2007). From extracts to abstracts: human summary production operations for Computer-Aided Summarisation. In the *Proceedings of the RANLP Workshop on Computer-aided Language Processing*, pp. 11-18.

Kumar, Y.J.; Salim, N. (2012) Automatic Multi-Document Summarization Approaches. *Journal of Computer Science 8* (1): 133-140. ISSN 1549-3636

Li, L., D. Wang, C. Shen; T. Li (2010). Ontology enriched multi-document summarization in disaster management. *Proceedings of the 33rd international ACM SIGIR*, July 19-23, ACM, New York, USA, pp. 820. ISBN: 978-1-4503-0153-4

Lin, C-Y. (2004). ROUGE: a Package for Automatic Evaluation of Summaries. In the *Proceedings of the Workshop on Text Summarization Branches Out*.

Mani, I. (2001). *Automatic Summarization*. John Benjamins Publishing Co., Amsterdam.

Maziero, E.G.; Jorge, M.L.C.; Pardo, T.A.S. (2010). Identifying Multidocument Relations. In the *Proceedings of the 7th International Workshop on Natural Language Processing and Cognitive Science*, pp. 60-69.

Nenkova, A. (2006). *Understanding the process of multi-document summarization: content selection, rewrite and evaluation*. PhD Thesis. Columbia University.

Radev, D. R. (2000). A common theory of information fusion from multiple text sources, step one: cross-document structure. In the *Proceedings of the ACL SIGDIAL Workshop on Discourse and Dialogue*, pp. 74-86.

Ribaldo, R.; Akabane, A.T.; Rino, L.H.M.; Pardo, T.A.S. (2012). Graph-based Methods for Multi-document Summarization: Exploring Relationship Maps, Complex Networks and Discourse Information. In the *Proceedings of the 10th International Conference on Computational Processing of Portuguese* (LNAI 7243), pp. 260-271.

Witten, I.H. and Frank, E. (2005). *Data Mining: Practical machine learning tools and techniques*. Morgan Kaufmann.

Proceedings of Symposium in Information and Human Language Technology. Natal, RN, Brazil, November 4–7, 2015. ©2015 Sociedade Brasileira de Computação.

Enriching entity grids and graphs with discourse relations: the impact in local coherence evaluation

Márcio de S. Dias and Thiago A. S. Pardo

Interinstitutional Center for Computational Linguistics (NILC)
Institute of Mathematical and Computer Sciences, University of São Paulo
Av. Trabalhador São-carlense, 400 - Centro
CEP: 13566-590 - São Carlos/SP, Brazil.

{marciosd,taspardo}@icmc.usp.br

Abstract. *This paper describes how discursive knowledge, given by the discursive theories RST (Rhetorical Structure Theory) and CST (Cross-document Structure Theory), may improve the automatic evaluation of local coherence in multi-document summaries. Two of the main coherence models from literature were incremented with discursive information and obtained 91.3% of accuracy, with a gain of 53% in relation to the original results.*

1. Introduction

Coherence is an important aspect that affects the quality of texts produced by textual generators such as summarizers, question/answering systems, etc. A coherent multi-document summary makes reading and understanding easier than one summary with contradictions and repetitive information.

According to Koch and Travaglia (2002), coherence means the possibility of establishing a meaning for the text. Coherence supposes that there are relationships among the elements of the text for it to make sense. It also involves aspects that are out of the text, for example, the shared knowledge between the producer (writer) and the receiver (reader) of the text, inferences, intertextuality, intentionality and acceptability, among others [Kock and Travagila 2002].

Textual coherence occurs in local and global levels [Dijk and Kintsch 1983]. Local level coherence is presented by the local relationships among the parts of a text, for instance, adjacent sentences and shorter sequences. On the other hand, a text presents global coherence when this text links all its elements as a whole. Local coherence is essential in order to achieve global coherence [Mckoon and Ratcliff 1992]. Thus, many researches in computational linguistics have been developing models for dealing with local coherence ([Barzilay and Lapata 2005], [Barzilay and Lapata 2008], [Burstein et al. 2010], [Castro Jorge 2014], [Dias et al. 2014b], [Eisner and Charniak 2011], [Elsner et al. 2007], [Feng et al. 2014], [Filippova and Strube 2007], [Foltz et al. 1998], [Freitas 2013], [Guinaudeau and Strube 2013], and [Lin et al 2011]).

To illustrate the problem we have in hands, Figure 1 shows two summaries, a coherent (Summary A) and a less coherent one (Summary B). Summary B presents redundant information among the sentences: S1 with S3, and S2 with S4. These redundancies damage the quality and the informativity of the text and, consequently, its coherence.

Summary A (coherent summary)	Summary B (incoherent summary)
(S1) In the last five years, astronomers have identified a few dozen objects that are even smaller than brown dwarfs that are not bound to any star system, nicknamed the planetary mass objects, or planemos located around star-forming regions. **(S2)** By using telescopes at the European Southern Observatory (ESO), astronomers have discovered a planet that is seven times the size of Jupiter, the heaviest that revolves around the sun, and the other that is twice its size. **(S3)** The mass of these two worlds is similar to other already cataloged exoplanets but they do not revolve around a star, they revolve around each other. **(S4)** Ray Jayawardhana, from the University of Toronto, and Valentin Ivanov, from the European Southern Observatory, have published the findings in "Science Express", the "Science" magazine website.	**(S1)** By using telescopes at the European Southern Observatory (ESO), astronomers have discovered a planet that is seven times the size of Jupiter, the heaviest that revolves around the sun, and the other that is twice its size. **(S2)** The mass of these two worlds is similar to other already cataloged exoplanets but they do not revolve around a star, they revolve around each other. **(S3)** The biggest celestial body, whose size is seven times greater than Jupiter, was detected about 400 light years from our solar system. **(S4)** The extraordinary fact is that it does not revolve around a star, but around another cold body that is twice its size.

Figure 1. Examples of coherent (A) and incoherent (B) summaries

The discursive information used in this work is related to intra or inter text organization, i.e., the Rhetorical Structure Theory (RST) [Mann and Thompson 1987] and the Cross-document Structure Theory (CST) [Radev 2000], respectively. RST considers that each text presents an underlying rhetorical structure that allows the recovery of the writer's communicative intention. RST relations are structured in the form of a tree, where Elementary Discourse Units (EDUs) are located in the leaves of this tree, whereas CST organizes multiple texts on the same topic and establishes relations among different textual segments, forming a graph.

Considering that all well-formed and coherent texts have a well-defined discursive organization, this paper shows how discursive information (RST and CST) may improve the accuracy of local coherence models in order to automatically differentiate coherent from incoherent (less coherent) summaries. Thus, local coherence models from the literature have been enriched with discursive information. In addition, the original approaches have been re-implemented to have their performances analyzed with the corpus of multi-document summaries used in this work. In particular, this work is based on the following assumptions: (i) there are regularities on the distribution of discursive relations in coherent summaries; (ii) coherent summaries show distinct organization of intra- and inter-discursive relations. We show that such assumptions hold and that we improve the original results in the area.

Section 2 presents an overview of the most relevant researches related to local coherence. In Section 3, the coherence models proposed in this work are described. Section 4 shows the experimental setup and the obtained results. Finally, Section 5 presents some final remarks.

2. Related Work

One of the most used local coherence models is the one of Barzilay and Lapata (2008), which proposed an Entity Grid Model to evaluate local coherence, i.e., to classify coherent or incoherent texts. This model is based on Centering Theory [Grosz et al. 1995]; the authors' hypothesis is that locally coherent texts present certain regularities concerning entity distribution. These regularities are calculated over a matrix (entity grid) in which the rows represent the sentences of the text, and the columns the text entities.

Barzilay and Lapata's approach used (+) or not (-) syntactical, coreference and salience information. The syntactical information uses the grammatical function of the entities. For example, in the "Department" column in the entity grid in Figure 2b, it is shown that the "Department" entity happens in the first sentence in the subject (S) position. The hyphen ('-') indicates that the entity did not happen in the corresponding sentence, (O) object position and (X) nor subject or object. Coreference occurs when words refer to the same entity and, therefore, these words may be represented by a single column in the grid. For example, when the text in Figure 2a mentions "Microsoft Corp.", "Microsoft", and "the company", such references are mapped to a single column ("Microsoft") in its entity grid in Figure 2b. Salience is related to the frequency of entities in texts, allowing to build grids with the least and/or the most frequent entities in the text.

1 [The Justice Department]$_S$ is conducting an [anti-trust trial]$_O$ against [Microsoft Corp.]$_X$ with [evidence]$_X$ that [the company]$_S$ is increasingly attempting to crush [competitors]$_O$.

2 [Microsoft]$_O$ is accused of trying to forcefully buy into [markets]$_X$ where [its own products]$_S$ are not competitive enough to unseat [established brands]$_O$.

3 [The case]$_S$ revolves around [evidence]$_O$ of [Microsoft]$_S$ aggressively pressuring [Netscape]$_O$ into merging [browser software]$_O$.

4 [Microsoft]$_S$ claims [its tactics]$_S$ are commonplace and good economically.

5 [The government]$_S$ may file [a civil suit]$_O$ ruling that [conspiracy]$_S$ to curb [competition]$_O$ through [collusion]$_X$ is [a violation of the Sherman Act]$_O$.

6 [Microsoft]$_S$ continues to show [increased earnings]$_O$ despite [the trial]$_X$.

(a)

	Department	Trial	Microsoft	Evidence	Competitors	Markets	Products	Brands	Case	Netscape	Software	Tactics	Government	Suit	Earnings	
1	S	O	S	X	O	-	-	-	-	-	-	-	-	-	-	1
2	-	-	O	-	-	X	S	O	-	-	-	-	-	-	-	2
3	-	-	S	O	-	-	-	-	S	O	O	-	-	-	-	3
4	-	-	S	-	-	-	-	-	-	-	-	S	-	-	-	4
5	-	-	-	-	-	-	-	-	-	-	-	-	S	O	-	5
6	-	X	S	-	-	-	-	-	-	-	-	-	-	-	O	6

(b)

Figure 2. Text (a) and its Entity Grid (b) [Barzilay and Lapata, 2008]

From this grid, the number of times that each possible transition occurs in the grid is computed and, then, its probability is calculated. For example, the probability of transition [O -] (i.e., the entity happened in the object position in one sentence and did not happen in the following sentence) in the grid presented in Figure 2b is 0.09, computed as the ratio between its frequency of occurrence in the grid (7 occurrences) and the total number of transitions (75 transitions).

The probabilities of transitions form a characteristic vector for each text of a corpus. The characteristic vector becomes one training instance for a machine learning process using the SVM^{light} [Joachims 2002] package.

The generated models were used in a text-ordering task (the one that interests to us in this paper). For each original text considered "coherent", a set of randomly sentence permutated versions were produced and this set was considered as "incoherent" texts. Ranking values for coherent and incoherent texts were produced by the predictive model trained in the SVM^{light} package, using a set of pairs of texts (coherent text, incoherent text). According to Barzilay and Lapata (2008), the ranking values of coherent texts are higher than the ones for incoherent texts. Barzilay and Lapata obtained 87.2% and 90.4% of accuracy (fraction of correct pairwise rankings in the test set) using, respectively, sets of texts on earthquakes and accidents, in English.

Freitas (2013) also applied Barzilay and Lapata's entity model to evaluate coherence in newspaper texts written in Brazilian Portuguese and obtained 74.4% of accuracy with syntactic and salience information applied to the corpus.

Lin et al. (2011) created one of the first models that use discursive information to evaluate local coherence. The authors' assumption is that local coherence implicitly favors certain types of discursive relation transitions. Lin et al. used four discursive relations, based on the Discourse Lexicalized Tree Adjoining Grammar (D-LTAG) [Webber 2004], to develop the Discourse Role Matrix, which is composed of sentences (rows) and terms (columns), with discursive relations used over their arguments. Terms were the stemmed forms of the open class words. For example, see the discursive grid (b) of the text (a) in Figure 3, both reproduced from Lin et al. (2011).

(S1) Japan normally depends heavily on the Highland Valley and Cananea mines as well as the Bougainville mine in Papua New Guinea. (S2) Recently, Japan has been bying copper elsewhere.

(a)

S#	Terms			
	copper	cananea	depend	...
S1	nil	Comp.Arg1	Comp.Arg1	
S2	Comp.Arg2 Comp.Arg1	nil	nil	

(b)

Figure 3. Part of the text and its discursive grid [Lin et al., 2011]

Figure 3b shows a matrix, whose columns correspond to the extracted terms of the text in Figure 3a and the rows represent the contiguous sentences. A cell $C_{Ti,Sj}$ contains the set of the discursive roles of the term T_i that appears in sentence S_j. For example, the term "depend" in S1 takes part of the Comparison (Comp) relation as argument 1 (Arg1), so the cell $C_{depend,S1}$ contains the Comp.Arg1 role. A cell may be empty (nil, as in $C_{depend,S2}$) or contain multiple discursive roles (as in $C_{copper,S2}$, since "copper" in S_2 participates in two relations). The authors obtained 89.25% and 91.64% of accuracy using the sets of texts on earthquakes and accidents, respectively.

Guinaudeau and Strube (2013) consider some disadvantages in the Entity Grid Model, such as: data sparsity, domain dependence and computational complexity. The authors then proposed to represent entities in a graph and to model local coherence by applying centrality measures to the nodes in the graph. Their main assumption is that this (bipartite) graph contains the entity transition information needed for local coherence computation, causing feature vectors and a learning phase unnecessary. Figure 4 shows part of a graph of the entity grid illustrated in Figure 2b.

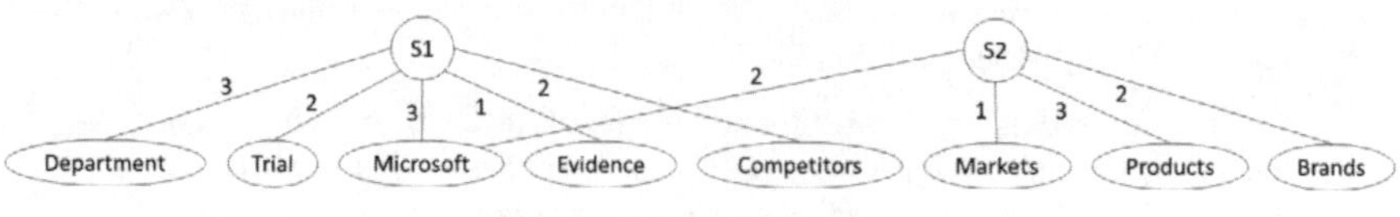

Figure 4. Bipartite Graph

According to the graph in Figure 4, an edge between a sentence node S_i and an entity node e_j is created if the corresponding cell c_{ij} in the entity grid is not equal to "-". Each edge is associated with a weight $w(e_j, S_i)$ that is dependent on the grammatical role of the entity e_j (S = 3; O = 2; X = 1) in the sentence S_i. Given the graph, the authors defined three kinds of projection: *Unweighted One-mode Projection* (*PU*), *Weighted One-mode Projection* (*PW*) and *Syntactic Projetion* (*PAcc*). In *PU*, weights are binary and equal to 1 when two sentences have at least one entity in common. In *PW*, edges are weighted according to the number of entities "shared" by two sentences. In *PAcc*, syntactic information is accounted for by integrating the edge weights in the bipartite graph. The distance between sentences S_i and S_k may also be integrated in the weight of one-mode projections in order to decrease the importance of links that exist between non-adjacent sentences. From *PU*, *PW* and *PAcc*, the local coherence of a text *T* may be measured by computing the average outdegree of a projection graph.

According to Guinaudeau and Strube (2013), coherent texts present a coherence value higher than incoherent ones. Due to this, the model obtained 84.6% and 63.5% of accuracy in the accidents and earthquakes corpora, respectively.

Feng et al. (2014) and Dias et al. (2014b) are based on Lin. et al. (2011), however both use Rhetorical Structure Theory relations with nuclearity information (Nuclei and Satellites) instead of the D-LTAG information. The authors also use entities instead of terms to create a new Discursive Role Matrix. With these modifications, the authors created the Full RST-style Model and Feng et al. created the Shallow RST-style Model. The Full RST-style Model encodes long-distance discursive relations for the entities. The Shallow RST-style Model only considers relations that hold between text spans of the same sentence, or between two adjacent sentences. Feng et al. used a corpus formed by 735 texts of the Wall Street Journal (WSJ) and 20 permutations for each source text have been used. The Full RST-style Model from Feng et al. obtained an accuracy of 99.1%, and the Shallow RST-style Model obtained 98.5% of accuracy, in the text-ordering task. Dias et al. used a corpus of 140 news texts in Portuguese with 20 permutations for each text. The Full RST-style Model from Dias et al. obtained 79.4% of accuracy with 10-fold cross validation in the sentence ordering task.

Castro Jorge et al. (2014) combined CST relations and syntactic information to evaluate the coherence of multi-document summaries. The authors created a CST relation grid represented by sentences in rows and in columns, and the cells are filled with 1 or 0 (presence/absence of relations). Their corpus was composed of 50 multi-document summaries (considered coherent) in Brazilian Portuguese and 20 permutations for each summary have been used. The SVM^{light} was also used to create the predictive model. This approach obtained the accuracy of 81.39% in the text-ordering task.

3. Local coherence models with discursive information

In order to demonstrate the impact of discursive information on the evaluation of local coherence in multi-document summaries written in Brazilian Portuguese, the Entity Grid and the Graph Models have been re-implemented and new versions with discursive information were developed.

The Entity Grid Model was re-implemented considering syntactic information. The reference information was not used since there is not a robust tool to resolve coreference for Brazilian Portuguese. Our proposal is to combine one entity grid of syntactic information from Barzilay and Lapata, as in Figure 2b, with one grid of discursive information, as in Figure 5, that considered CST information to form the discursive grid. This grid records the CST relations that happen between two adjacent sentences. The same idea was used when RST or RST/CST information were considered to create the discursive grid. Thus, the model works with two grids, one based on syntactic information and the other with discursive information (CST, RST or both).

	S_1	S_2	S_3	S_4	S_5	S_6
S_1	–	Elaboration	–	–	–	-
S_2	–	–	–	–	–	-
S_3	–	–	–	Elaboration	–	-
S_4	–	–	–	–	Follow-up	-
S_5	–	–	–	–	–	Equivalence
S_6	-	-	-	-	-	-

Figure 5. CST Grid

The probabilities of transitions are calculated by considering the discursive information between sentences. Figure 6 shows part of a feature vector related to the grids in Figures 2 and 5.

SSElaboration	S-Follow-up	S-Equivalence	O-Elaboration	SXFollow-up	SXEquivalence	....
0.013	0.026	0.013	0.08	0	0	

Figure 6. Part of a feature vector that combines syntactic information with CST relations

The transitions in Figures 2 and 5 are considered as features. The number of features are 160, which is the result of multiplying 16 (number of possible combinations of syntactic patterns of the entity-based model) *10 (total number of CST relations). The probability values in Figure 6 are the results of dividing the total of each pattern by 75, which is the total number of transitions for the entity grid in Figure 2b. For example, the pattern "*O-Elaboration*" is calculated by the frequency of the transition "*O-* " (obtained from the entity grid) together with the occurrence of the *Elaboration* relation (obtained from the discursive grid) in one of the sentences of the transition "*O-* ". Thus, for this pattern, the probability value 0.08 was obtained by dividing the number of times that this pattern appeared in the text by 75.

In the Graph Model with discourse, a discursive incidence grid (see Figure 7a) was created, where the rows represent the sentences (S_i) and the columns the entities (E_j) of the summary. The cells $C_{Si,Ej}$ in this grid are filled with the occurrence of discursive information (RST and/or CST), i.e., $C_{Si,Ej}$ = 1 when an entity is part of a sentence that participates in a discursive relation. For instance, entity 1 (E_1) occurs in sentences S_2 and S_4, both related to another sentence by RST and/or CST relations.

The Bipartite Graph is generated from the discursive incidence grid (see Figure 7a). Figure 7b shows this graph, whose edges are associated with a weight $w(E_i, S_j) = 1$ when there is a discursive relation in the sentence (S_j) that entity (E_i) belongs to. Figure 7c e 8d show the *PU* and *PW* projection graphs, respectively, which were generated from the bipartite graph (Figure 7b). Therefore, local coherence was calculated in the same way that the original model.

	E_1	E_2	E_3	E_4
S_1	-	1	-	-
S_2	1	-	1	-
S_3	-	1	-	1
S_4	1	-	1	-

(a)

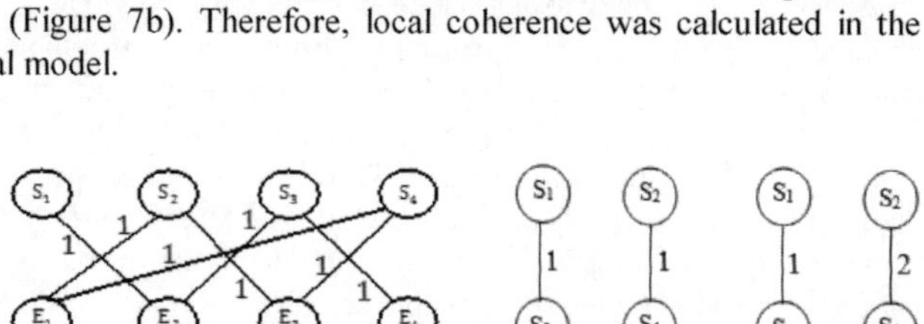

(b) (c) (d)

Figure 7. (a) Discursive Incidence Grid, (b) Bipartite Graph, (c) PU Graph, and (d) PW Graph

4. Experiments and Results

In order to show that the use of discursive relations may improve the evaluation of local coherence in multi-document summaries, the text-ordering task from Barzilay and Lapata (2008) and the following models, which use (+) or not (-) syntactic and salience information, have been used: (Syntactic+Salience+), (Syntactic-Salience-), (Syntactic-Salience+) and (Syntactic+Salience-) from Barzilay and Lapata, the models from Guinaudeau and Strube (2013) – the PU Project Graph Model without distance information (PU-DI), the PW Project Graph Model without distance information (PW-DI), the PU Project Graph Model with distance information (PU+DI) and the PW Project Graph Model with distance information (PW+DI) – considering the discursive versions developed in this work. Syntactic Projetion (PAcc) was not used in the experiments because of the low accuracy in its original version.

The experiments were conducted over the CSTNews corpus, which is a set of CST and RST manually annotated texts in Brazilian Portuguese [Cardoso et al. 2011]. The corpus in its original version is composed of 140 texts distributed in 50 sets of news texts from various domains. Each cluster contains 2 or 3 texts, with CST and RST annotations, and their correspondent multi-document summary, which is an extract. Due to the need of more multi-document summaries for the corpus, Dias et al. (2014a) used a methodology to create human multi-document summaries for the corpus. Today, the corpus has 5 more extractive and 5 more abstractive summaries for each cluster.

For the experiments, 251 extractive multi-document summaries (considered coherent) were used and, for each of these, 20 permutations (considered incoherent) have been generated, totalizing 5020 pairs of summaries. They compose the instances for the learning process with SVM^{light}. 10-fold cross-validation was used to train and test the models. Table 1 shows the accuracy achieved by the original models and by the modified ones (with discursive information).

Table 1. Results of the evaluation, where diacritics * (p < .01) indicate whether there is a significant statistical difference in accuracy compared to the best result (in bold) of each approach (using T-test)

Entity grids	Acc (%)	Graphs	Acc (%)
Syntactic+Salience+	64.78*	*PU-DI*	57.69*
Syntactic-Salience-	68.40*	*PW-DI*	54.98*
Syntactic-Salience+	61.90*	*PU+DI*	52.71*
Syntactic+Salience-	60.21*	*PW+DI*	51.21*
Syntactic-Salience- with RST	84.47*	*PU-DI with RST and CST*	**80.22**
Syntactic-Salience- with CST	91.13	*PW-DI with RST and CST*	79.66*
Syntactic-Salience- with RST and CST	76.80*	*PU+DI with RST and CST*	78.50*
Syntactic+Salience- with RST	81.85*	*PW+DI with RST and CST*	78.43*
Syntactic+Salience- with CST [Castro Jorge et al. 2014]	**91.31**	-	-
Syntactic+Salience- wiht RST and CST	75.14*	-	-

The t-test has been used for pointing out whether differences in accuracy are statistically significant, by comparing the best discursive model of each approach (bold values in Table 1) with other models of the same approach (Table 1).

In particular, the results showed that the use of discursive information of CST and RST relations significantly increased the accuracy. In all the enriched variations with

RST and/or CST relations in the *Syntactic+Salience-* and *Syntactic-Salience-* models, the accuracy was better than the ones obtained by the original models from Barzilay and Lapata. This probably happened due to the addition of discursive information, which defined better the patterns of coherent and incoherent summaries, and thus improved the evaluation of the methods. The *Syntactic+Salience- with CST* model from Castro et al. presented the best accuracy among all the evaluated models. In this case, the CST relations improved the accuracy of the original model in 51.65%, which is considered the best gain for this approach.

The reference summaries (considered coherent) presented transition patterns found by the models incremented with discursive information. In our experiments, the highest occurrence pattern was "--*Elaboration*": it happened 176 times in 976 valid transition patterns on the reference summaries. After this one, the transition patterns "--*Follow-up*" and "--*Overlap*" had 139 and 114 occurrences, respectively.

All the Graph Models from Guinaudeau and Strube (2013) enriched with RST and CST relations obtained better accuracy than the original Graph Models. Within the Graph Models with discursive information, the *PU-DI with RST and CST* model presented the best accuracy and it obtained 39.05% of gain. However, for this approach, the "*PW+DI with RST and CST*" model obtained the best gain in accuracy – 53.15%.

Models with CST information obtained better results, which may be justified by the availability of more CST relations than RST relations in multi-document summaries.

5. Final Remarks

According to the results obtained in the text-ordering task, the discursive information substantially improved the evaluation of local coherence in multi-document summaries in the two approaches of the literature. Although the discursive information is considered "expensive", due to its subjectivity, it is a powerful knowledge and should be further computationally explored (with robust discursive parsers for Brazilian Portuguese). Thus, this approach proved to be promising and it may be used for other languages, such as English, as long as there is a corpus with CST and RST annotations and a syntactic parser.

As future work, the same methodology used in this work will be used on new methods to improve the local coherence evaluation of multi-document summaries.

Acknowledgements

The authors are grateful to FAPESP and the University of Goiás for supporting this work.

References

Barzilay, R. and Lapata, M. (2005). Modeling local coherence: An Entity-based Approach. In the Proceedings of the 43rd Annual Meeting on Association for Computational Linguistics, p. 141-148, Stroudsburg, PA, USA.

Barzilay, R. and Lapata, M. (2008). Modeling local coherence: An entity-based approach. Computational Linguistics, v. 34, n. 1, p. 1-34, Cambridge, MA, USA.

Burstein, J., Tetreault, J. and Andreyev, S. (2010). Using entity-based features to model coherence in student essays. Human Language Technologies: The 2010 Annual Conference of the North American Chapter of the Association for Computational Linguistics, HLT '10, p. 681–684, Stroudsburg, PA, USA.

Cardoso, P., Maziero, E., Jorge, M., Seno, E., di Felippo, A., Rino, L., Nunes, M. and Pardo, T. (2011). Cstnews - a discourse-annotated corpus for single and multi-document summarization of news texts in brazilian portuguese. In Proceedings of the 3rd RST Brazilian Meeting. p. 88-105.

Castro Jorge, M.L.R., Dias, M.S. and Pardo, T.A.S. (2014). Building a Language Model for Local Coherence in Multi-document Summaries using a Discourse-enriched Entity-based Model. In the Proceedings of the Brazilian Conference on Intelligent Systems - BRACIS, p. 44-49. São Carlos-SP/Brazil.

Dias, M.S.; Bokan Garay, A.Y.; Chuman, C.; Barros, C.D.; Maziero, E.G.; Nobrega, F.A.A.; Souza, J.W.C.; Sobrevilla Cabezudo, M.A.; Delege, M.; Castro Jorge, M.L.R.; Silva, N.L.; Cardoso, P.C.F.; Balage Filho, P.P.; Lopez Condori, R.E.; Marcasso, V.; Di Felippo, A.; Nunes, M.G.V.; Pardo, T.A.S. (2014a). Enriquecendo o Corpus CSTNews - a Criacao de Novos Sumarios Multidocumento. In the (on-line) Proceedings of the I Workshop on Tools and Resources for Automatically Processing Portuguese and Spanish - ToRPorEsp, p. 1-8. São Carlos-SP/Brazil.

Dias, M.S.; Feltrim, V.D.; Pardo, T.A.S. (2014b). Using Rhetorical Structure Theory and Entity Grids to Automatically Evaluate Local Coherence in Texts. In the Proceedings of the 11st International Conference on Computational Processing of Portuguese - PROPOR (LNAI 8775), p. 232-243. October 6-9. São Carlos-SP/Brazil.

Dijk, T.V. and Kintsch, W. (1983) Strategics in discourse comprehension. Academic Press. New York.

Eisner, M. and Charniak, E. (2011). Extending the entity grid with entity-specific features. In the Proceedings of the 49th Annual Meeting of the Association for Computational Linguistics: Human Language Technologies: short papers - Volume 2, HLT '11, p. 125–129, Stroudsburg, PA, USA.

Elsner, M., Austerweil, J. and Charniak, E. (2007). A unified local and global model for discourse coherence. Human Language Technologies 2007: The Conference of the North American Chapter of the Association for Computational Linguistics. Rochester, New York, USA.

Feng, V. W., Lin, Z. and Hirst G. (2014). The Impact of Deep Hierarchical Discourse Structures in the Evaluation of Text Coherence. In the Proceedings of the 25th International Conference on Computational Linguistics (COLING-2014), p. 940-949, Dublin, Ireland.

Filippova, K. and Strube, M. (2007). Extending the entity-grid coherence model to semantically related entities. In the Proceedings of the Eleventh European Workshop on Natural Language Generation, ENLG '07, p. 139–142, Stroudsburg, PA, USA.

Foltz, P. W., Foltz, P. W., Kintsch, W. and Landauer, T. K. (1998). The measurement of textual coherence with latent semantic analysis. Discourse Processes, v. 25, n. 2 & 3, p. 285-307.

Freitas, A. R. P. (2013). Análise automática de coerência usando o modelo grade de entidades para o português. Dissertação (Mestrado), Universidade Estadual de Maringá – Centro de Tecnologia, Departamento de Informática, Programa de Pós-Graduação em Ciência da Computação.

Grosz, B., Aravind, K. J. and Scott, W. (1995). Centering: A framework for modeling the local coherence of discourse. Computational Linguistics, vol. 21, p. 203-225. MIT Press Cambridge, MA, USA.

Guinaudeau, C. and Strube, M. (2013). Graph-based Local Coherence Modeling. In the Proceedings of the 51st Annual Meeting of the Association for Computational Linguistics. v. 1. p. 93-103, Sofia, Bulgaria.

Joachims T. (2002). Optimizing search engines using clickthrough data. In the Proceedings of the eighth ACM SIGKDD international conference on Knowledge discovery and data mining, p. 133–142. New York, NY, USA.

Koch, I. G. V. and Travaglia, L. C. (2002). A coerência textual. 14rd edn. Editora Contexto.

Lin, Z., Ng, H. T. and Kan, M.-Y. (2011). Automatically evaluating text coherence using discourse relations. In the Proceedings of the 49th Annual Meeting of the Association for Computational Linguistics: Human Language Technologies – v. 1, p. 997–1006, Stroudsburg, PA, USA.

Mann, W. C. and Thompson, S. A. (1987). Rhetorical Structure Theory: A theory of text organization. Technical Report, ISI/RS-87-190.

Mckoon, G. and Ratcliff, R. (1992). Inference during reading. Psychological Review, p. 440-446.

Radev, D.R. (2000). A common theory of information fusion from multiple text sources, step one: Cross-document structure. In the Proceedings of the 1st ACL SIGDIAL Workshop on Discourse and Dialogue, Hong Kong.

Webber, B. (2004). D-ltag: extending lexicalized tag to discourse. Cognitive Science, vol. 28, n. 5, p. 751-779.

Proceedings of Symposium in Information and Human Language Technology. Natal, RN, Brazil, November 4–7, 2015. ©2015 Sociedade Brasileira de Computação.

VerbLexPor: um recurso léxico com anotação de papéis semânticos para o português

Leonardo Zilio[1], Maria José B. Finatto[2], Aline Villavicencio[1]

[1]Instituto de Informática – Universidade Federal do Rio Grande do Sul (UFRGS)

[2]Instituto de Letras – Universidade Federal do Rio Grande do Sul (UFRGS)

{ziliotradutor,mariafinatto}@gmail.com, avillavicencio@inf.ufrgs.br

Abstract. *Semantic role labeling offers vital information for both Linguistics and Natural Language Processing tasks. In this article, we present a lexical resource for Portuguese annotated with semantic roles: VerbLexPor. The resource is a database with verbs and sentences extracted from both a domain specific corpus and a non-specialized generic one. Annotation was manually carried out by a linguist using VerbNet-like semantic roles. The resource has more than 6 thousand annotated sentences and 15 thousand annotated arguments, and is available for download as XML or SQL files. The paper also describes a comparative analysis between the two corpora, showing that the distribution of semantic roles in a general domain is different from that in specific domain.*

Resumo. *A anotação de papéis semânticos oferece informações importantes tanto para tarefas da Linguística quanto do Processamento da Linguagem Natural. Neste artigo, apresentamos um recurso léxico com anotação de papéis semânticos para o português: o VerbLexPor. O recurso é um banco de dados organizado a partir de verbos e sentenças extraídos de dois corpora: um especializado e outro não especializado. A anotação foi feita manualmente por um linguista com papéis semânticos descritivos. O recurso conta com mais de 6 mil instâncias e 15 mil argumentos anotados e se encontra disponível para download nos formatos XML e SQL. Este artigo também descreve uma análise comparativa entre os dois corpora, mostrando que a distribuição de papéis semânticos na linguagem não especializada é diferente da linguagem especializada.*

1. Introdução

Muitos dos avanços recentes na Linguistica Computacional (LC), Processamento de Linguagem Natural (PLN) e áreas afins se devem à disponibilização de recursos lexicais e ontológicos para a comunidade, tais como o WordNet [Fellbaum 1998] e a FrameNet [Baker et al. 1998]. Em particular, recursos léxicos com informações de papéis semânticos de verbos representam uma contribuição interdisciplinar para essas áreas. Na Linguística, esse tipo de recurso subsidia a descrição da língua em foco, tendo em vista que representa um catálogo estruturado de seus verbos com as respectivas informações sintáticas e semânticas. No PLN, esse tipo de recurso pode ser empregado para a análise semântica de sentenças, o reconhecimento automático de significado e outras tarefas associadas. Temos, por exemplo, trabalhos que usam informação semântica para resolução de anáforas [Kong and Zhou 2012], sumarização automática [Yoshikawa et al. 2012], tradução automática [Feng et al. 2012, Jones et al. 2012] etc. Para o português do Brasil, há três recursos relativamente similares que contemplam verbos e argumentos: o PropBank.Br [Duran et al. 2011, Duran and Aluísio 2012], a VerbNet.Br [Scarton 2013] e a FrameNet Brasil [Salomão 2009].

Neste artigo, apresentamos um recurso léxico diferenciado com informações de papéis semânticos, o VerbLexPor, que foi extraído de dois *corpora*: um de domínio específico com linguagem especializada (artigos de Cardiologia) e outro genérico com linguagem não especializada (textos do jornal Diário Gaúcho). O recurso foi anotado por um linguista com papéis semânticos descritivos no estilo VerbNet [Schuler 2005]. Uma análise comparativa entre os papéis semânticos utilizados em cada um indica um uso diferenciado de papéis como AGENTE, INSTRUMENTO, CAUSA etc.

Na Seção 2, apresentamos trabalhos desenvolvidos para o português que apresentam anotação de papéis semânticos. A Seção 3 apresenta os materiais e o método utilizados. A Seção 4 apresenta os resultados, descrevendo o recurso. A conclusão e discussão de trabalhos futuros são apresentados na Seção 5.

2. Trabalhos relacionados

Nesta seção, apresentamos alguns recursos com anotação de papéis semânticos. Descrevemos recursos baseados na FrameNet [Baker et al. 1998], o PropBank.Br [Duran et al. 2011, Duran and Aluísio 2012] e a VerbNet.Br [Scarton 2013], que são os recursos que mais se assemelham ao VerbLexPor. Ao final, discutimos brevemente as semelhanças e diferenças entre eles.

2.1. Anotações no estilo FrameNet

A FrameNet [Baker et al. 1998] adota papéis semânticos bem específicos e os anota em relação ao domínio e ao contexto. Por exemplo, os papéis semânticos do frame DECISÃO (Copa do Mundo) podem ser VENCEDOR, PERDEDOR, TORNEIO e FINAL. Essa abordagem se baseia em cenários comunicativos, de modo que os papéis semânticos podem ser usados por mais de um verbo, desde que esses verbos compartilhem o mesmo cenário. Assim, os verbos *vencer* e *ganhar* podem compartilhar, por exemplo, os papéis semânticos VENCEDOR e PERDEDOR, se estiverem no mesmo cenário comunicativo.

No Brasil, a FrameNet Brasil [Salomão 2009] utiliza essa mesma abordagem. Existem também anotações de *frames* de alguns domínios específicos, como, por exemplo, o Kicktionary_Br [Chishman et al. 2013], que trabalha com textos sobre o futebol, e a anotação de textos jurídicos [Bertoldi and Chishman 2012].

2.2. PropBank.Br

O projeto PropBank.Br [Duran et al. 2011, Duran and Aluísio 2012] utiliza papéis semânticos numerados e contém 5.537 instâncias anotadas com ARG0 a ARG5, além de ter papéis específicos para adjuntos, como, por exemplo, ARG-TMP (para adjuntos adverbiais de tempo). No total, foram anotadas 3.164 sentenças (algumas sentenças foram replicadas, de acordo com a quantidade de verbos principais presentes) e 992 verbos diferentes[1].

[1] Dados verificados diretamente na versão 1.0 em formato CONLL, disponível em: `http://143.107.183.175:21380/portlex/index.php/en/downloadsingl`.

2.3. VerbNet.Br

A VerbNet.Br [Scarton 2013] se propôs a transpor as anotações do inglês para o português aproveitando-se das conexões que existem entre a VerbNet [Schuler 2005], a WordNet [Fellbaum 1998] e a WordNet.Br [Dias-da Silva 2005, Dias-da Silva et al. 2008]. Desse modo, para as classes sinônimas entre a WordNet e a WordNet.Br, os papéis foram importados diretamente do inglês para os verbos em português.

A VerbNet.Br conta com um acervo de 5.368 verbos (considerando-se diferentes os casos de verbo pronominal; por exemplo, *apresentar* e *apresentar-se* são considerados como dois verbos)[2]. Os dados disponibilizados dão conta desses verbos associados aos papéis semânticos importados da VerbNet.

2.4. A inter-relação dos recursos

As diferenças entre as anotações no estilo VerbNet, PropBank e FrameNet estão na granularidade dos papéis. Os papéis da FrameNet são altamente específicos, pois se aplicam apenas a um determinado cenário comunicativo. Os papéis da VerbNet são menos específicos, tentando apresentar uma descrição de semântica que pode ser aplicada a qualquer contexto. Já o PropBank apresenta a solução mais abstrata de todas, com seis papéis numerados (ARG0 a ARG5) que se aplicam a qualquer contexto, configurando-se como protopapéis.

No que diz respeito à estrutura, a FrameNet apresenta *corpora* anotados, ou seja, a anotação ocorre no texto corrido; o PropBank extrai sentenças de *corpora* e as anota; e a VerbNet apresenta uma estrutura mais dicionarística, em que o verbo (ou classe de verbos) é apresentado juntamente com suas anotações semânticas e sentenças-exemplo. Nesse sentido, a VerbNet.Br se afastou um pouco de sua original, pois as sentenças-exemplo foram extraídas diretamente de *corpus*.

3. Materiais e Método

Nesta seção, apresentamos os *corpora* utilizados, a ferramenta de anotação, a lista de papéis semânticos e, por fim, a metodologia.

3.1. Corpora

Como queríamos comparar textos especializados e não especializados, foram utilizados dois *corpora*. Para representar os textos especializados, selecionamos um *corpus* composto por artigos científicos da área da Cardiologia compilado por Zilio [Zilio 2009, Zilio 2012]. Para representar os textos não especializados, selecionamos o *corpus* de textos do jornal popular Diário Gaúcho, compilado pelo projeto PorPopular[3]. Na Tabela 1, podemos ver a constituição dos *corpora* em relação ao número de palavras.

O *corpus* do Diário Gaúcho é composto por textos jornalísticos completos retirados da versão impressa do jornal ao longo do ano de 2008. Nele se encontram diversos subgêneros do texto jornalístico, e um dos elementos de destaque desse *corpus* é a sua orientação para indivíduos de menor poder aquisitivo e com pouco hábito de leitura, conforme explicam [Finatto et al. 2011]. Esse gênero de jornalismo popular tende ao uso de

[2]Dados verificados diretamente na versão 1.0 em formato SQL, disponível em: `http://143.107.183.175:21380/portlex/images/arquivos/verbnetbr/verbnetbr.zip`.

[3]`http://www.ufrgs.br/textecc/porlexbras/porpopular/index.php`.

Table 1. Tamanho dos corpora

Corpus	Nº de palavras
Cardiologia	1.605.250
Diário Gaúcho	1.049.487

uma linguagem mais cotidiana, sem procurar ser rebuscado, erudito ou especializado demais, pois seu objetivo é passar informações claras a um público que pode não ter hábito de leitura para acompanhar um texto mais técnico ou científico.

O *corpus* de Cardiologia é composto por 493 artigos científicos retirados de três periódicos brasileiros da área: os Arquivos da Sociedade Brasileira de Cardiologia (2005-2007), a Revista da Sociedade de Cardiologia do Estado de São Paulo (2005-2007) e a Revista da Sociedade de Cardiologia do Estado do Rio de Janeiro (2005-2007).

Ambos os corpora foram analisados automaticamente pelo parser PALAVRAS [Bick 2000] com árvores de dependências sintáticas. Nessa anotação de dependências, o *corpus* apresenta uma associação entre os elementos sintáticos das sentenças.

3.2. Extrator de Estruturas de Subcategorização

Neste estudo, usamos um extrator de estruturas de subcategorização [Zanette 2010, Zilio et al. 2014] para preparar os dados para a anotação. As estruturas de subcategorização podem ser compreendidas como uma forma simplificada da estrutura sintática. Essas estruturas são utilizadas pelo extrator de estruturas de subcategorização para organizar conjuntos de sentenças numa mesma categoria, de acordo com sua esrtutura sintática. O sistema é dividido em quatro módulos: Leitor, Extrator, Construtor e Filtro.

O módulo **Leitor** lê e reconhece cada uma das sentenças do corpus, e a entrega para o módulo extrator, ele permite que a entrada seja de vários formatos (TXT, XML etc.).

Para cada verbo conjugado reconhecido em cada uma das sentenças, o módulo **Extrator** gera tantas cópias da sentença quantos forem os verbos conjugados e extrai as dependências de cada um, tentando classificá-las em termos de estrutura de subcategorização, de acordo com o tipo de argumento[4], que pode ser, por exemplo:

- NP – sintagma nominal;
- PP[prep..] – sintagma preposicionado (a preposição que introduz o sintagma é apresentada entre colchetes);
- V – verbo.

Na Tabela 2, apresentamos todas as regras de extração que foram utilizadas pelo sistema.

Este módulo também reconhece se o verbo conjugado é auxiliar ou modal de acordo com a anotação do *parser* e busca automaticamente o verbo principal da oração,

[4]Essas sentenças duplicadas, classificadas por verbos e estrutura de subcategorização formam nossas instâncias de anotação, de modo que temos, em cada instância, um verbo principal e suas dependências.

Table 2. Regras utilizadas pelo extrator de estruturas de subcategorização para o desenvolvimento do recurso, apresentadas em ordem de execução

Se (etiqueta)	Então (estrutura de subcategorização)	Classificação Sintática	Índice de Relevância
SUBJ, ou ICL-SUBJ, ou FS-SUBJ	SUBJ	SUJEITO	1
DAT	DAT	OBJETO INDIRETO PRONOMINAL	3
ACC-PASS, ou refl	REFL	OBJETO REFLEXIVO	3
ACC	NP	OBJETO DIRETO	4
ICL-ACC, ou FS-ACC	OCL	OBJETO DIRETO ORACIONAL	4
SC e PRP, ou ICL-SC e PRP, ou FS-SC e PRP, ou OC e PRP, ou ICL-OC e PRP, ou FS-OC e PRP, ou PRED e PRP, ou ICL-PRED e PRP	PR[prep.]	PREDICATIVO[prep.]	5
SC, ou ICL-SC, ou FS-SC, ou OC, ou ICL-OC, ou FS-OC, ou PRED, ou ICL-PRED	PR	PREDICATIVO	5
PIV ou SA	PP[prep.]	OBJETO INDIRETO[prep.]	5
PASS	PP[prep.]	AGENTE DA PASSIVA[prep.]	5
ADVL, mas não ADV[58]	PP[prep.]	ADJUNTO ADVERBIAL[prep.]	6

o qual é passado para o próximo módulo. Além disso, o sujeito é considerado um argumento obrigatório pelo Extrator: na ausência de um sujeito explícito, o módulo assume um sujeito oculto. Isso garante que não haja estruturas de subcategorização diferentes para um mesmo verbo devido à explicitação de sujeito.

O módulo Extrator também reconhece a classificação sintática de cada sintagma, com base nas informações do parser, e a utiliza para atribuir um valor de relevância para cada sintagma (por exemplo: 1 para sujeito, 3 para objeto direto etc.). Por fim, com base nas informações sobre os verbos presentes na sentença, o módulo Extrator identifica se a oração está na voz ativa ou passiva, distinguindo, assim, estruturas de subcategorização que seriam iguais, exceto pelo tipo de voz.

O módulo **Construtor** recebe as informações do Extrator, monta a estrutura de subcategorização com base nos valores de relevância e organiza as informações em um banco de dados. O banco de dados apresenta informações de frequência dos verbos principais, das estruturas de subcategorização, das sentenças e dos argumentos (incluindo sua classificação sintática).

O módulo **Filtro** permite que os dados sejam filtrados pela frequência. O critério que utilizamos foi a exclusão de verbos com frequência igual a 1.

3.3. Lista de Papéis Semânticos

Nossa lista de papéis semânticos é resultado de uma série de experimentos prévios de anotação, nos quais testávamos uma lista e analisávamos a anotação gerada com vistas a aprimorar a lista. No VerbLexPor, usamos principalmente os papéis semânticos da VerbNet 3.2, mas acrescentamos papéis semânticos específicos para adjuntos, os quais foram retirados do PropBank. Além disso, criamos alguns poucos papéis semânticos que achamos úteis para determinados tipos de argumento específicos do português (por exemplo, a partícula/pronome *se*, que possui diversas funções) ou para argumentos que não haviam sido considerados na VerbNet (por exemplo, casos de verbo suporte, em que o papel de predicador e atribuidor de papel semântico está com o objeto direto ou indireto do verbo principal).

A lista completa é composta por 46 papéis semânticos. Alguns deles são papéis auxiliares, como, por exemplo, o papel *verbo*, que é usado para marcar casos de verbo-suporte, em que o objeto direto (ou indireto) é o real atribuidor de papéis, e casos em que a partícula *se* faz parte do verbo e não é um argumento reflexivo.

Por questões de espaço, não apresentaremos aqui cada um dos papéis utilizados, porém, uma explicação detalhada e com exemplos de cada um deles pode ser encontrada na Seção 8.2 e no Anexo D em Zilio [Zilio 2015]. Na Tabela 4, mais adiante, mostramos uma lista dos papéis semânticos mais utilizados com a respectiva frequência nos dois *corpora*.

3.4. Método

Com os materiais apresentados nas seções anteriores, o processo de desenvolvimento do recurso seguiu os seguintes passos:

- Organização e anotação dos *corpora* com o *parser* PALAVRAS;
- Processamento dos *corpora* com o extrator de estruturas de subcategorização para montagem do banco de dados;
- Seleção de verbos e orações para a anotação; e
- Anotação dos argumentos das orações selecionadas.

No que diz respeito à seleção de dados para a anotação, fizemos algumas escolhas em relação às quantidades a serem anotadas. Optamos por uma anotação amostral, anotando os verbos do Diário Gaúcho, seguindo a ordem de frequência e anotando os mesmos verbos, sempre que possível, também no *corpus* de Cardiologia. Assim, a anotação foi feita nos dois *corpora*, conforme os seguintes critérios:

- Estes verbos foram excluídos da anotação: ser, estar, ter e haver;
- Para todos os verbos selecionados, foram anotadas exatamente dez sentenças de cada uma das estruturas de subcategorização do verbo.

A exclusão a priori de quatro verbos (ser, estar, ter e haver) se deu por eles serem extremamente polissêmicos e/ou frequentes nos dois *corpora*. A anotação desses verbos com o método adotado dificilmente refletiria as suas várias facetas, além de consumir muito tempo devido à quantidade de estruturas de subcategorização existentes para cada um deles.

Com essa metodologia, garantimos que todas as estruturas de subcategorização tivessem dez exemplos anotados. Assim, se uma estrutura tivesse 16 exemplos, mas apenas nove estivessem corretos (por exemplo, as demais apresentavam erros de *parser*), ela era descartada como um todo.

A anotação de papéis semânticos propriamente dita foi realizada através de uma interface de anotação em PHP que apresentava os dados do banco de uma maneira estruturada de acordo com os seguintes níveis:

- Verbos

- Estruturas de subcategorização
- Sentenças

Os dois primeiros níveis (verbos e estruturas de subcategorização) são organizacionais, e estavam estruturados de acordo com uma ordem crescente de frequência. Assim, a partir da lista em ordem de frequência dos verbos, era possível selecionar um verbo e, no segundo nível, ver todas as estruturas de subcategorização do verbo em questão. Ao selecionar uma estrutura de subcategorização nesse segundo nível, tínhamos então acesso às sentenças, organizadas por ordem de ocorrência no *corpus*, cada uma com seus respectivos argumentos devidamente destacados, como podemos ver na Figura 1.

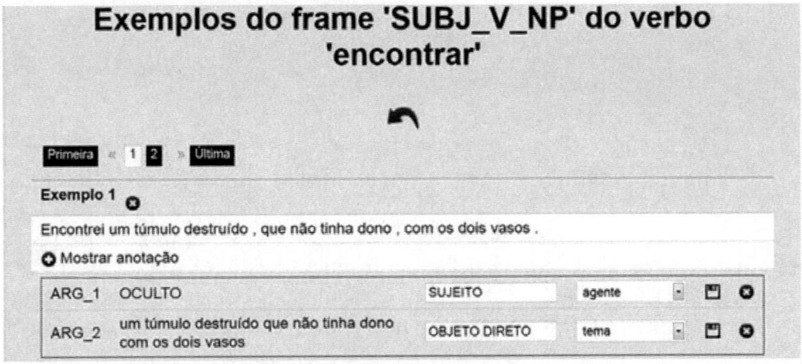

Figure 1. Interface de anotação dos dados

4. Resultados

Nesta seção, apresentamos dados quantitativos do VerbLexPor, mostrando o que o recurso disponibiliza para os usuários. Na Tabela 3, podemos ver os dados básicos do recurso, com o número de instâncias e de argumentos anotados.

Table 3. Dados básicos do VerbLexPor

	DG	Cardiologia
Verbos	191	77
Orações	5.301	1.931
Argumentos	11.089	4.192

Além das mais de seis mil sentenças que têm anotação de papéis semânticos, existem milhares de outras sentenças nos *corpora* que estão anotadas com as funções sintáticas dos diferentes argumentos, de acordo com a classificação do extrator de estruturas de subcategorização. Desse modo, ainda que o recurso não esteja completamente anotado com papéis semânticos, as demais sentenças presentes no banco de dados do recurso apresentam informações sintáticas que foram extraídas com base na anotação do parser PALAVRAS.

Na Tabela 4, podemos observar que, exceto pelo papel semântico TEMA, que é o mais frequente em ambos os *corpora*, os papéis são empregados de maneira bastante

Table 4. Papéis semânticos mais frequentes nos dois *corpora*

#	Papel Semântico	Freq. DG	DG %	Freq. Cardio	Cardio %	Freq. Total	Total %
1	TEMA	3.015	27,19%	1.416	33,78%	4.431	29,00%
2	AGENTE	2.540	22,91%	254	6,06%	2.794	18,28%
3	LUGAR	540	4,87%	143	3,41%	683	4,47%
4	RESULTADO	363	3,27%	289	6,89%	652	4,27%
5	PACIENTE	497	4,48%	145	3,46%	642	4,20%
6	EXPERIENCIADOR	591	5,33%	47	1,12%	638	4,18%
7	PIVÔ	345	3,11%	282	6,73%	627	4,10%
8	VERBO	407	3,67%	184	4,39%	591	3,87%
9	TÓPICO	453	4,09%	68	1,62%	521	3,41%
10	CAUSA	191	1,72%	222	5,30%	413	2,70%
11	MOMENTO	306	2,76%	87	2,08%	393	2,57%
12	FINALIDADE	257	2,32%	130	3,10%	387	2,53%
13	INSTRUMENTO	152	1,37%	208	4,96%	360	2,36%
14	SITUAÇÃO	176	1,59%	162	3,86%	338	2,21%
15	ATRIBUTO	194	1,75%	136	3,24%	330	2,16%

distinta nos dois *corpora*. No Diário Gaúcho, temos uma predominância de AGENTES, enquanto no *corpus* de Cardiologia, os papéis que assumem posições mais frequentes são RESULTADO, PIVÔ, CAUSA E INSTRUMENTO, que têm frequências similares ao papel AGENTE.

Um destaque cabe ao papel INSTRUMENTO, que, em muitos casos, entra na posição do AGENTE no *corpus* de Cardiologia. Podemos ver um exemplo disso nas seguintes sentenças (os INSTRUMENTOS estão em negrito):

- Outro aspecto controverso refere-se ao fato de que **a administração de digitais nas primeiras horas após infarto agudo do miocárdio** poderia aumentar a prevalência de arritmias.
- **Os estudos experimentais** confirmam essa suspeita.
- **A chamada histerese AV** procura permitir que a ativação ventricular se faça espontaneamente pelo sistema de condução cardíaco, por meio de prolongamento automático do intervalo AV do marcapasso.

Também observamos que o *corpus* de Cardiologia apresentou baixa ocorrência do papel semântico EXPERIENCIADOR, que é um dos mais frequentes no Diário Gaúcho.

Em seguida, analisamos informações sintáticas e semânticas de sentença, como as que apresentamos a seguir, nos dois *corpora*:

- SUJEITO<agente> + OBJETO DIRETO<tema>
- SUJEITO<experienciador> + OBJETO DIRETO<tema>
- SUJEITO<tema> + OBJETO REFLEXIVO<verbo> + PREDICATIVO<atributo>

Com essas informações sintáticas e semânticas, realizamos um teste de correlação usando o coeficiente de correlação tau-b de Kendall para observar se a anotação nos dois *corpora* era semelhante. Nesse teste, desconsideramos os papéis de adjuntos[5] e utilizamos

[5]Optamos por retirar da correlação os papéis de adjuntos, pois eles não são atribuídos pelos verbos,

apenas os verbos que foram anotados nos dois *corpora*. O resultado foi τ_b = -0,09 (p = 0,013), o que indica que não há correlação entre as anotações nos dois *corpora*. Isso aponta para um uso diferente dos papéis semânticos em gêneros textuais distintos.

5. Considerações finais

O recurso léxico desenvolvido apresenta uma riqueza de informações semânticas para ser analisada. Em relação aos demais recursos similares existentes para o português, nosso recurso se diferencia por ser um híbrido da VerbNet e do PropBank. As sentenças estão anotadas com papéis semânticos similares aos da VerbNet, porém, a anotação é feita em cima de sentenças extraídas de *corpora*. O recurso com mais de 6 mil instâncias e 15 mil argumentos anotados se encontra disponível para download nos formatos XML e SQL[6].

As anotações em textos especializados e não especializados foram diferentes, com baixa correlação entre as sentenças anotadas e com algumas diferenças entre papéis semânticos específicos, como, por exemplo, os papéis AGENTE e INSTRUMENTO.

6. Agradecimentos

Parte dos resultados apresentados neste trabalho foram obtidos no projeto *Simplificação Textual de Expressões Complexas*, patrocinado pela Samsung Eletrônica da Amazônia Ltda. através da lei número 8.248/91. Também agradecemos ao CNPq (processos 142356/2011-5 e 312184/2012-3) e à CAPES (processo 12537/12-8).

References

Baker, C. F., Fillmore, C. J., and Lowe, J. B. (1998). The berkeley framenet project. In *Proceedings of the 17th international conference on Computational linguistics-Volume 1*, pages 86–90. Association for Computational Linguistics.

Bertoldi, A. and Chishman, R. L. (2012). Desafios para a anotação semântica de textos jurídicos: limites no uso da framenet e rotas alternativas. In *Anais do X Encontro de Linguística de Corpus*, pages 103–121.

Bick, E. (2000). *The parsing system" Palavras": Automatic grammatical analysis of Portuguese in a constraint grammar framework*. Aarhus Universitetsforlag.

Chishman, R., Souza, D., and Padilha, J. (2013). Kicktionary_br: Um relato sobre a anotação semântica de um corpus voltado ao domínio do futebol.[kicktionary_br: A report on the semantic annotation of a corpus covering the domain of soccer].

Dias-da Silva, B. C. (2005). A construção da base da wordnet. br: conquistas e desafios. In *Proceedings of the Third Workshop in Information and Human Language Technology (TIL 2005), in conjunction with XXV Congresso da Sociedade Brasileira de Computação*, pages 2238–2247.

Dias-da Silva, B. C., Di Felippo, A., and Nunes, M. d. G. V. (2008). The automatic mapping of princeton wordnet lexical-conceptual relations onto the brazilian portuguese wordnet database. In *LREC*, volume 6, pages 335–342.

então podem aparecer, teoricamente, com qualquer verbo em qualquer sentença, o que desiquilibraria os resultados da correlação na comparação entre os verbos.

[6]O download pode ser feito no site: `http://cameleon.imag.fr/xwiki/bin/view/Main/Semantic\%20role\%20labels\%20corpus\%20-\%20Brazilian\%20Portuguese`.

Duran, M. S. and Aluísio, S. M. (2012). Propbank-br: a brazilian treebank annotated with semantic role labels. In *LREC*, pages 1862–1867.

Duran, M. S., Aluísio, S. M., et al. (2011). Propbank-br: a brazilian portuguese corpus annotated with semantic role labels. In *Proceedings of the 8th Symposium in Information and Human Language Technology, Cuiabá/MT, Brazil*.

Fellbaum, C. (1998). *WordNet*. Wiley Online Library.

Feng, M., Sun, W., and Ney, H. (2012). Semantic cohesion model for phrase-based smt. In *COLING*, pages 867–878.

Finatto, M. J. B., Scarton, C. E., Rocha, A., and Aluísio, S. (2011). Características do jornalismo popular: avaliação da inteligibilidade e auxílio à descrição do gênero. In *Proceedings of the 8th Brazilian Symposium in Information and Human Language Technology*.

Jones, B., Andreas, J., Bauer, D., Hermann, K. M., and Knight, K. (2012). Semantics-based machine translation with hyperedge replacement grammars. In *COLING*, pages 1359–1376.

Kong, F. and Zhou, G. (2012). Exploring local and global semantic information for event pronoun resolution. In *COLING*, pages 1475–1488. Citeseer.

Salomão, M. M. M. (2009). Framenet brasil: um trabalho em progresso. *Calidoscópio*, 7(3):171–182.

Scarton, C. (2013). *VerbNet. Br: construção semiautomática de um léxico verbal online e independente de domínio para o português do Brasil. NILC/USP*. PhD thesis, Dissertação de mestrado orientada por Sandra Maria Aluísio.

Schuler, K. K. (2005). Verbnet: A broad-coverage, comprehensive verb lexicon.

Yoshikawa, K., Hirao, T., Iida, R., and Okumura, M. (2012). Sentence compression with semantic role constraints. In *Proceedings of the 50th Annual Meeting of the Association for Computational Linguistics: Short Papers-Volume 2*, pages 349–353. Association for Computational Linguistics.

Zanette, A. (2010). Aquisição de subcategorization frames para verbos da língua portuguesa.

Zilio, L. (2009). Colocações especializadas e 'komposita': um estudo constrastivo alemão-português na área de cardiologia.

Zilio, L. (2012). Colocações especializadas em alemão e português na área de cardiologia. *Tradterm*, 20:146–177.

Zilio, L. (2015). *VerbLexPor: um recurso léxico com anotação de papéis semânticos para o português. UFRGS*. PhD thesis, Tese de doutorado orientada por Maria José Bocorny Finatto e Aline Villavicencio.

Zilio, L., Zanette, A., and Scarton, C. (2014). Automatic extraction of subcategorization frames from corpora. In *New Languages Technologies and Linguistic Research: a Two-Way Road*. Cambridge Scholars Publishing.

Proceedings of Symposium in Information and Human Language Technology. Natal, RN, Brazil, November 4–7, 2015. ©2015 Sociedade Brasileira de Computação.

Novo dicionário de formas flexionadas do UNITEX-PB Avaliação da flexão verbal

Oto A. Vale[1,2], Jorge Baptista[3,4]

[1]Departamento de Letras – Universidade Federal de São Carlos (UFSCar)
Caixa Postal 676 – São Carlos – SP – Brasil – 13.565-905

[2]CENTAL – Université Catholique de Louvain (UCL)
Louvain-la-Neuve – Bélgica – B-1348

[3]Faculdade de Ciências Humanas e Sociais – Universidade do Algarve (UAlg)
Campus Gambelas – Faro – Portugal – P-8005-139

[4]Instituto de Engenharia de Sistemas e Computadores (INESC-ID Lisboa/L2F)
Lisboa – Portugal – P-1000-029

otovale@ufscar.br, jbaptis@ualg.pt

Abstract. *This paper describes the new version of the dictionary of inflected forms of Unitex-PB, adapted to the* Acordo Ortográfico *de 1990. Its also presents the evaluation of the verbal forms, which was based in the guidelines established in the first joint evaluation on morphologic analysis of Portuguese (*Primeiras Morfolimpíadas do Português*), held in 2003.*

Resumo. *Neste trabalho descreve-se a nova versão do dicionário de formas flexionadas do Unitex-PB, adaptado ao* Acordo Ortográfico *de 1990. Apresenta ainda a avaliação das formas verbais, que foi realizada a partir dos parâmetros utilizados nas* Primeiras Morfolimpíadas para o Português *(2003).*

1. Introdução

A criação e manutenção de recursos lexicais continua a ser um tema maior no Processamento de Linguagem Natural (PLN). No que diz respeito ao português do Brasil, dentre os diversos recursos criados, o dicionário de formas flexionadas estabelecido por [Muniz et al. 2005] com o sistema UNITEX continua a ser a maior referência de base livremente disponível. Esse recurso foi criado a partir do léxico do REGRA [Nunes et al. 1996, Martins et al. 1998], para os substantivos, adjetivos e advérbios, e a partir da listagem de verbos e de paradigmas de conjugação verbal de [Vale 1990]. Uma revisão recente daquele léxico [Calcia et al. 2014] efetuou sua adaptação ao *Acordo Ortográfico*[1] de 1990, acrescentando também as formas verbais acompanhadas de pronomes pessoais clíticos (em ênclise e mesóclise), que não constavam da versão anterior.

No presente trabalho, procura-se fazer uma avaliação da flexão verbal dessa nova versão do léxico do Unitex. Para tanto, buscou-se um standard utilizado pelas *Primeiras Morfolimpíadas* para o português, organizadas pela Linguateca, de março a junho de 2003 [Santos and Costa 2003]. Na seção seguinte, faz-se uma breve apresentação do Unitex

[1]`http://www.portaldalinguaportuguesa.org/acordo.php` [2015-08-10]; todos os URL foram validados nesta data.

dos grafos utilizados para criar as formas conjugadas, mostrando as diferenças com a versão anterior. Na seção 3 descreve-se como foi feita a avaliação, sendo os resultados apresentados na seção 4.

2. Descrição do sistema e trabalhos relacionados

O UNITEX [Paumier 2003, Paumier 2014][2] é uma plataforma *open-source* de desenvolvimento de recursos linguísticos, que funciona igualmente como um processador de corpus, baseada em tecnologia de máquinas de estados finitos, e que tem como característica principal a utilização de recursos linguísticos, tais como dicionários e gramáticas locais, bem como uma interface gráfica amigável para o desenho e construção de grafos, que permite gerar de forma automática os respectivos autômatos e transdutores.

Sua versão 3.1 possui recursos para 22 línguas[3]. Os recursos lexicais disponibilizados variam em cobertura e granularidade de língua para língua. Os recursos mais completos são os do francês e do português do Brasil. De fato, para essas línguas pode-se encontrar os dicionários completos de lemas e os grafos ou os transdutores de flexão, que possibilitam a criação do dicionário de formas flexionadas.

Os grafos de flexão disponíveis até a versão 3.1 foram descritos por [Muniz et al. 2005]. Foram então criados 378 grafos para os substantivos, 242 para os adjetivos e mais de 70 para palavras gramaticais como preposições, conjunções, determinantes, numerais e pronomes. Foram utilizados também os 102 modelos de flexão de [Vale 1990] para os verbos. Assim, a partir do dicionário de lemas (DELAS-PB) de 61.335 entradas, gerava-se um total de 878.095 formas flexionadas, que constituiam o DELAF-PB.

No que se refere aos verbos, aquela versão aproveitou as gramáticas de flexão de [Vale 1990], que havia usado a metodologia de [Courtois 1990]. Assim foram criados os transdutores automaticamente, sem passar pelo desenho e construção dos grafos de flexão.

Ao adotar essa solução, deixou-se de incluir as formas enclíticas dos verbos. De fato, [Vale 1990] não havia feito a descrição dessas formas. Essa decisão havia sido tomada por se entender que seria necessário um estudo sintático estabelecendo os verbos suscetíveis de serem afetados por esse fenômeno.

Por outro lado, o tratamento das formas verbais com clíticos está, como é obvio, ligado às opções de cada sistema relativamente ao processo de *tokenização* (ou '*atomização*') dos textos. Como se trata de um passo essencial das fases iniciais do processamento dos textos, várias consequências decorrem das decisões tomadas neste momento, nomeadamente o tratamento das formas com clíticos. Muitos sistemas de PLN adotam o critério geral de reunir num único *token* as formas ligadas por hífen[4]. Ora, por defeito, o UNITEX baseia a tokenização dos textos na lista de carateres do alfabeto da

[2]Disponível em `www.unitexgramlab.org`

[3]São distribuídos com o sistema recursos linguísticos para o alemão, árabe, coreano, espanhol, finlandês, francês, georgiano antigo, grego antigo, grego moderno, inglês, italiano, latim, malgache, norueguês bokmal, norueguês nynorsk, polonês/polaco, português europeu, português do Brasil, russo, sérvio (com alfabeto cirílico e alfabeto latino) e tailandês.

[4]Trata-se, aqui, de uma simplificação um pouco excessiva, é verdade, já que o processo de tokenização pode ser modelado de diversas formas, dependendo do sistema, e algumas delas podem implicar uma elevada granularidade na decisão sobre as formas a reunir num único token.

língua de trabalho, considerando todos os restantes como separadores (além dos dígitos que têm um tratamento à parte). A fim de considerar as formas verbais com clíticos como um único *token*, é possível, no entanto, adaptar a lista do alfabeto da língua de trabalho, acrescentando-lhe o hífen. Sem querer aqui entrar na discussão sobre os méritos e inconvenientes de cada uma das opções, foi essa a solução adotada nesta nova versão do dicionário.

Entretanto, [Ranchhod et al. 1999] ao apontarem para o português europeu algumas dificuldades no estabelecimento da listagem dos verbos que poderiam ser conjugados com as formas enclíticas, salientavam que a descrição da morfologia dessas formas deveria ser feita antes dessa descrição sintática. Idêntica solução foi adotada para o sistema STRING [Mamede et al. 2012] por [Vicente 2013]. Em outras palavras, considera-se que a descrição da flexão verbal (e da sua variação em função das combinatórias com pronomes pessoais clíticos) é um problema que deve ser primeiro resolvido a um nível estritamente morfológico, sendo depois o nível sintático responsável pelas restrições combinatórias que resultam das diferentes construções em que o verbo pode entrar (ou, dito de outro modo, das diferentes valências que o verbo apresentar) [5].

[Calcia et al. 2014] realizaram uma adaptação dos grafos de flexão e da listagem do DELAS-PB para a nova ortografia, resultante do *Acordo Ortográfico* de 1990, além de terem procedido à atualização do dicionário. Das 878.095 formas, 1.287 sofreram algum tipo de modificação. Além disso, foram introduzidas 7.900 novas entradas[6]. Naquele trabalho, apresentou-se uma primeira versão dos grafos de conjugação dos verbos do português do Brasil com as formas enclíticas e mesoclíticas; dito de outra forma, cada paradigma verbal foi descrito com as formas enclíticas e mesoclíticas. Mais concretamente, cada grafo de conjugação verbal foi construído com o auxílio de subgrafos, que descreviam as particularidades de cada tempo verbal e introduziam também os clíticos associados a cada forma, como se pode ver nas Figuras 1 e 2.

O grafo da Fig. 1 representa o paradigma de flexão de verbos regulares de tema em *-a*, como *cortar* e interpreta-se do seguinte modo: o operador `L` (do ing. *left*) indica o número de carateres a retirar ao final do lema; as alterações à terminação da palavra aparecem nas caixas e sob estas os valores gramaticais correspondentes; assim, a partir de um lema como *cortar*, a primeira linha, no topo do grafo, produz a forma do gerúndio (`G`) *cortando*, que corresponde à remoção (`L`) do *-r* do final do lema e a adição da terminação *-ndo*; os códigos convencionais para os valores gramaticais de tempo-modo, pessoa e número foram descritos em [Calcia et al. 2014]. Os tempos-modos verbais associados a cada paradigma de flexão são descritos por meios de subgrafos (caixas cinzentas), de que se apresenta como exemplo, na Fig. 2, o caso do Presente do Indicativo (`P`) dos verbos regulares da 1ª e da 2ª conjugação.

Nesta Figura, à esquerda, pode ver-se, a par de cada flexão em pessoa número, os diferentes conjuntos de pronomes clíticos que se podem combinar com a forma considerada e que se representa por meio de subgrafos (caixas cinzentas; os nomes dos grafos

[5] Uma questão a ser tratada posteriormente diz respeito à adequação da notação dos pronomes das formas enclíticas e mesoclíticas.

[6] Esta nova versão do dicionário e dos respetivos grafos de flexão já estão sendo distribuídos com o UNITEX 3.1 e pode também ser encontrada na página: `http://www.nilc.icmc.usp.br/nilc/projects/unitex-pb/web/dicionarios.html`

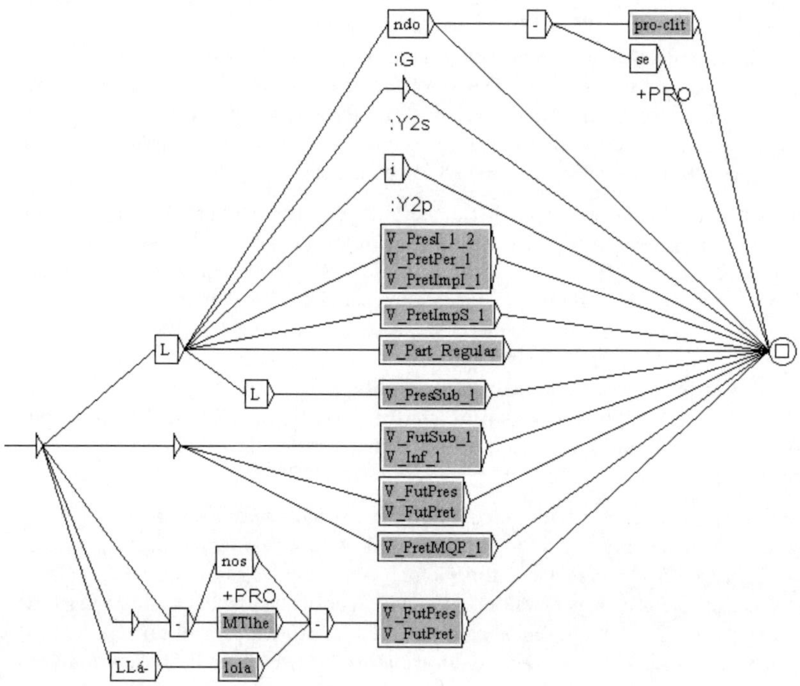

Figura 1. Grafo de flexão `V005.grf` aplicado as verbos regulares da primeira conjugação.

estão a vermelho). Os três grafos auxiliares encontram-se à direita da figura, na linha de cima. Estes apelam, por sua vez a outros grafos, representados abaixo, à direita.

Dada a natureza modular destes fenômenos, a representação por autômatos de estados finitos permite, assim, tratá-los de forma bastante econômica e precisa.

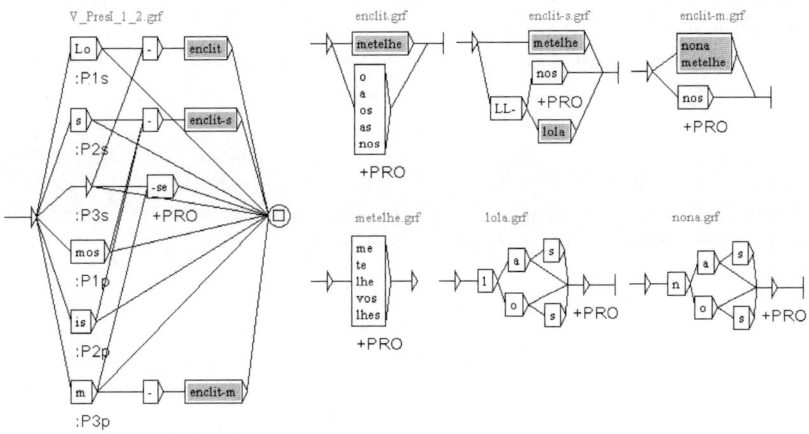

Figura 2. Subgrafo `V_PresI_1_2.grf` de flexão do presente do indicativo dos verbos regulares da primeira e segunda conjugações, com as associações dos clíticos para cada forma.

Um dos problemas apontados em [Calcia et al. 2014] para essa solução de introduzir as formas enclíticas e mesoclíticas como entradas do dicionário das formas flexionadas é a "explosão" do número de formas verbais geradas. De fato, enquanto o DELAF-PB de [Muniz et al. 2005] continha 878.095 formas, a versão inicial do dicionário de [Calcia et al. 2014], produzido a partir das regras que descrevem as formas verbais com clíticos, é de 10.954.724 entradas (7.632.498 formas diferentes), das quais 10.772.850 são formas verbais (7.477.680 formas diferentes). Entretanto, graças ao desenvolvimento dos algoritmos de compressão do UNITEX 3.1, o arquivo `.bin` dessa nova versão do dicionário ocupa agora apenas 778 KB (mais 480 KB do arquivo `.inf` que descreve os códigos associados à compressão), enquanto a versão anterior ocupava 819 KB (mais 208KB do arquivo `.inf`).

3. Avaliação

Para avaliação, utilizaram-se os recursos produzidos para as *Primeiras Morfolimpíadas para o português*, organizadas pela Linguateca em 2003, nomeadamente as formas Lista Dourada[7], que estavam anotadas como verbos (510 linhas) e que serviram de referência para esta campanha de avaliação conjunta. Para uma comparação da saída do DELAF-PB com a Lista Dourada, esta última foi convertida no formato DELA, tendo-se, nomeadamente:

[7] http://www.linguateca.pt/aval_conjunta/morfolimpiadas/ListaDourada.txt

(i) substituído os códigos dos tempo e modos verbais pelos códigos do DELAF-PB;

(ii) substituído as maiúsculas iniciais na Lista Dourada (*e.g. Apoiemos*) por minúsculas, já que as formas das entradas no formato DELA são sempre grafadas em minúsculas;

(iii) desdobrado as 15 formas apresentando dupla grafia na Lista Dourada; trata-se dos casos seguintes:

  (a) formas com consoante muda (*e.g. conetar/conectar*);

  (b) forma com trema (*e.g. freqüentar/frequentar, seqüenciais/sequenciais*); e

  (c) as variantes *registar/registrar*;

(iv) substituído o código `V+CL` por `V+PRO` nas 22 formas verbais com clíticos e remoção do clítico do campo do lema;

(v) retirado, ainda, as anotações de uso (‘`raro`’; ‘`lus`’, ‘`bras`’, ‘`afr`’), ou morfológicas, nomeadamente para as formas derivadas e analisadas como tal (‘`deriv`’, ‘`pref`’), e os prefixos envolvidos nas formas derivadas (‘`a`’, ‘`des`’, ‘`in`’, ‘`re`’, e ‘`sub`’).

Note-se, em relação a este último aspecto, que o DELAF-PB não analisa as formas derivadas, limitando-se a registrar essas formas como lemas diferentes no DELAS-PB e a gerar as correspondentes formas flexionadas. Não faria, assim, qualquer sentido tentar avaliar o que o sistema não se propõe a fazer. As 56 formas derivadas foram, portanto, removidas da lista dourada numa segunda fase de avaliação.

Obteve-se, assim, um total de 296 formas que foram analisadas pelo UNITEX com o novo dicionário DELAF-PB.

Da comparação entre a saída do dicionário e a Lista Dourada (referência), é possível obter os seguintes resultados:

Corretos : a saída do dicionário é igual à referência;
Errados : a saída do dicionário é diferente da referência;
Lacunas : a forma e a sua análise na Lista Dourada não estão na saída do dicionário; e
Espúrios : a forma e a sua análise são produzidas pelo dicionário mas não estão na referência.

Para a avaliação consideraram-se as seguintes medidas standard:

Precisão : total de formas corretamente analisadas:
corretos / (corretos + errados + espúrios);
Abrangência (em ing. *recall*) : total de formas corretamente analisadas de entre todas as formas analisadas na Lista Dourada:
corretos / (corretos + lacunas);
Acurácia (do ing. *accuracy*) : total de formas corretamente analisadas:
corretos / (corretos + errados + lacunas);
Medida F média harmônica entre a Precisão e a Abrangência:
*2 * Precisão * Abrangência / (Precisão + Abrangência)*

Tabela 1. Resultados da avaliação[8]

Aval	Cor	Err	Lac	Esp	Prec	Abr	Acur	med-F
A	416	22	85	117	0,795	0,780	0,749	0,787
B	438	22	40	40 (72VN)	0,876	0,796	0,766	0,834

Os resultados "em bruto" são apresentados na Tabela 1, linha (A). Há, no entanto, que considerar alguns aspectos que alteram consideravelmente a interpretação destes resultados:

(i) as entradas cuja forma ou lema não corresponde à norma ortográfica brasileira devem ser consideradas como *verdadeiros-negativos*, já que o dicionário não se propõe a descrevê-las. Nesses casos incluem-se, por exemplo, as formas com consoantes surdas:
`atuais,actuais.V:P2p,`
`conectar,conetar.V:U1s:U3s:W:W1s:W3s,`
`objecto,objectar. V:P1s)`;

(ii) os *lusismos* das formas graficamente acentuadas da primeira pessoa do plural do pretérito imperfeito:
`abandonámos,abandonar.V:J1p`;

(iii) a variante lusa: `registro,registar.V:P1s`;

(iv) as formas com trema na anterior ortografia brasileira: *freqüentar/frequentar*;

(v) a forma *dêem*, cuja ortografia foi igualmente alterada;

(vi) as formas derivadas, isto é, que resultam de uma análise morfológica, e para as quais, na Lista Dourada, se indica como lema a forma de base; estas formas, como já dissemos, deviam ser reconhecidas mas não analisadas pelo DELAF-PB, que não foi concebido para esse fim;

(vii) as formas verbais simples que fazem parte de formas verbais com clítico (*v.g. capacite* em *capacite-se*) e que, pela sua duplicação na saída do dicionário, enviesam os resultados; estas formas não deveriam ser consideradas espúrias, pelo que foram assim ignoradas; saliente-se, contudo, a forma *ir-se-ia*, que recebe duas segmentações pelo sistema (*ir-se* e *ir-se-ia*), pelo que as duas análises associadas ao infinitivo devem continuar a ser tratadas como espúrias;

(viii) finalmente, as 22 formas que foram bem analisadas quanto à categoria e à flexão mas a que o dicionário não foi atribuiu um lema (*v.g. apregoar*, *desmobilizar*, *proceder*, *vagar* e *zoar*); em rigor, trata-se de uma resposta parcialmente correta mas incompleta, pelo que os mantivemos como falsos-positivos.

[8] Aval=avaliação, A:resultados em bruto, B:resultados corrigidos; Cor=corretos, Err=errados, Lac=lacunas, Esp=espúrios; Prec=precisão, Abr=abrangência, Acur=acurácia, Med-F=medida-F.

Numa análise mais fina destes resultados, verificamos ainda alguns aspectos que merecem um tratamento diferenciado.

Em alguns casos, os erros resultam de incompletude da Lista Dourada. Assim, por exemplo, alguns lemas raros não tinham sido incluídos na referência, *v.g.* *iriar*, *presar*, *rer*, *revir*, *valar* e *vivar* .

Por vezes, essas lacunas são flexões exclusivas da variante brasileira, *v.g.* *pega* e *pegas*, como particípios passados de *pegar*, por derivação regressiva.

Outros casos, aparentemente espúrios, resultam de opções linguísticas do DELAF-PB, que sistematicamente diferem das opções da Lista Dourada. Efetivamente, seguindo a tradição gramatical brasileira, o dicionário considera uma flexão do imperativo da terceira pessoa do singular (`Y3s`, *aceite*) e do plural (`Y3p`, *peçam*), que correspondem à forma de tratamento por *você*, e ainda uma flexão de primeira do plural (`Y1p`, *sigamos*).

Pelo contrário, algumas lacunas da referência são perfeitamente assistemáticas, *v.g.* *ante*, de *antar* (raro), só tem a primeira pessoa do singular do presente do conjuntivo/subjuntivo (`S1s`), mas não a terceira (`S3s`). Em rigor, essas análises espúrias do DELAF-BP são, de fato, ou omissões da Lista Dourada ou, como no caso dos imperativos, decisões do dicionário, conformes à tradição gramatical brasileira, pelo que foram, num segundo momento, tratadas como verdadeiros-negativos.

Do lado das lacunas do dicionário, este exercício permitiu detectar algumas inconsistências, que foram posteriormente corrigidas. Certos lemas, alguns raros não estavam no dicionário, *v.g.* *devir*, *frequentar*, *incendiar*, *injustiçar*, *negociar*, *parir*, *redar*, *redobrar*, *reinterpretar*, *reversar*, *subdesenvolver*, *surfar*, *surpresar* e *travestir*. Note-se que alguns destes casos são formas derivadas regularmente.

Certas flexões irregulares também não foram incluídas no dicionário, como é o caso dos particípios *expulsas*, de *expelir*, e *junto*, de *juntar*.

Note-se que os casos de verdadeiros-negativos não fazem parte dos quatro tipos de resultados considerados na primeira fase da análise. Assim, estes casos deverão ser acrescentados ao denominador da abrangência e da acurácia. Os resultados corrigidos estão também apresentados na Tabela 1, linha (B).

Não sendo as condições neste momento exatamente as mesmas das que tiveram lugar na campanha de avaliação das Morfolimpíadas, cabe, no entanto, aqui uma breve comparação entre os resultados deste exercício com alguns dos resultados daquela campanha. Assim, usando precisamente as mesmas medidas de avaliação das Morfolimpíadas, nomeadamente as que descrevem os resultados que correspondem à Tabela 1 ("Comparação com a lista dourada total, sem lema nem outro") da página dos *Resultados*[9], é possível chegar aos seguintes resultados de avaliação do desempenho do dicionário `delaf-pb` na análise das formas verbais da Lista Dourada, e que se apresentam na Tabela 2.

4. Conclusão

Tendo em vista os resultados apresentados nesta avaliação, nota-se que o desempenho dessa nova versão do DELAF-PB na análise das formas verbais é bastante satisfatório em

[9] `http://www.linguateca.pt/aval_conjunta/morfolimpiadas/comp_dourada_fig.html`

Tabela 2. Avaliação do desempenho do DELAF-PB na análise das formas verbais da Lista Dourada usando as medidas das *Morfolimpíadas*

Avaliação	**Relativa**	**Absoluta**
Formas Comparadas	270	286
Análises na Lista Dourada	523	555
Análises no DELAF-PB	523	
Análises comuns	438	
Precisão	0,837	
Cobertura	0,837	0,789

relação aos desafios propostos nas *Morfolimpíadas*. A precisão está dentro dos parâmetros obtidos pelos restantes sistemas (para o conjunto de todas as categorias), e a cobertura ficou acima dos valores médios que tinham sido ali alcançados.

Cabe também notar que essa avaliação permitiu perceber algumas lacunas e inconsistências presentes no DELAF-PB. Sem querer fazer uma lista exaustiva, pode-se exemplificar com a introdução indevida do pronome reflexivo da terceira pessoa *–se* em formas de primeira e segunda pessoa, gerando formas claramente incorretas. Outro exemplo, desta vez de omissão, foi o fato de a introdução das formas enclíticas, em alguns tempos, ter impedido a geração de formas corretas, como, por exemplo, as terceiras pessoas do singular do mais-que-perfeito do indicativo em praticamente todos os verbos regulares.

Esses resultados permitem apontar para um aperfeiçoamento do dicionário para uma próxima versão, a ser distribuída brevemente com o sistema UNITEX.

Agradecimentos

Este trabalho foi parcialmente financiado pela FAPESP, pela CAPES e pelo CNPq (Brasil), pela Fundação para a Ciência e a Tecnologia (ref. UID/CEC/50021/2013, Portugal), e pelo Dicionário Informal (www.dicionarioinformal.com.br)

Referências

Calcia, N. P., Kucinskas, A. B., Muniz, M., Nunes, M. G. V., and Vale, O. A. (2014). Révision et adaptation des dictionnaires et graphes de flexion d'Unitex-PB à la nouvelle orthographie du portugais. In *3rd UNITEX/GramLab Workshop*, Université de Tours. 3rd UNITEX/GramLab Workshop.

Courtois, B. (1990). Un système de dictionnaires électroniques pour les mots simples du français. *Langue Française*, (87):11–22.

Mamede, N., Baptista, J., and Diniz, C. (2012). String - an hybrid statistical and rule-based natural language processing chain for portuguese. In Demos, P. ., editor, *PROPOR 2012*, Coimbra, Portugal. PROPOR, PROPOR.

Martins, R. T., Hasegawa, R., Nunes, M. G. V., G. Montilha, G., and Oliveira, O. N. (1998). Linguistic issues in the development of REGRA: a grammar checker for Brazilian Portuguese. *Natural Language Engineering*, 4(4):287—307.

Muniz, M. C. M., Nunes, M. G. V., and Laporte, E. (2005). UNITEX-PB, a set of flexible language resources for Brazilian Portuguese. In *Workshop on Technology on Information and Human Language (TIL 2005)*, pages 2059–2068, São Leopoldo, Brazil. SBC.

Nunes, M. G. V., Vieira, F. M. C., Zavaglia, C., Sossolote, C. R. C., and Hernandez, J. (1996). A construção de um léxico de português do Brasil: Lições aprendidas e perspectivas. In *Anais do II Workshop de*

Processamento Computacional de Português Escrito e Falado (PROPOR'96), pages 61—70, CEFET-PR, Curitiba.

Paumier, S. (2003). *De la reconnaissance de formes linguistiques à l'analyse syntaxique*. Thèse de doctorat, Université de Marne-la-Vallée, Paris.

Paumier, S. (2014). *Unitex 3.1 - User Manual*. Université de Paris-Est/Marne-la-Vallée - Institut Gaspard Monge, Noisy-Champs.

Ranchhod, E., Mota, C., and Baptista, J. (1999). A computational lexicon of Portuguese for automatic text parsing. In *SIGLEX'99: Standardizing Lexical Resources*, pages 74–80, Maryland, USA. SIGLEX/ACL: Special Interest Group on the Lexicon of the Association for Computational Linguistics and the National Science Foundation, ACL/SIGLEX.

Santos, D. and Costa, L. (2003). Morfolimpíadas - apresentação detalhada da metodologia e dos problemas identificados. In *AvalON'2003*, Faro. Linguateca/Universidade do Algarve.

Vale, O. A. (1990). Dictionnaire électronique des conjugaisons des verbes du portugais du Brésil. Rapport Technique 27, LADL-Laboratoire d'Automatique Documentaire et Linguistique, Université Paris 7, Jussieu, Paris.

Vicente, A. M. F. (2013). Lexman: um segmentador e analisador morfológico com transdutores. Master's thesis, Instituto Superior Técnico, Universidade Técnica de Lisboa.

Proceedings of Symposium in Information and Human Language Technology. Natal, RN, Brazil, November 4–7, 2015.

Desambiguação de Homógrafos–Heterófonos por Aprendizado de Máquina em Português Brasileiro

Leonardo Hamada[1], **Nelson Neto**[1]

[1]Instituto de Ciências Exatas e Naturais
Universidade Federal do Pará (UFPA) – Belém, PA – Brasil

hamadaleonardo@gmail.com, nelsonneto@ufpa.br

Abstract. *To improve the quality of the speech produced by a text-to-speech system, it is important to obtain the maximum amount of information from the input text that may help in this task. In this context, the word sense disambiguation plays an important role and still be a central problem for natural language processing applications. This paper proposes to model the ambiguity of words as a supervised machine learning problem for Brazilian Portuguese. In doing so, four algorithms (or classifiers) were compared in two types of texts. Computer experiments showed that to assure portability of systems, a process of tuning to the new domain is required.*

Resumo. *Para aprimorar a qualidade da voz produzida por um sistema de conversão texto-fala, é importante extrair a maior quantidade possível de informação, que possa ajudar nessa tarefa, a partir do texto de entrada. Nesse contexto, a desambiguação da pronúncia relativa a pares de homógrafos-heterófonos (HHs) assume um papel relevante e ainda de difícil tratamento em aplicações que envolvem processamento de linguagem natural. Este trabalho propõe modelar a ambiguidade entre HHs falados no Brasil como um problema de aprendizado de máquina supervisionado. Para isso, quatro algoritmos (ou classificadores) foram comparados em bases de texto de diferentes tipos. Experimentos mostraram que para garantir a portabilidade de sistemas, um processo de incremento para o novo domínio é necessário.*

1. Introdução

Segundo [Cardie 1996], o problema de ambiguidade entre palavras pode ser genericamente caracterizado da seguinte forma: "Em um dado momento, os sistemas de processamento de linguagem natural recebem um segmento de informação que pode ter várias interpretações, e ele precisa decidir qual interpretação é a mais apropriada para aquele contexto. A fim de resolver essa dificuldade, é necessário desambiguar semanticamente, sintaticamente ou estruturalmente duas ou mais formas distintas com base nas propriedades que circundam o contexto".

Por exemplo, na frase: "Tenho uma **cerca** na minha casa. Ela **cerca** toda a área e tem **cerca** de oito metros", percebe-se três situações possíveis de ocorrência do homógrafo-heterófono (HH) "cerca": substantivo ("c[e]rca"), verbo ("c[E]rca") e preposição ("c[e]rca"), respectivamente. Logo, o desambiguador de HH deve ser capaz de determinar a correta transcrição fonética em cada situação.

Mesmo que o número de HHs existente represente um percentual bem pequeno em relação ao texto analisado, no contexto de síntese de voz (TTS ou *text-to-speech*), a transcrição fonética equivocada tem consequência direta na qualidade da voz gerada, atraindo a atenção do ouvinte para o erro corrente. Diminuir os erros de pronúncia entre HHs melhora significativamente a naturalidade e a inteligibilidade do sintetizador de voz [Ribeiro et al. 2009]. Diante do exposto, é fundamental que a desambiguação de HHs faça parte do conjunto de algoritmos responsável pela transcrição fonética dentro de um sistema TTS, ou seja, é importante a presença de um recurso que decida qual será a tonicidade (i.e. vogal tônica aberta ou fechada) da vogal diferencial do HH.

Assim, o objetivo desta pesquisa é empregar técnicas de aprendizado de máquina para tratar a desambiguação de HHs em Português Brasileiro (PB). Diferentemente da maioria dos trabalhos nessa linha, a ideia não é elaborar um conjunto de regras linguísticas, mas sim explorar o uso de classificadores inteligentes construídos a partir de treinamento supervisionado para resolver o problema de ambiguidade entre palavras. Este estudo terá aplicações práticas em um sistema real de conversão texto-fala, além de avaliar a portabilidade e afinação de diferentes algoritmos de aprendizado de máquina através do seu treinamento e teste em bases de dados de diferentes domínios.

2. Revisão Bibliográfica

Sobre desambiguação de HHs em sistemas TTS para o PB, [Seara et al. 2001, Seara et al. 2002] mostram um analisador morfossintático para solucionar o problema de alternâncias vocálicas entre substantivos e verbos, sem, no entanto, abordar a desambiguação de HHs semanticamente. Outros trabalhos têm ambas as abordagens, morfossintática e semântica, porém, as gramáticas implementadas foram testadas apenas com um ou dois exemplos de HHs [Ferrari et al. 2003, Barbosa et al. 2003a, Barbosa et al. 2003b].

Em [Shulby et al. 2013], os autores apresentam duas regras, específicas as pronúncias das vogais <e> e <o>, para desambiguar 226 pares de HHs. Para a vogal <e>, a transcrição fonética será [E] (aberta) quando o HH for classificado como verbo, e [e] (fechada), quando o HH for classificado como substantivo e a vogal <e> estiver na sílaba tônica. Para a vogal <o>, a regra de transcrição fonética é similar. O trabalho apresenta até 95% de acerto em alguns pares, porém, limita-se apenas a duas categorias de HHs (verbo e substantivo).

[Silva et al. 2012] propôs que a análise morfossintática seria suficiente para desambiguar HHs pertencentes a classes gramaticais distintas; e, para os HHs de mesma classe gramatical, uma análise semântica seria necessária. O trabalho resultou em 23 algoritmos de desambiguação para um conjunto de 111 pares de HHs. Apesar dos algoritmos estarem publicados, [Silva et al. 2012] não incluiu detalhes precisos sobre as bibliotecas gramaticais utilizadas, o que dificulta a implementação desses algoritmos.

Uma das linhas de pesquisa atuais de maior sucesso é a abordagem baseada em *data-driven*, nas quais algoritmos estatísticos ou de aprendizado de máquina têm sido aplicados para construir modelos estatísticos ou classificadores a partir de informações extraídas de grandes bases de texto (comumente chamadas na literatura de corpus), no intuito de resolver o problema da desambiguação de palavras.

Já há algum tempo, o método *data-driven* vem sendo bastante explorado pela comunidade científica dada a sua importância na área de síntese de voz em diversos idiomas.

Em [Yarowsky 1997], os autores apresentam uma tipologia de HHs na língua inglesa e algumas técnicas tradicionalmente usadas na desambiguação, tais como N-gram *taggers*, classificadores bayesianos e árvores de decisão, bem como a proposta de um sistema híbrido, ao combinar as técnicas descritas. Tal interesse também é visto em línguas de menor expressão, como o Português Europeu (PE), por exemplo. Em [Ribeiro et al. 2003], um desambiguador que mescla regras linguísticas e modelos probabilísticos de Markov é descrito, e a influência das informações morfossintáticas na tarefa de desambiguação é analisada dentro de um sistema TTS para o PE.

Normalmente, o método de aprendizado utilizado é o supervisionado, onde o classificador ou modelo estatístico é treinado a partir de bases de texto previamente anotadas (ou etiquetadas) sintaticamente e/ou morfologicamente. Além da sabida carência de extensas bases de texto etiquetadas de forma confiável, especialmente para o PB, a abordagem supervisionada apresenta outra particularidade: a desambiguação de HHs é extremamente dependente do domínio da aplicação, como afirma [Màrquez 2000]. Em outras palavras, não parece razoável pensar que o material de treinamento é grande e representativo o suficiente para cobrir todos os tipos possíveis de amostras. Adicionalmente, é preciso estudar até que ponto um treinamento tendo como base um texto jornalístico pode ser portado para um texto literário, por exemplo. Até onde se pesquisou, essa estratégia de desambiguação ainda não foi abordada para o PB.

3. Materiais e Métodos

A classificação é uma tarefa onde um modelo é construído para prever uma categoria, como, por exemplo, "sim" ou "não", "aberta" ou "fechada". Para que os algoritmos de classificação funcionem, é necessário separar o processo em duas partes: treino, onde o algoritmo analisa os dados de treinamento; e a classificação propriamente dita, onde dados de teste são usados para estimar a acurácia dos algoritmos [Han et al. 2011, p. 328]. Dessa forma, a desambiguação de palavras pode ser facilmente formulada como um problema de classificação supervisionada, ou seja, conhecimento extraído a partir de textos.

Os classificadores usados neste trabalho para desambiguação de HHs foram selecionados explorando a biblioteca de implementações do ambiente WEKA versão 3.6.11 [Hall et al. 2009], mantendo os parâmetros padrões dos algoritmos. Isto posto, os algoritmos escolhidos e os motivos foram:

- **(i)** Naive Bayes: simples e de natureza estatística, é um algoritmo clássico para resolver ambiguidade em outras línguas. Utiliza o teorema de Bayes e pressupõe independência de atributos [Bielza and Larrañaga 2014];
- **(ii)** AODE: também de natureza estatística, busca melhorar o Naive Bayes ao relaxar as suposições de independência [Bielza and Larrañaga 2014];
- **(iii)** J48: é uma árvore de decisão que implementa o algoritmo C4.5. É possível visualizar a árvore gerada pela indução de regras [Witten and Frank 2005, p. 198];
- **(iv)** Random Forest: utiliza várias árvores de decisão elegendo a resposta por voto majoritário e ameniza o problema de *overfitting* durante o treino [Witten and Frank 2005, p. 407].

Normalmente, cada HH é tratado como um problema de classificação diferente. Portanto, a coletânea de um corpus representativo deve considerar as particularidades de cada palavra, a fim de decidir o número de exemplos necessários para aprendizagem, os atributos mais úteis, e assim por diante. Outra dificuldade é a aquisição de uma base de conhecimento corretamente etiquetada morfologicamente e/ou sintaticamente.

Para este trabalho, formulou-se dois corpora: um com textos jornalísticos (corpus A) e outro com textos literários (corpus B). A partir dessas bases de dados, localizou-se as frases que continham HHs existentes no português falado no Brasil para formar os conjuntos de treino e avaliação. Observou-se, no entanto, que os pares de pronúncias ocorrem muitas vezes de forma desbalanceada. Assim, optou-se pelos HHs que apresentaram as menores diferenças entre suas ocorrências aberta e fechada, conforme a Tabela 1.

Tabela 1. Distribuição dos HHs selecionados a partir dos corpus A e B.

Palavra	Corpus A			Corpus B		
	Abertas	Fechadas	Ocorrências	Abertas	Fechadas	Ocorrências
"colher"	81	247	328	11	83	94
"corte"	109	104	213	3	24	27
"fora"	573	28	601	198	67	265
"gosto"	140	108	248	58	337	395
"começo"	15	391	406	18	68	86
"rola"	116	9	125	17	18	35
"sede"	118	7	125	12	38	50
Total	1152	894	2046	317	635	952

Em seguida, o anotador morfossintático MXPOST foi usado para etiquetar as frases escolhidas. O MXPOST é baseado na técnica de máxima entropia e foi inicialmente disponibilizado para a língua inglesa, sendo adaptado para o PB por [Aires et al. 2000], tendo o corpus Mac-Morpho como sua base de treino. Por fim, o vetor de atributos de cada frase (conteúdo do arquivo de entrada do WEKA) foi gerado a partir de um *script* automático, sendo a vogal diferencial do HH classificada manualmente como aberta ou fechada. As bases de texto e o vetor de atributos serão melhor detalhados a seguir.

3.1. Corpus A

O corpus A é composto pelos seguintes conjuntos de textos predominantemente de natureza jornalística:

- **(i)** Corpus Mac-Morpho revisado, composto de textos jornalísticos extraídos de dez seções do jornal diário Folha de São Paulo do ano de 1994, contendo cerca de um milhão de palavras [Aluísio et al. 2003, Fonseca and Rosa 2013];
- **(ii)** Corpus CETEN-Folha, composto de textos com cerca de 24 milhões de palavras extraídos do jornal Folha de S. Paulo e compilado pelo [NILC 2002] da USP;
- **(iii)** Texto da Constituição da República Federativa do Brasil de 1988 [Brasil 1988];
- **(iv)** Aproximadamente 25% dos artigos em português da enciclopédia Wikipédia[1];
- **(v)** Corpus LapsNEWS, uma coletânea de textos jornalísticos retirados de dez jornais brasileiros disponíveis na Internet, contendo aproximadamente 120 mil frases [Neto et al. 2011].

[1]Conteúdo obtido em 20 de fevereiro de 2015 na página http://dumps.wikimedia.org/ptwiki/

3.2. Corpus B

O corpus B é composto pelas seguintes obras literárias (escritor e quantidade): José de Alencar (21); Machado de Assis (11); Olavo Bilac (149); Castro Alves (62); e Euclides da Cunha (5) [ABL 2011, Portal S. F. 1998]. Também utilizou-se o corpus eletrônico anotado Tycho Brahe [Galves and Faria 2010], composto de 66 textos escritos por autores nascidos entre 1380 e 1881.

3.3. Vetor de Atributos

Para gerar o arquivo ARFF conformante para processamento pelo WEKA, foi necessário definir quais tipos de atributos deveriam ser armazenados para formar a base de treino dos classificadores. Adotou-se um modelo para o vetor de atributos, um por frase, apresentado em [Màrquez 2000] para contextos locais:

$$p_{-3},\ p_{-2},\ p_{-1},\ p_{+1},\ p_{+2},\ p_{+3},\ w_{-1},\ w_{+1},\ (w_{-2},\ w_{-1}),\ (w_{-1},\ w_{+1}),\ (w_{+1},\ w_{+2}),$$
$$(w_{-3},\ w_{-2},\ w_{-1}),\ (w_{-2},\ w_{-1},\ w_{+1}),\ (w_{-1},\ w_{+1},\ w_{+2}),\ (w_{+1},\ w_{+2},\ w_{+3})$$

onde $w_{\pm 3}$ é o contexto de palavras consecutivas ao redor da palavra w a ser desambiguada, e $p_{\pm 3}$ é a etiqueta fornecida pelo MXPOST para a palavra $w_{\pm 3}$. Ao todo são 15 atributos. Os arquivos ARFFs foram gerados automaticamente através de um *script* escrito na linguagem Python. Abaixo, dois exemplos (frase e vetor de atributos) são apresentados.

i) O governador eleito almoçou uma **colher** de arroz e 40 gramas de carne

```
ADJ,VERB,ART,PREP,N,CONJ,uma,de,almoçou_uma,uma_de,
de_arroz,eleito_almoçou_uma,almoçou_uma_de,
uma_de_arroz,de_arroz_e,1
```

ii) Os fiscais vão **colher** amostras para análise

```
ART,N,VERB,N,PREP,N,vão,amostras,fiscais_vão,vão_amostras,
amostras_para,Os_fiscais_vão,fiscais_vão_amostras,
vão_amostras_para,amostras_para_análise,0
```

Além dos atributos, o vetor contém um campo binário, chamado classe, que marca a tonicidade da vogal diferencial do HH presente na frase ("1" para aberta e "0" para fechada). Essa marcação foi realizada manualmente em uma interface *Web*[2] implementada especificamente para esta tarefa, usando a linguagem Lua e o banco de dados Sqlite3[3].

4. Experimentos

A comparação entre os algoritmos foi realizada através de uma série de experimentos controlados usando exatamente os mesmos conjuntos de treino e teste. Também visando avaliar a dependência da desambiguação de HHs com relação ao domínio da aplicação, foram elaboradas sete combinações possíveis para os conjuntos treino-teste. Por exemplo, a notação A–B indica que o algoritmo foi treinado com o corpus A e avaliado com o corpus B, assim como a notação A+B–B diz que formou-se a base de treino com a união dos corpora A e B, e a base de teste apenas com corpus B.

[2] Acessível em http://homografos.ddns.net:81/fcgi-bin-r/index.lua

[3] Lua, Python e Sqlite acessíveis em http://www.lua.org, https://www.python.org e http://www.sqlite.org

4.1. Primeiro Experimento

A Tabela 2 apresenta a média de acertos dos quatro algoritmos para todas as combinações dos conjuntos treino-teste. Utilizou-se o teste cruzado em 10-*folds*, exceto nos casos A–B e B–A. O ZeroR é um algoritmo de referência do WEKA em que a pronúncia mais frequente no conjunto de treino é usada para classificar todos os exemplos presentes no conjunto de teste. O melhor resultado para cada caso é destacado em negrito.

Tabela 2. Acurácia dos algoritmos para todas as combinações de treino-teste.

Algoritmo	Acurácia (%)						
	A+B—A+B	A+B—A	A+B—B	A—A	B—B	A—B	B—A
ZeroR	79,92	80,35	79,92	80,65	80,56	46,11	62,64
Naive Bayes	90,56	90,86	90,43	90,04	89,38	**82,35**	**86,12**
AODE	**94,16**	**94,55**	**93,93**	**94,34**	**94,10**	78,99	83,32
J48	91,49	92,49	91,49	92,29	91,66	77,42	74,35
RandomForest	88,76	90,34	89,04	89,83	89,20	58,72	69,75

Observou-se que o AODE superou os outros algoritmos, exceto nas combinações A–B e B–A, onde prevaleceu o algoritmo Naive Bayes simples. Nesses casos em específico, os conjuntos de treino e teste são totalmente disjuntos, já que a ideia é exatamente avaliar a portabilidade de textos de diferentes domínios: literário e jornalístico. Como já era esperado, os resultados obtidos nessas combinações foram inferiores em comparação às demais. Restringindo a análise aos resultados do classificador AODE, a queda foi de aproximadamente 25% e 20% para A–B e B–A, respectivamente.

Os resultados ruins obtidos com relação a portabilidade podem ser explicados, entre outros fatores, pela diferente distribuição de pronúncias entre os corpora A e B. Assim, este experimento foi repetido equilibrando artificialmente os exemplos de cada pronúncia entre as duas bases de texto. Os resultados são mostrados na Tabela 3. Percebe-se novamente queda de desempenho nas combinações A–B e B–A, ou seja, mesmo quando a mesma distribuição de pronúncias é conservada entre os exemplos de treino e teste, a portabilidade não é garantida. Esse fato mostra que os algoritmos adquirem diferentes (e não permutais) sugestões de classificação de ambas as fontes. Outro ponto relevante foi que o conjunto A+B–A (ou A+B–B) continuou com aproximadamente o mesmo desempenho do conjunto A–A (ou B–B) em todos os algoritmos. Isto é, o conhecimento obtido a partir de um único corpus quase abrange o conhecimento de combinar ambos os corpora.

Tabela 3. Experimento com a mesma distribuição dos HHs entre os corpora.

Algoritmo	Acurácia (%)						
	A+B—A+B	A+B—A	A+B—B	A—A	B—B	A—B	B—A
ZeroR	40,18	38,69	38,62	38,04	38,10	50,00	50,00
NaiveBayes	92,41	92,11	92,30	92,05	91,67	85,71	86,16
AODE	88,62	89,29	89,29	88,75	88,17	80,80	83,04
J48	87,50	86,76	87,05	86,07	86,31	75,00	78,12
RandomForest	69,87	70,54	71,21	73,12	75,00	73,21	74,78

4.2. Segundo Experimento

O primeiro experimento mostrou que os classificadores treinados com o corpus A não funcionaram bem com o corpus B, e vice-versa. Então, esse segundo experimento explora o efeito do processo de incremento (ou *tuning*) na tentativa de tornar os sistemas supervisionados portáveis. Esse processo consiste em adicionar ao conjunto de treino original uma quantidade relativamente pequena de amostras do novo domínio. O tamanho dessa porção supervisionada varia de 10% a 50%, em passos de 10%, sendo que os 50% restantes são reservados para os testes. Os conjuntos treino-teste desse experimento serão denotados por A+%B–B e B+%A–A.

Para analisar a real contribuição do conjunto de treino original na desambiguação de HHs no novo domínio, os valores de acurácia para as combinações %B–B e %A–A também foram calculados. Os resultados desse experimento são apresentados na Figura 1. Cada gráfico contém as curvas X+%Y–Y e %Y–Y, além de três linhas horizontais, que correspondem ao limite inferior, representado pelo rótulo PMF (pronúncia mais frequente dada pelo algoritmo ZeroR), e aos limites superiores X+Y–Y e Y–Y de cada algoritmo. Conforme esperado, a acurácia de todos os métodos aumenta (em direção ao limite superior) à medida que mais amostras do novo domínio são adicionadas ao conjunto de treino. Verificou-se também a degradação provocada pelo corpus de treino original na acurácia dos classificadores, com a curva %Y–Y superando a curva X+%Y–Y em todos os algoritmos. Resumindo, os gráficos mostraram que não é interessante manter os exemplos de treino originais. Ao contrário, uma melhor estratégia, embora desapontadora, é simplesmente usar o corpus incrementado.

5. Conclusões e Trabalhos Futuros

O uso de técnicas de aprendizado de máquina para tratar o problema de ambiguidade entre palavras não é novidade em várias línguas, porém, no que tange ao PB, as referências são escassas. A maioria das pesquisas usam regras linguísticas formuladas com base em análise contextual, contudo, não descrevem claramente a metodologia usada para compor as regras, além de ser uma estratégia de difícil implementação do ponto de visto semântico. Outros estudos baseiam-se de forma limitada em etiquetas gramaticais, onde as colocações destas nas vizinhanças dos HHs determinam a pronúncia adequada.

A abordagem apresentada neste trabalho, baseada em algoritmos inteligentes de classificação supervisionada, visa diminuir a lacuna existente nessa linha de pesquisa para o PB. A ideia é possibilitar uma rápida atualização dos classificadores por meio da adição de novas amostras na base de conhecimento e, claro, a construção de um desambiguador de HHs automático. Um dos principais desafios dessa técnica é a coleta de amostras suficientes para cada palavra de interesse, pois, apesar de existirem textos em grande quantidade acessíveis na Internet, é necessária uma busca específica para obter as amostras, etiquetá-las e alimentar a base de treino. Os resultados iniciais comprovaram a viabilidade do método e apontaram algumas dificuldades com relação a portabilidade de sistemas de desambiguação supervisionada.

Com relação aos trabalhos futuros, pretende-se construir regras linguísticas para tratar algumas categorias de HHs, principalmente onde a informação morfossintática é suficiente para determinar sua tonicidade. O objetivo é ter uma abordagem híbrida. Também é preciso testar outros algoritmos e domínios de aplicação, como redes sociais.

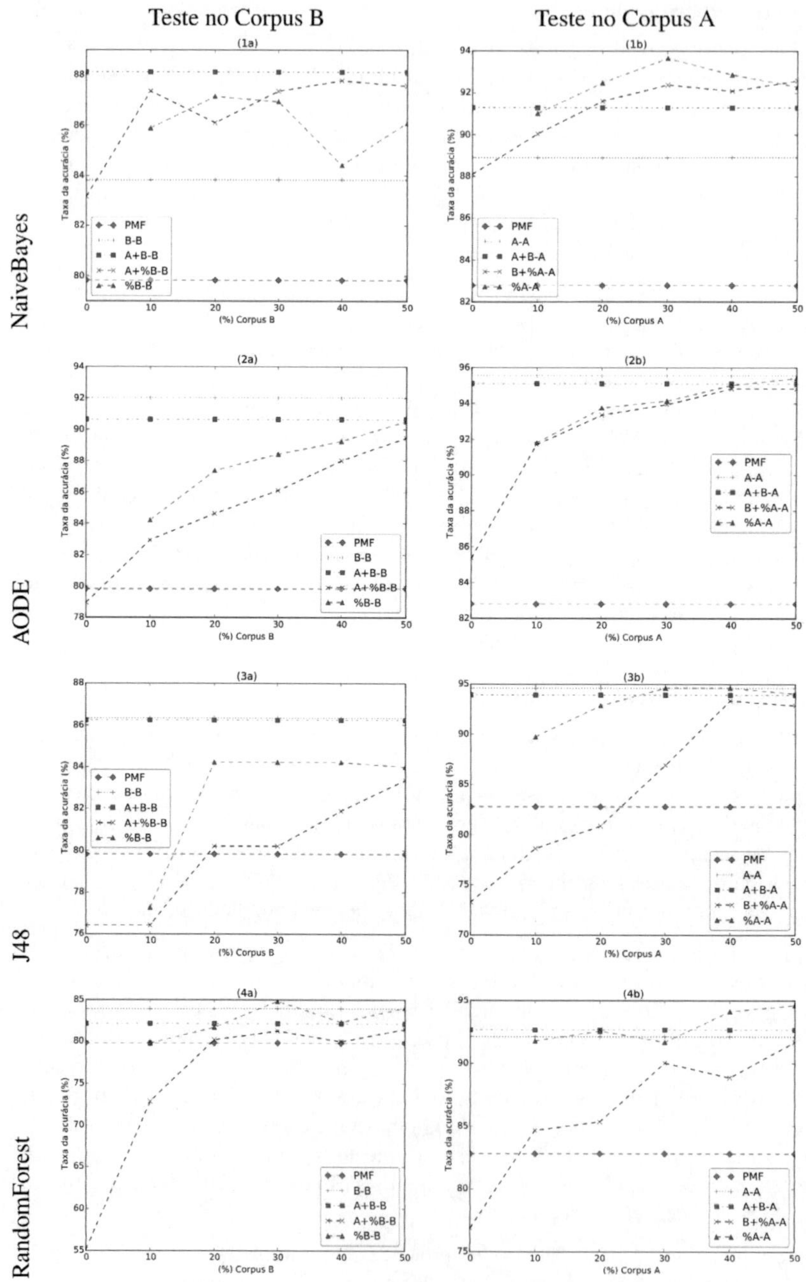

Figura 1. Resultado do experimento de afinação do corpus de treino.

Referências

[ABL 2011] ABL (2011). Espaço Machado de Assis na *Web* da Academia Brasileira de Letras. Disponível em: http://www.machadodeassis.org.br. Acesso em 6 de agosto de 2015.

[Aires et al. 2000] Aires, R., Aluísio, S., Kuhn, D., Andeeta, M., and Oliveira Jr., O. (2000). Combining multiple classifiers to improve part of speech tagging: A case study for brazilian portuguese. In *SBIA 2000 – The Proceeding of the Brazilian AI Symposium*.

[Aluísio et al. 2003] Aluísio, S., Pelizzoni, J., Marchi, R., De Oliveira, L., Manenti, R., and Marquiafável, V. (2003). An account of the challenge of tagging a reference corpus for brazilian portuguese. In *PROPOR'2003 – 6th Workshop on Computational Processing of the Portuguese Language*, pages 110–117, Berlin, Heidelberg. Springer-Verlag.

[Barbosa et al. 2003a] Barbosa, F., Ferrari, L., and Resende Jr., F. G. V. (2003a). A distinção entre homógrafos heterófonos em sistemas de conversão texto-fala. In *Processamento da Linguagem, Cultura e Cognição: Estudos de Linguística Cognitiva*, Braga, Portugal.

[Barbosa et al. 2003b] Barbosa, F., Ferrari, L., and Resende Jr., F. G. V. (2003b). A methodology to analyze homographs for a brazilian portuguese TTS system. In *PROPOR'2003 – 6th Workshop on Computational Processing of the Portuguese Language*, pages 57–61, Berlin, Heidelberg. Springer-Verlag.

[Bielza and Larrañaga 2014] Bielza, C. and Larrañaga, P. (2014). Discrete Bayesian network classifiers: A survey. *ACM Computing Surveys*, 47(1):43. DOI: http://dx.doi.org/10.1145/2576868.

[Brasil 1988] Brasil (1988). Constituição da República Federativa do Brasil de 1988. Disponível em: http://www.planalto.gov.br/ccivil_03/constituicao/constituicao.htm. Acesso em 6 de agosto de 2015.

[Cardie 1996] Cardie, C. (1996). Embedded machine learning system for natural language processing: A general framework. In *Connectionist, Statistical and Symbolic Approaches to Learning for Natural Language Processing, Lecture Notes in Artificial Inteligence*, pages 315–328. Springer.

[Ferrari et al. 2003] Ferrari, L., Barbosa, F., and Resende Jr., F. G. V. (2003). Construções gramaticais e sistemas de conversão texto-fala: O caso dos homógrafos. In *Proceedings of the International Conference on Cognitive Linguistics*.

[Fonseca and Rosa 2013] Fonseca, E. and Rosa, J. (2013). Mac-Morpho revisited: Towards robust part-of-speech tagging. In *Proceedings of the 9th Brazilian Symposium in Information and Human Language Technology*, pages 98–107.

[Galves and Faria 2010] Galves, C. and Faria, P. (2010). Tycho Brahe parsed corpus of historical portuguese. Disponível em: http://www.tycho.iel.unicamp.br/~tycho/corpus/en/index.html. Acesso em 6 de agosto de 2015.

[Hall et al. 2009] Hall, M., Frank, E., Holmes, G., Pfahringer, B., Reutemann, P., and Witten, H. (2009). The WEKA data mining software: An update. *SIGKDD Explorations*, 11(1):10–18.

[Han et al. 2011] Han, J., Kamber, M., and Pei, J. (2011). *Data Mining: Concepts and Techniques*. Morgan Kaufmann, 3 edition.

[Màrquez 2000] Màrquez, L. (2000). Machine learning and natural language processing. Technical report, Centre de recerca TALP, Departament de Llenguatges i Sistemes Informàtics, LSI, Universitat Politècnica de Catalunya, UPC, Barcelona.

[Neto et al. 2011] Neto, N., Patrick, C., Klautau, A., and Trancoso, I. (2011). Free tools and resources for brazilian portuguese speech recognition. *Journal of the Brazilian Computer Society*, 17:53–68.

[NILC 2002] NILC (2002). Corpus de extractos de textos electrónicos NILC/Folha de S. Paulo, versão 1.0. Disponível em: http://www.linguateca.pt/CETENFolha. Acesso em 6 de agosto de 2015.

[Portal S. F. 1998] Portal S. F. (1998). Portal São Francisco. Disponível em: http://www.portalsaofrancisco.com.br/. Acesso em 6 de agosto de 2015.

[Ribeiro et al. 2009] Ribeiro, M., Braga, D., Henriques, M., Dias, S., and Rahmel, H. (2009). Resolução de ambiguidades na normalização. In *XXIV Encontro Nacional da Associação Portuguesa de Linguística*, pages 411–426.

[Ribeiro et al. 2003] Ribeiro, R., Oliveira, L., and Trancoso, I. (2003). Using morphosyntactic information in TTS systems: Comparing strategies for european portuguese. In *PROPOR'2003 – 6th Workshop on Computational Processing of the Portuguese Language*, pages 143–150, Berlin, Heidelberg. Springer-Verlag.

[Seara et al. 2001] Seara, I., Kafka, S., Klein, S., and Seara, R. (2001). Considerações sobre os problemas de alternância vocálica das formas verbais do português falado no brasil para aplicação em um sistema de conversão texto-fala. In *SBrT 2001 – XIX Simpósio Brasileiro de Telecomunicações*, Fortaleza, CE.

[Seara et al. 2002] Seara, I., Kafka, S., Klein, S., and Seara, R. (2002). Alternância vocálica das formas verbais e nominais do português brasileiro para aplicação em conversão texto-fala. *Revista da Sociedade Brasileira de Telecomunicações*, 17(1):79–85.

[Shulby et al. 2013] Shulby, C., Mendonça, G., and Marquiafável, V. (2013). Automatic disambiguation of homographic heterophone pairs containing open and closed mid vowels. In *Proceedings of the 9th Brazilian Symposium in Information and Human Language Technology*, pages 126–137, Fortaleza, CE.

[Silva et al. 2012] Silva, C., Braga, D., and Resende Jr., F. G. V. (2012). A rule-based method for homograph disambiguation in brazilian portuguese text-to-speech systems. *Journal of Communications and Information Systems*, 1(1).

[Witten and Frank 2005] Witten, H. and Frank, E. (2005). *Data Mining: Practical Machine Learning Tools and Techniques*. Morgan Kaufmann, 2 edition.

[Yarowsky 1997] Yarowsky, D. (1997). Homograph disambiguation in text-to-speech synthesis. In *Progress in Speech Synthesis*, pages 157–172. Springer.

Proceedings of Symposium in Information and Human Language Technology. Natal, RN, Brazil, November 4–7, 2015. ©2015 Sociedade Brasileira de Computação.

RePort - Um Sistema de Extração de Informações Aberta para Língua Portuguesa

Victor Pereira, Vládia Pinheiro

Programa de Pós-Graduação em Informática Aplicada
Universidade de Fortaleza
Av. Washington Soares, 1321, Fortaleza, Ceará, Brasil

vsantospro@yahoo.com,br, vladiacelia@unifor.br

Abstract. *An emerging field of research in Natural Language Processing (NLP) proposes Open Information Extraction systems (Open IE). Open IEs follow a domain-independent extraction paradigm that uses generic patterns to extract all relationships between entities. In this work, we present RePort, a method of Open IE for Portuguese, based on the ReVerb, an approach for English. Adaptations of syntactic and lexical rules for Portuguese were performed, using linguistic knowledge and a lexicon of verbal relations extracted from a corpus. The evaluation methodology consisted of two experiments where human evaluators indicated 81% accuracy for relations extracted by RePort, and the second experiment showed 77% similarity between the verbal relations extracted by RePort and its correlated extracted by ReVerb (from texts translated into English).*

Resumo. *Um campo emergente de pesquisa em Processamento de Linguagem Natural (PLN) propõe Sistemas de Extração de Informações Abertos (Open Information Extraction System – Open IE) que segue um paradigma de extração independente de domínio que utiliza padrões genéricos para extrair todas as relações entre entidades. Neste trabalho apresentamos RePort, um método de Open IE para língua portuguesa, baseado na abordagem ReVerb para o inglês. Foram realizadas adaptações das regras sintáticas e lexicais para o português, usando conhecimento linguístico e um léxico de relações verbais extraído de um corpus. A metodologia de avaliação consistiu de dois experimentos, onde avaliadores humanos indicaram 81% de acurácia para as relações extraídas pelo RePort, e o segundo experimento mostrou 77% de similaridade entre as relações verbais extraídas pelo RePort e suas relações correlatas, extraídas pelo ReVerb (dos textos traduzidos em inglês).*

1. Introdução

Precípuos projetos em Inteligência Artificial, como o CYC [Lenat 1995] e o NELL (*Never-Ending Language Learning*) [Mitchell et al. 2015] tem como objetivos a aquisição e representação do conhecimento humano em largas bases de conhecimento. Livros, documentos textuais e a própria Web são importantes fontes para aquisição deste conhecimento e, cada vez mais, torna-se importante a investigação e desenvolvimento de métodos e ferramentas computacionais para extração, integração e representação a partir de conteúdo em linguagem natural [Xavier et al. 2015]. Neste sentido, um campo emergente de pesquisa em Processamento de Linguagem Natural

(PLN) propõe Sistemas de Extração de Informações Abertos (em inglês – *Open Information Extraction System – Open IE*). *Open IE* segue um paradigma de extração independente de domínio que utiliza padrões genéricos para extrair todas as relações entre entidades. Wu e Weld (2010) definem um *Open IE* como uma função que, de um documento *d*, retorna um conjunto de triplas na forma (*arg1*, ***rel***, *arg2*), onde *arg1* e *arg2* são sintagmas nominais e ***rel*** é o fragmento de texto que indica a relação semântica implícita entre os argumentos (sintagmas nominais). Importante ressaltar a diferença entre os tradicionais sistemas de Extração de Informação (*Information Extraction* – IE) e sistemas *Open IE*. Sistemas IE objetivam identificar relações estruturadas, de tipos previamente definidos, a partir de fontes não estruturadas como textos. Tais sistemas são normalmente dependentes de domínio e sua adaptação para novo domínio requer um custo de especificação e implementação de novos padrões, ou mesmo um novo processo de anotação de corpora [Eichler et al. 2008]. *Open IE* vem justamente suplantar estas dificuldades e tem como principal característica não necessitar de definição *a priori* dos tipos de relações semânticas a serem extraídas.

TextRunner [Banko et al. 2007] foi o primeiro sistema *Open IE* e utiliza aprendizagem de máquina para mapear padrões de extração. Um dos mais proeminentes sistemas - *ReVerb* [Fader et al. 2011], utiliza heurísticas sintáticas e lexicais para aprendizagem de relações associadas a uma função de confiança. Mais recentemente, a segunda geração do *ReVerb* [Etzioni et al. 2011], incorporou regras de mapeamento para melhoria da extração dos argumentos. *ReVerb* é fruto de mais de 10 anos de estudo em *machine reading* e *web search* dentro do projeto *KnowItAll* da Universidade de Washington, cujo objetivo é a aquisição de grandes quantidades de informação a partir da web. Poucas abordagens *Open IE* têm sido desenvolvidas para outros idiomas além do inglês. Em geral, abordagens que funcionam bem para uma língua envolvem heurísticas e regras específicas para a língua e, quando aplicadas a outros idiomas, se não forem bem adaptadas, não obterão os mesmos resultados. DepOE [Gamallo et al. 2012] se propõe a extrair relações em outras línguas através da aplicação de regras baseadas em *parser* de dependência. No entanto, o custo computacional e a imprecisão são consideradas desvantagens desta abordagem para extrações para Web [Etzioni et al. 2011]. Pinheiro *et al.* (2013) propõem um processo de aquisição de relações semânticas a partir de textos livres da Wikipédia em português, no entanto, sua abordagem é restrita a textos com *hyperlinks*. Neste trabalho, propomos um método de *Open IE* para o Português - *RePort*. O método proposto é baseado em *ReVerb* e foram realizadas adaptações das regras sintáticas e lexicais para o Português, usando conhecimento linguístico e um léxico extraído de um *corpus*. A metodologia de avaliação consistiu de dois experimentos e os resultados demonstraram a boa performance e a viabilidade do método proposto.

2. Estado da Arte

Relações em geral são conexões entre conceitos, entidades, eventos e aquelas expressas por atributos [Xavier et al. 2015]. Por exemplo, da sentença "Joe comprou uma bonita casa", podem ser apreendidas as relações (Joe, comprou, uma bonita casa), (Joe, comprou, uma casa) e (bonita, é propriedade de, casa). Khoo e Na (2006) extrapolaram o conceito de relações semânticas para "associações significativas entre dois ou mais conceitos, entidades, ou conjunto de entidades". Segundo Murphy (2003), não existe nenhuma forma objetiva de decidir o número e quais são os tipos de relações, o que torna o conjunto de relações semânticas um conjunto aberto. Este paradigma norteia as pesquisas em modelos e sistemas para *Open IE*, segundo o qual é esperado que tais sistemas extraiam todos os tipos de relações n-árias de um texto livre.

Sistemas *Open IE* se baseiam em três paradigmas principais: (i) *machine learning*, que automaticamente aprendem padrões de extração a partir de um corpus de treinamento; (ii) heurísticas, que possuem regras para a seleção e identificação de padrões em textos; e (iii) híbridas, que buscam combinar as duas outras estratégias [Xavier et al. 2015]. *TextRunner* [Banko et al. 2007] foi o primeiro sistema *Open IE* que segue a abordagem de machine learning. Este sistema foi avaliado por revisores humanos que consideraram 80% das relações como corretas. WOE [Wu and Weld 2010] evoluiu o *TextRunner* com heurísticas para novos atributos do conjunto de treinamento e experimentos apontaram uma melhoria de até 34%. *ReVerb* [Fader et al. 2011] foi o primeiro sistema *Open IE* baseado em heurísticas simples que identificam relações verbais e argumentos, recebendo como entrada sentenças em inglês com anotação morfológica e sintática, e, em seguida, aplica uma função de confiança para melhoria da extração dos argumentos. Os autores reportaram melhoria de 50% e 38% da AUC (*area under Precision-Recall curve*) em relação a *TextRunner* e WOE, respectivamente. DepOE [Gamallo et al. 2012] se propõe a extrair relações em outras línguas através da aplicação de regras baseadas em *parser* de dependência. *DepOE* apresentou acurácia de 68%, enquanto que *ReVerb* alcançou 52%. Trabalhos prévios mostraram que caminhos de dependência realmente melhoram a cobertura de sistemas de *Open IE* por capturarem relações não-contíguas [Wu and Weld, 2010]. No entanto, o custo computacional e a imprecisão em extrações para Web são as principais desvantagens desta abordagem. OLLIE [Schmitz et al. 2012] segue a estratégia híbrida que inicia com um treinamento para aprendizado de *templates* a partir das extrações de ReVerb e aplica-os em um *corpus* obtendo novas triplas. OLLIE também usa informaçoes contextuais como atribuição e modificadores clausais. Experimentos indicaram que OLLIE obtém 1.9 maior AUC do que *ReVerb*. LSOE [Xavier et al. 2015] extrai relações usando padrões inspirados na estrutura *Qualia* de Pustejovsky (1995).

São raros *Open IE* para a língua portuguesa. O trabalho de [Collovini et al. 2014] adquire relações a partir da identificação de entidades nomeadas e o DepOE [de Abreu et al. 2013], *Open IE* multilíngue, sem experimentos publicados para o Português. Há outros sistemas, porém baseados em regras para extração de informações fechada, ou seja, para relações pré-definidas [Freitas et al. 2008], não consistindo de abordagens para *Open IE*. [Pinheiro et al. 2013] propõem um processo de aquisição de relações semânticas a partir de textos livres da Wikipédia em português, mas, no entanto, depende da estrutura de links da Wikipédia para a definição dos argumentos das relações, ficando restrita a textos com *hyperlinks*.

3. *RePort* - Extração de Informações Aberta para Língua Portuguesa

Neste trabalho, trilhamos o caminho de desenvolver um modelo de *Open IE* para o Português –*RePort* - baseado na metodologia do sistema *ReVerb*. O motivo da escolha do *ReVerb* foram a maturidade, robustez e sua arquitetura aberta, que possibilitou a reprodução, experimentação e comparação dos resultados para língua portuguesa.

A Figura 1 apresenta a arquitetura funcional de *RePort*. Um texto livre em português é recebido como entrada do processo que realiza a análise morfológica (*tokenizer* e *POS Tagger*) e a análise de sintagmas nominais (*NP chunker*). Em seguida, *RePort* aplica um conjunto de restrições sintáticas e lexicais para identificar sintagmas relacionais (relações verbais), objetivando a extração da relação ***rel***, e regras para identificação dos argumentos *arg1* e *arg2*. Por fim, um conjunto de relações da forma (*arg1*, ***rel***, *arg2*) são extraídas. Adicionalmente, uma função de confiança pode ser aplicada para avaliar a qualidade das relações extraídas. Nas subseções seguintes, são detalhadas cada etapa do processo de extração de informações aberta de *RePort*.

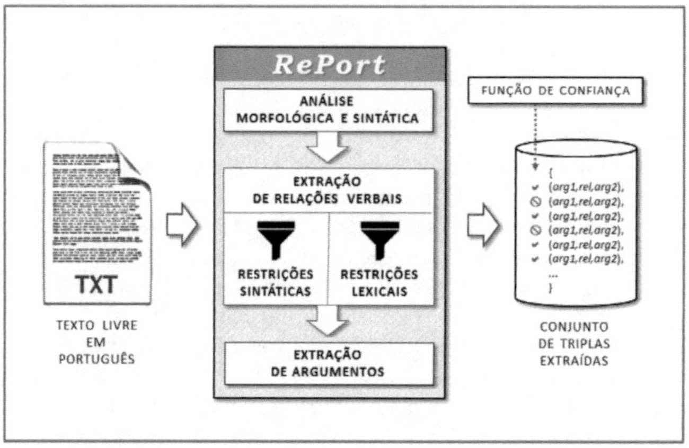

Figura 1. Arquitetura Básica do Modelo de Extração de Informações Aberta – *RePort*.

3.1. Análise Morfológica e Sintática

O método proposto em *RePort* inicia com a etapa de análise morfológica e sintática do texto de entrada em português, aplicando, na ordem a seguir, os seguintes processadores de linguagem natural: (1) Detector de Sentença (*sentence detector*), que realiza a identificação e separação das sentenças do texto; (2) Separador de *tokens* (*tokenizer*), que realiza a identificação palavras ou expressões multi-palavras do texto; (3) Etiquetador morfossintático (*PoS tagger*), que realiza a classificação dos *tokens* e seus modificadores. A anotação de *part-of-speech* é necessária para aplicação das restrições sintáticas – p.ex. em verbos, substantivos, etc; (4) *NP Chunker* – identifica os constituintes sintagmas nominais (NP – *Noum Phrase*) de cada sentença. Associado ao *PoS tagger*, os sintagmas nominais identificados são utilizados na extração dos argumentos.

3.2. Extração de Relações Verbais

O texto anotado na etapa anterior com etiquetas morfológicas e sintáticas segue para esta etapa onde são aplicadas restrições sintáticas e lexicais, com o objetivo de identificar as frases relacionais ***rel***, e regras para extração dos argumentos *arg1* e *arg2*.

(1) Restrições Sintáticas

As restrições sintáticas filtram frases relacionais pouco informativas e incoerentes. Inicialmente, *RePort* identifica, nas sentenças, frases relacionais ***rel*** que combinam com a expressão regular (1), selecionando somente relações verbais.

$$REL \rightarrow V \mid V\ P \mid V\ W^{*}\ P \qquad (1)$$

A relação verbal ***rel*** pode ser um único verbo ou verbo precedido por verbo de suporte (V) (por exemplo, “publicou” e “precisou publicar”), pode vir seguido por preposição (V P) (por exemplo, "nasceu em"), ou vir seguido por uma ou mais palavras e finalizado por uma preposição (V W* P) (por exemplo, "abriu inquérito para"). As classes de palavras (W) permitidas são substantivos, adjetivos, advérbios, pronomes ou artigos.

Em seguida, regras heurísticas são aplicadas para refinamento das relações verbais: (1) caso ocorram mais de uma combinação para uma mesma instância (ocorrência) do verbo V, somente a mais longa é selecionada. Por exemplo, no texto "*A Câmara dos Deputados publicou a lei no Diário Oficial da União*", tem-se as relações verbais "publicou" e "publicou a lei em", combinadas pelas expressões regulares (V) e (V W* P), para a mesma ocorrência do verbo "publicar". Nesta situação, apenas a segunda é selecionada; (2) caso sejam encontradas uma ou mais relações adjacentes, todas são agrupadas em uma única relação, como por exemplo ***rel*** = "precisou abrir inquérito para", formada pela relações verbais "precisou" e "abrir inquérito para", as quais aparecem contíguas no texto de entrada.

Este processo de refinamento permite ao modelo considerar relações complexas contendo vários verbos e priorizar relações verbais compostas por combinações de verbo-substantivo, evitando assim relações verbais pouco informativas.

(2) Restrição Lexical

As restrições sintáticas aplicadas no passo anterior podem identificar relações verbais específicas que podem ser pouco representativas na língua. Em outras palavras, quanto mais longa uma relação verbal, mais específica será, e, provavelmente, ocorrerá menos vezes em um *corpus*. No texto: *"A esmagadora maioria dos eleitores quer o PT participando do Governo Fernando Henrique Cardoso"* a relação verbal ***rel*** = "*quer o PT participando de*" pode ser específica e com menor probabilidade de reuso.

Para dirimir este problema, desenvolvemos uma restrição baseada no léxico de relações verbais representativas do português, extraído do *corpus* CetenFolha [Linguateca 2005]. Para a geração deste léxico, são extraídas todas as relações verbais usando as restrições sintáticas (conf. Passo (1)), e contabilizado, para cada relação verbal, um índice de especificidade *k*, o qual expressa o número de instâncias que a relação verbal possui no *corpus* em questão. A intuição é que, quanto maior o valor de *k*, mais inespecífica e representativa a relação verbal será.

A partir do *corpus* CetenFolha, foram extraídas 1.552.791 relações (*arg1*, ***rel***, *arg2*) distintas, as quais foram agrupadas pela relação verbal ***rel***, resultando em 441.230 relações verbais diferentes. A cada grupo foi associado um valor *k* de instâncias, ou seja, um número *k* de pares de argumentos distintos. Por exemplo, ***rel*** = "abrir inscrição para" aparece 56 vezes no *corpus* com argumentos distintos, neste caso *k*=56, enquanto ***rel*** = "implementar reforma para aproveitar tendência de" aparece apenas 1 vez, e, portanto, *k*=1. No léxico gerado, tem-se que 6.159 relações verbais possuem *k*>=20.

Com base no léxico de relações verbais do Português, *RePort* aplica a seguinte restrição lexical: (1) selecionar as relações verbais com nível de especificidade maior ou igual a *k* (definido por parâmetro).

Nos experimentos do *ReVerb* os melhores resultados foram obtidos com parâmetro *k*=20. Para este valor de *k*, no léxico em inglês são consideradas 941.232 relações verbais, enquanto que para o léxico em português, o parâmetro acima selecionaria apenas 6.159 relações verbais, o que tornaria a restrição lexical do *RePort* muito mais rígida e, consequentemente, muitas triplas seriam descartadas. Em nossas avaliações experimentais, alcançamos os melhores resultados com *k*=2, importando em um léxico com 84.341 relações verbais passíveis de extração pelo *RePort*. Importante ressaltar que o corpus em inglês utilizado no *ReVerb* possui 384 vezes mais sentenças que o CetenFolha (500 milhões de sentenças contra 1,3 milhão de sentenças).

3.3. Extração de Argumentos

Para cada relação verbal selecionada na etapa anterior, *RePort* aplica as seguintes regras para identificar os argumentos *arg1* e *arg2* da relação:

(1) Atribuir à *arg1* o sintagma nominal mais próximo à esquerda da relação verbal ***rel***, na mesma sentença, desde que o mesmo não seja um pronome relativo, nem um pronome reflexivo, nem a palavra "quem";

(2) Verificar se *arg1*, na mesma sentença, é precedido por outro sintagma nominal e intercalado pela preposição "de". Em caso afirmativo, acrescenta-se este último a *arg1*. Repete-se esta regra até encontrar o último sintagma nominal que satisfaça a condição;

(3) Verificar se *arg1* é um nome próprio, e se, na mesma sentença, está precedido por outro nome próprio e intercalado por conjunção coordenada "e" ou vírgula. Em caso afirmativo, acrescenta-se este último a *arg1*. Repete-se esta regra até encontrar o último nome próprio que satisfaça a condição;

(4) Atribuir à *arg2* o sintagma nominal mais próximo à direita da relação verbal ***rel***, na mesma sentença;

(5) Verificar se *arg2*, na mesma sentença, é sucedido outro sintagma nominal e intercalado pela preposição "de". Em caso afirmativo, acrescenta-se este último a *arg2*. Repete-se esta regra até encontrar o último sintagma nominal que satisfaça a condição.

As regras (2) e (5) são especialmente necessárias, desde que, na língua portuguesa, utiliza-se prioritariamente a preposição "de" para adjetivação de substantivos [Lima 1972] [Junior 2002]. Por exemplo, sem as referidas regras, a relação extraída da sentença "*Filhos de Gandhi é campeã do carnaval de 2013*" é "(Gandhi, ser campeão de, o carnaval)" enquanto, pelas regras (2) e (5), a relação corretamente extraída é "(Filhos_de_Gandhi, ser campeão de, o Carnaval_de_2013)".

4. Avaliação Experimental

Os experimentos realizados visaram avaliar a qualidade das relações extraídas pelo método *RePort*, a partir de textos livres em português, através de uma avaliação manual e da comparação com as triplas extraídas pelo *ReVerb*, a partir dos textos correlatos em inglês.

4.1. Configuração e Metodologia de Avaliação

Nos experimentos realizados foram utilizados o *sentence detector* do OpenNLP[1], e o *tokenizer*, *POS tagger* e *NP chunker* de [Kinoshita et al. 2006] e [Colen 2013], processadores que possuem alta acurácia para língua portuguesa. A metodologia de avaliação seguiu os passos detalhados abaixo:

[1] http://opennlp.sourceforge.net

(1) Extração das relações de um dos artigos do *corpus* multilíngue REVISTA PESQUISA FAPESP PARALLEL CORPORA (NILC) [Aziz and Specia 2011], usando o *ReVerb 1.3* para os textos em inglês, e o *RePort* para os textos correlatos em português. Foram extraídas 93 relações em português e 94 em inglês (com parâmetros k=2 e k=20, respectivamente).

(2) Execução dos seguintes cenários de teste:

CENÁRIO 1 – Sete avaliadores adultos e mestrandos em Ciências da Computação, de posse do texto original em português e da relação semântica extraída pelo *RePort*, qualificavam-na, seguindo a escala Likert – CONCORDO, CONCORDO_PARCIALMENTE, NAO_SEI_DIZER, DISCORDO_PARCIALMENTE, DISCORDO. Pelo menos dois avaliadores distintos qualificaram cada relação, com um terceiro avaliador para resolver casos de divergência. Neste cenário, foram calculadas duas métricas:

$Acurácia_{Restrita}$ = (Qtd_CONCORDO) / Qtd_Extracoes

$Acurácia_{Relaxada}$ = (Qtd_CONCORDO + Qtd_CONCORDO_PARC) / Qtd_Extracoes

CENÁRIO 2 – Um avaliador humano proficiente em inglês e português comparou as relações extraídas pelo *ReVerb* e pelo *RePort* com o objetivo de verificar a similaridade entre elas. A análise de similaridade considerou os seguintes casos: (1) as relações verbais são iguais ou parcialmente iguais; (2) adicionalmente *arg1* e/ou *arg2* são iguais. Neste cenário, foi calculada a seguinte métrica:

$Similaridade_{Port-Ing}$ = (Qtd_SIMILARES) / Qtd_Extracoes

A Tabela 1 apresenta, como exemplo, as relações extraídas para o texto "*O Movitae foi criado em 2003, quando o Congresso Nacional iniciava os debates sobre clonagem terapêutica, técnica que ficou fora da Lei de Biossegurança.*" (em inglês, "*Movitae was created in 2003, when the National Congress was starting the debates on therapeutic cloning, a technique that was left out of the Law on Biosafety*").

Tabela 1. Exemplo de extrações / avaliações de triplas extraídas pelo *RePort* e ReVerb.

EXTRAÇÕES *RePort* (texto em português)		
arg1	*rel*	*arg2*
O Movitae	foi criado em	2003
o Congresso Nacional	iniciava os debates sobre	clonagem terapêutica
Técnica	ficou fora de	a Lei de Biossegurança

EXTRAÇÕEs *ReVerb* (texto em inglês)		
arg1	*rel*	*arg2*
Movitae	*was created in*	*2003*
the National Congress	*was starting the debates on*	*therapeutic cloning*
a technique	*was left out of*	*a Lei de Biossegurança*

4.2. Análise dos Resultados

No CENARIO 1, foram avaliadas 91 das relações extraídas pelo *RePort* (2 relações foram marcadas como NAO_SEI_DIZER), das quais os avaliadores concordaram plenamente com 57, concordaram parcialmente em 17 casos, discordaram parcialmente em 4 casos e, em 13, discordaram totalmente. Assim, *RePort* obteve $Acurácia_{Restrita}$ = 62,6% (considerando apenas as relações avaliadas como completamente corretas por todos os avaliadores) e $Acurácia_{Relaxada}$ = 81,3% de acurácia relaxada (considerando as relações em que os avaliadores concordaram com o sistema, mesmo que parcialmente).

No CENARIO 2, foram analisadas as 93 relações verbais extraídas pelo *RePort* e suas correlatas extraídas pelo *ReVerb*. O avaliador humano considerou que 61 relações verbais ***rel*** eram totalmente correspondentes e 10 eram parcialmente. Das 61 relações verbais coincidentes, foram analisadas a similaridade entre os argumentos das respectivas relações: 37 possuíam ambos os argumentos iguais e 21 apresentaram ou *arg1* ou *arg2* iguais. Portanto, considerando apenas as relações verbais, tem-se 66% de similaridade total e 76% de similaridade parcial, e considerando também os argumentos, tem-se 40% similaridade total e 62% de similaridade parcial (quando um dos argumentos das relações coincidem).

Diferença entre os léxicos de relações verbais em inglês e português foi a principal causa das 10 (dez) relações verbais com similaridade parcial (por exemplo, "*will enjoy the results of*" se encontra no léxico em inglês e não foi encontrada no corpus do CetenFolha). Tem-se, ainda, que 22 relações extraídas pelo *RePort* não foram extraídas pelo *ReVerb*, e 23 extrações feitas pelo *ReVerb* não foram extraídas pelo *RePort*. Identificamos que os principais motivos foram: (i) verbos em português expressos como substantivos em inglês; (ii) verbos em inglês expressos como substantivos em português; (iii) uso de sujeito elíptico no português; (iv) restrição de verbos precedidos pela partícula "to". Por exemplo, no texto "(...), suspeitavam estar estimulando a prática do aborto.", a elipse do sujeito em português fez com que a relação não fosse extraída. Noutro exemplo, do texto "*The farmers from Rio Grande do Sul planted RR seeds from Argentina.*", *ReVerb* extrai as relações incorretas - (*the farmers from Rio Grande", do, Sul*) (*the farmers from Rio Grande, planted, RR Seeds*), por entender "do" como verbo. Importante salientar que *RePort* extraiu corretamente a relação (os produtores do Rio Grande do Sul, plantaram, sementes RR argentinas). Importante ressaltar que as 22 novas relações extraídas por *RePort* obtiveram 75% de acurácia.

5. Conclusão

Neste trabalho apresentamos *RePort*, um método de Extração de Informação Aberta para língua portuguesa, baseado na abordagem *ReVerb* para o inglês, e consistindo de regras para seleção da relação verbal e para extração dos argumentos. Foram realizados dois experimentos, onde uma avaliação manual indicou 81% de acurácia para as relações extraídas pelo *RePort*, e o segundo experimento mostrou 76% de similaridade entre as relações verbais extraídas pelo *RePort* e suas correlatas extraídas pelo *ReVerb* (dos textos traduzidos em inglês). Destaca-se que o índice de similaridade decresce para 62%, quando a avaliação considerou também os argumentos das relações. A análise dos casos de erro indiciaram os seguintes trabalhos futuros: (i) novas regras para extração de argumentos, por exemplo, que considere conhecimento linguístico como outras preposições, sujeito oculto, etc; (ii) extensão do léxico de relações verbais a partir de outros *corpora*; (iii) comparação com outros modelos de *Open IE*, como o *DepOE*; (iv) implementação da função de confiança para o português; (v) avaliação a partir de um padrão ouro. Importante reivindicar a relevância do presente trabalho para evolução da área de *Open IE* para o Português. As triplas extraídas pelo *ReVerb* com alto índice de confiança são utilizadas para aprendizado de máquina em outros sistemas, como OLLIE e OpenIE 4 (http://knowitall.github.io/openie), os quais apresentam resultados significativamente melhores para a língua inglesa. Portanto, o caminho trilhado neste trabalho foi necessário para que possamos avançar mais rapidamente nas pesquisas em extração aberta de relações semânticas em língua portuguesa.

Referências

Aziz, Wilker, and Lucia Specia (2011), 'Fully Automatic Compilation of a Portuguese-English Parallel Corpus for Statistical Machine Translation', in *STIL 2011* (Cuiabá, MT, 2011).

Banko, Michele, Michael J. Cafarella, Stephen Soderland, Matthew Broadhead, and Oren Etzioni (2007), 'Open Information Extraction for the Web', in *IJCAI*, 2007, VII, pp. 2670–76.

Colen, W. (2013). Aprimorando o corrector grammatical cogroo. Master's thesis, IME/USP - Inst. de Matemática e Estatística da Universidade de São Paulo.

Collovini, Sandra, et al. (2014) Extraction of Relation Descriptors for Portuguese Using Conditional Random Fields. *Advances in Artificial Intelligence--IBERAMIA 2014*. Springer International Publishing, 2014. 108-119.

Eichler, Kathrin., Hemsen, Holmer., Neumann, Günter. (2008). Unsupervised relation extraction from web documents. In: Proceedings of the International Conference on Language Resources and Evaluation.

Etzioni, Oren, Anthony Fader, Janara Christensen et al. (2011), 'Open Information Extraction: The Second Generation.', in *IJCAI*, 2011, XI, 3–10.

de Abreu, Sandra C., Bonamigo, Tiago Luis., Vieira, Renata. (2013) A review on Relation Extraction with an eye on Portuguese. Journal of the Brazilian Computer Society, Springer, v 19, Issue 4, pp. 553-571. [doi 10.1007/s13173-013-0116-8].

Fader, Anthony, Stephen Soderland, and Oren Etzioni (2011), 'Identifying Relations for Open Information Extraction', in *Proceedings of the Conference on Empirical Methods in Natural Language Processing* (Association for Computational Linguistics, 2011), pp. 1535–45.

Freitas, C., Santos, D., Oliveira, H.G., Carvalho, P., Mota, C. (2008) Relações semânticas do ReRelEM: além das entidades no Segundo HAREM, Chapter 4, pp. 75–94. Linguateca.

Gamallo, Pablo, Marcos Garcia, and Santiago Fernández-Lanza (2012), 'Dependency-Based Open Information Extraction', in *Proceedings of the Joint Workshop on Unsupervised and Semi-Supervised Learning in NLP* (Association for Computational Linguistics, 2012), pp. 10–18.

Junior, E. D. (2002). Preposições no Português Brasileiro: Um Estudo Frequencial. Tese de Doutorado. Universidade Federal do Paraná.

Khoo, C., Na, J.C. (2006) Semantic relations in information science. Annual Review of Information Science and Technology 40, pp.157–228.

Kinoshita, Jorge, L. N. Salvador, and C. E. D. Menezes (2006), 'CoGrOO: A Brazilian-Portuguese Grammar Checker Based on the CETENFOLHA Corpus', in *The Fifth International Conference on Language Resources and Evaluation, LREC*, 2006

Lima, R. (1972) Gramática normativa da língua portuguesa. Rio de Janeiro: José Olympio Editora.

Lenat D (1995) CYC: a large-scale investment in knowledge infrastructure. Communications of the ACM 38(11): pp.33–38.

Linguateca (2005) "CETENFolha", http://www.linguateca.pt/CETENFolha.

Mitchell, T., W. Cohen, E. Hruschka, P. Talukdar, J. Betteridge, A. Carlson, B. Dalvi, M. Gardner, B. Kisiel, J. Krishnamurthy, N. Lao, K. Mazaitis, T. Mohamed, N. Nakashole, E. Platanios, A. Ritter, M. Samadi, B. Settles, R. Wang, D. Wijaya, A. Gupta, X. Chen, A. Saparov, M. Greaves, J. Welling. (2015) 'Never-Ending Learning'. In Proceedings of the Conference on Artificial Intelligence (AAAI), 2015.

Murphy, M.L. (2003) Semantic Relations and the Lexicon. Cambridge University Press, Cambridge, UK.

Pinheiro, V., Furtado, V., Pequeno, T., Franco, W. (2013) A Semi-Automated Method for Acquisition of Commonsense and Inferentialist Knowledge. Journal of the Brazilian Computer Society, Springer, v.19, pp. 75-87 [doi:10.1007/s13173-012-0082-6].

Pustejovsky, J. (1995) The Generative Lexicon. The MIT Press, Cambridge, USA.

Schmitz, Michael, Robert Bart, Stephen Soderland, Oren Etzioni et al.(2012), 'Open Language Learning for Information Extraction', in *Proceedings of the 2012 Joint Conference on Empirical Methods in Natural Language Processing and Computational Natural Language Learning* (Association for Computational Linguistics, 2012), pp. 523–34.

Wu, Fei, and Daniel S. Weld (2010), 'Open Information Extraction Using Wikipedia', in *Proceedings of the 48th Annual Meeting of the Association for Computational Linguistics* (Association for Computational Linguistics, 2010), pp. 118–27

Xavier, Clarissa Castellã, Vera Lúcia Strube de Lima, and Marlo Souza (2015), 'Open Information Extraction Based on Lexical Semantics. *Journal of the Brazilian Computer Society 2015, 21:4 doi:10.1186/s13173-015-0023-2.*

Proceedings of Symposium in Information and Human Language Technology. Natal, RN, Brazil, November 4–7, 2015.

Semi-Automatic Construction of a Textual Entailment Dataset: Selecting Candidates with Vector Space Models

Erick R. Fonseca[1], Sandra M. Aluísio[1]

[1]Instituto de Ciências Matemáticas e de Computação (ICMC)
Universidade de São Paulo (USP) – São Carlos, SP – Brazil

{erickrf,sandra}@icmc.usp.br

Abstract. *Recognizing Textual Entailment (RTE) is an NLP task aimed at detecting whether the meaning of a given piece of text entails the meaning of another one. Despite its relevance to many NLP areas, it has been scarcely explored in Portuguese, mainly due to the lack of labeled data. A dataset for RTE must contain both positive and negative examples of entailment, and neither should be obvious: negative examples shouldn't be completely unrelated texts and positive examples shouldn't be too similar. We report here an ongoing work to address this difficulty using Vector Space Models (VSMs) to select candidate pairs from news clusters. We compare three different VSMs, and show that Latent Dirichlet Allocation achieves promising results, yielding both good positive and negative examples.*

1. Introduction

Recognizing Textual Entailment (RTE) is a Natural Language Processing (NLP) task aimed at determining when a given piece of text T entails the meaning of a hypothesis H. It is useful in many NLP applications, such as Question Answering, Automatic Summarization, Information Extraction and others [Androutsopoulos and Malakasiotis 2010, Dagan et al. 2013].

For example, (1) entails the meaning of both (2) and (3). The last two sentences entail each other, forming a *paraphrase* relationship. Paraphrases can be seen as a special case of entailment, occurring when both pieces of text have essentially the same content.

(1) For the accession of new contracts, the closing date was kept on the 30th, as previously informed.

(2) The deadline for new contracts accession is on the 30th.

(3) New contracts can be accessed until the 30th.

The exact definition of entailment in the NLP research community is rather subjective. The widely accepted notion is that T entails H when a person reading T would affirm that H is most likely true [Dagan et al. 2009]. We also follow this view here.

In order to automatically recognize when T entails H (or refute this possibility), the NLP community has come up with many different strategies, with no single one emerging as the best [Dagan et al. 2013]. Virtually all of them, however, need labeled data in order to calibrate system parameters; moreover, a labeled dataset is necessary to evaluate systems' performance in a standardized benchmark.

The lack of labeled RTE data is a major obstacle to research in this area for Portuguese. Obtaining an entailment dataset, however, is not a simple task: while in some other areas, such as part-of-speech tagging and named entity recognition, it suffices to pick texts and have a group of annotators tag them, some other points must be taken into account when it comes to RTE.

First, each item considered in RTE is actually a pair of text passages. Such pairs will hardly be found in a single text document; instead, they must be collected from different but related sources. Some possibilities are news articles grouped by subject or different translations of the same original text; since each one in these cases is a description of the same event, a sentence in one text may entail a sentence in another one.

Second, the presence or absence of an entailment relation must not be obvious. In other words, T and H should be somewhat similar to each other, especially when there is no entailment; conversely, if T entails H, they should bear some differences. Thus, while (4) is entailed by (1), it would be a bad example in an RTE dataset, not reflecting the difficulty of the task, since the only change was the replacement of a word by a synonym.

(4) For the accession of new contracts, the closing date was maintained on the 30th, as previously informed.

If this point is kept in mind during the construction of an RTE dataset, it will be of greater practical use. For example, consider the case of a Question Answering system which has formulated a candidate answer to a question, and needs to check whether it is entailed by a text from some trusted source. Even if the text does entail the answer, it will probably have different words and a different syntactic structure.

In this work, we aimed at obtaining nontrivial RTE pairs in Portuguese in order to create a gold standard dataset. We took advantage of the news clusters provided by the Google News service[1], which groups news by subject, making them ideal for extracting RTE candidate pairs. We then used vector space models [Turney and Pantel 2010] to select similar sentences from different documents.

A full manual revision of the extracted pairs still needs to be carried out in order to label them according to the relation they display (entailment, paraphrase or neither one) and filter out bad candidates (that is, pairs where T and H are either too similar or too different). A preliminary analysis of a sample, however, showed that this method yields very promising data, containing good positive and negative examples.

The remainder of this paper is organized as follows. Section 2 discusses relevant related work and gaps in the area. Section 3 describes our method. Our results are presented and discussed in Section 4, and Section 5 shows our final conclusions.

2. Related Work

In the first PASCAL RTE Challenge[2] [Dagan et al. 2005], the main event dedicated to RTE research, a dataset was created by composing subsets related to different NLP applications, such as Information Retrieval or Automatic Summarization. Each subset was collected differently, sometimes with significant human labor. While in subsequent edi-

[1] `https://news.google.com/`

[2] `http://pascallin2.ecs.soton.ac.uk/Challenges/`

tions the organizers improved the dataset generation process [Dagan et al. 2009], some limitations still existed.

For example, in the Information Retrieval setting, annotators formulated queries to search engines. Each query was treated as a hypothesis and a candidate text was selected from one of the returned documents to form a (T, H) pair. More related to our process, in the Automatic Summarization task, annotators examined the summary of a news cluster and selected sentences (outside the summary) with high lexical overlap with it. Besides the labor required from annotators, this process also suffers from a possible bias in the way humans select pairs.

[Dolan et al. 2004] present the Microsoft Research Paraphrase (MSRP) Corpus, the *de facto* standard dataset for training and evaluating paraphrase detection systems. The paraphrase pairs were collected using two strategies, both exploring clusters of related news. The first one selected sentence pairs from the same cluster according to their edit distance. The second one compared the first sentence in each news article (which often summarizes the article's content) and selected the ones with some lexical overlap. Some filtering criteria discarded pairs with very different lengths. The dataset was revised by human annotators afterward.

In order to bootstrap an RTE dataset, [Hickl et al. 2006] took advantage of the fact that the headline of a news article is usually a reduced version of its first sentence. Their method then treats the first sentence of an article as T and its headline as H, and assumes it is a positive pair. For negative examples, they used two methods: the first selects two consecutive sentences mentioning the same named entity, and the second one selects any pair of consecutive sentences linked by contrastive connectives such as *even though* or *although*. A sample of the data was analyzed manually, and over 90% of the pairs had the expected class (positive or negative). However, their bootstrapped dataset suffers from the problems mentioned earlier: positive pairs are too similar while negative ones are very different.

The SICK dataset [Marelli et al. 2014] was created with a different approach. As a first step, sentence pairs describing the same image or video fragment were collected. Then, altered versions of these sentences were generated (with changes such as a negation or a noun replacement) and added to a pool. The pairs in the final dataset were picked by combining either sentences that originally described the same picture/video or not, and both could be the original or altered versions, which allowed a great variability in the dataset. Each pair was annotated by several reviewers using a crowdsourcing platform.

Concerning Portuguese, there is the AVE[3] (Answer Validation Exercise) dataset. It consisted in evaluating whether answers returned by QA systems [Rodrigo et al. 2009] were entailed by a supporting text, returned together with the answer itself. Thus, the supporting text was interpreted as T and the full sentence that answers the question as H. For example, for a question like "*What is the capital of Croatia?*", and a simple answer such as "*Zagreb*", H would be "*The capital of Croatia is Zagreb*".

While this reflects a real world application, it is limited to the QA scenario and to the shortcomings of the participating systems. Most problems can be seen in negative examples: in some cases, T is completely unrelated to H or can't be understood out of

[3] `http://nlp.uned.es/clef-qa/repository/ave.php`

context; and in the case of some wrong answers, H is either agrammatical or doesn't even make sense. Consider, for example, the pair (5) and (6), which was created based on the answer to the question "*A que se refere o termo "Les Six" em música?*" (What does the term "Les Six" refers to in music?): H doesn't make any sense and is completely unrelated to T.

(5) **[T]** Não gosta de falar de carreira, porque diz que é um termo com que não se identifica.
He doesn't like to talk about career, because he says it is a term he doesn't identify with.

(6) **[H]** "Les Six" são que é.
"Les six" are what it is.

3. Methodology

In order to extract RTE pairs, we examined clusters from Google News. Exploiting news clusters for paraphrase or entailment pairs acquisition is not a novel idea, having already been successfully explored before [Dolan et al. 2004, Dagan et al. 2005, Barzilay and Lee 2003]. However, instead of having human annotators select pairs based on word overlap, we employ Vector Space Models to suggest candidates.

3.1. Vector Space Models

Vector Space Models (VSMs) refer to a family of methods that map words or documents to a multidimensional space [Turney and Pantel 2010], such that each word or document is associated with a numeric vector. VSMs have a long history in NLP, being especially useful in the field of Information Retrieval [Manning et al. 2008].

The main purpose of VSMs is to model similarity: similar documents are mapped to similar vectors. The similarity between two vectors is usually expressed as their cosine; similarity between documents can be understood as how much common content they have. Robust methods should be able to measure it even when two documents don't have many words in common.

For example, suppose one document has many mentions of *money* and *investment*, while another one doesn't have these words, but has occurrences of *dollar* and *economy*. If a VSM has seen enough examples, it should indicate that these documents probably have a substantial degree of similarity. Thus, one advantage of using a VSM is its capability of identifying similar documents without relying too much on lexical overlap.

VSMs are generated after analyzing large corpora, without the need of any kind of annotation. In our experiments, we tried three different VSM methods: Latent Semantic Indexing (LSI) [Landauer and Dumais 1997], Latent Dirichlet Allocation (LDA) [Blei et al. 2003] and Random Projections (RP) [Sahlgren 2005]. These three models are based on computing word frequencies across documents, and applying linear algebra techniques to a matrix of word counts. After a VSM has been generated, it can project new documents into vectors, based on the words that occur in them.

Figure 1 illustrates how the similarity between two sentences (each viewed as a document) is calculated. Each document is given as input to the VSM, resulting in a real valued feature vector. Their similarity is calculated as the cosine of their vectors.

In recent years, new kinds of VSMs based on neural networks have emerged in NLP [Pennington et al. 2014, Mikolov et al. 2013]. These models, however, tend to focus

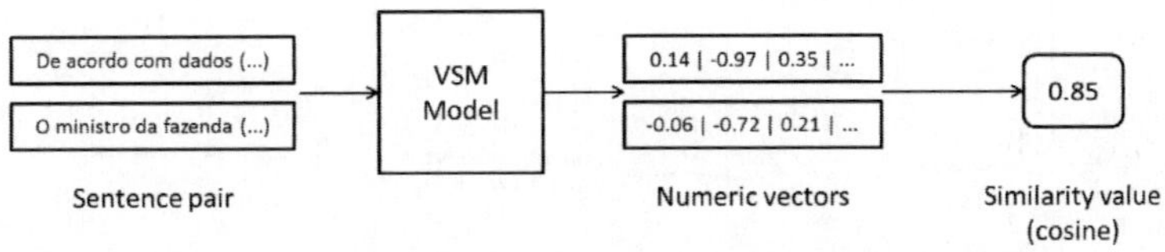

Figure 1. Obtaining a similarity value for two sentences

on the representation of words (also called *embeddings*) rather than documents. While methods for combining them into sentences or larger texts do exist [Le and Mikolov 2014, Socher et al. 2013], here we chose to use models based on occurrence counting, since they are simpler and more commonly used in retrieval-like tasks.

3.2. Candidate Pair Extraction

We generated the VSMs from a corpus of 8 months of news articles (from February to mid-October 2014, approximately 220 thousand articles and 100 million tokens) collected from the G1 website[4]. Since we wanted to work with sentences and not whole texts as RTE candidate pairs[5], we split the articles' texts into sentences and treated each one as a document from the VSM point of view (resulting in around 3.6 million documents). Although RTE candidates were not extracted from this corpus, using sentences as our document-level unit allows the VSMs to perform a more fine grained analysis.

Articles were preprocessed using common procedures: we converted the whole texts to lower case, removed stopwords, words occurring in less than 5 sentences or more than 50% of them. All three models were generated with 100 dimensions (or topics). For simplicity, we did not extract n-grams from the text, although this is worth investigating in future experiments.

After the models were generated, we used them to pick RTE candidates from our Google News corpus. This second corpus is composed of 329 clusters, each one containing on average 17.6 texts, totaling 90,310 sentences and around 2.4 million tokens. All texts were split into sentences, and each sentence was projected into the VSM and compared with others from the same cluster (in decreasing order of cosine similarity) until an appropriate pair was found.

A pair was considered appropriate when its cosine similarity was above a minimum threshold s_{min} and below a maximum s_{max}. Additionally, at least some proportion α of the words appearing in each sentence should not appear in the other. These conditions should select pairs that bear some similarities, but not too much. In order to avoid a bias towards a given topic, we limited the extraction process so that it could only pick two pairs from each cluster.

Figure 2 illustrates our whole procedure: first, the VSM is generated from a large corpus. Then, each news cluster is examined using the VSM in order to identify similar sentences. The resulting pairs are candidates to our RTE dataset.

[4]`http://g1.globo.com/`

[5]RTE candidate pairs do not need to be sentences. In fact, in the RTE Challenge datasets, some pairs had whole paragraphs as the T component. However, we want to explore here the simpler case of both T

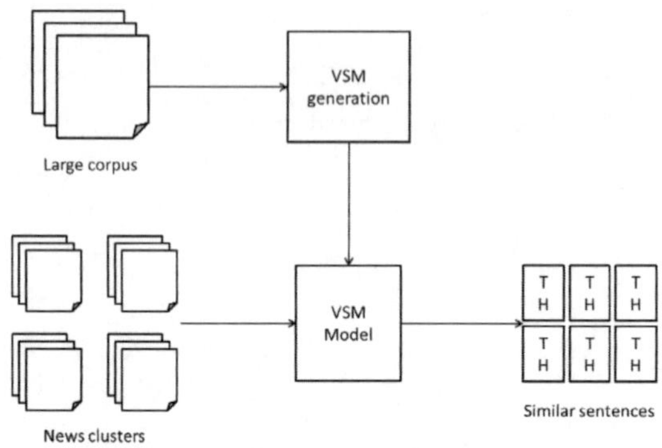

Figure 2. Similar sentence extraction process.

Ideally, we would like to investigate the effect of using the three different VSMs in tandem with different values for s_{min}, s_{max} and α. However, the dataset evaluation is costly, since it must be performed by human judges. Therefore, we only evaluated one configuration for all three models. After observing around 50 sentence pairs with varying parameter values, we chose to use $s_{min} = 0.65$, $s_{max} = 0.9$ and $\alpha = 0.35$. Lower values of s_{min} mostly allowed too different pairs; higher values of s_{max} allowed too similar ones. The parameter α only has significant impact on higher similarity values, when it filters out too similar candidates.

4. Results and Discussion

After generating datasets with each of the VSM methods, a human analysis was necessary in order to evaluate their quality and to ascertain whether there was or not an entailment relation in each pair.

So far, only a pilot analysis has been performed by a single judge. Its aim was not simply to annotate the data, but also to familiarize the annotator with the kind of relations that may be found in the pairs. This is essential in order to elaborate an annotation manual which minimizes the subjectivity of the task. In a later stage, we plan to have a group of annotators analyze all pairs, effectively creating the gold standard. Each pair was assigned one of six classes:

Entailment One sentence entails the other. Since the VSM similarities are symmetrical, the annotator had to indicate the direction of the entailment (whether the first sentence entailed the second or vice-versa).

Paraphrase Both sentences have essentially the same meaning.

No relation Sentences have some similarity, but neither entails the other. We call this case a negative example for the RTE dataset.

Large overlap, but no relation This happens when the two sentences share most of their content, but each one has some information that the other doesn't.

and H being sentences.

Too similar Sentences are too similar in syntactic structure and wording to be useful as an RTE example. Still, they usually display a paraphrase relationship.

Too different Sentences are too different to be useful as an RTE example.

The first three classes are interesting as RTE examples and should be kept in the final dataset, while the last two should be discarded. The notion of when a pair is too similar or too different is rather subjective, but it is important to filter out such cases. An example of a too different pair is shown in (7) and (8); (9) and (10) show a too similar one.

(7) Senado adia votação do novo indexador de dívidas dos Estados.
Senate postpones voting for the new debt index of the states.

(8) O objetivo é fixar em lei as regras para que os estados usem os recursos dos depósitos judiciais.
The objective is to establish in law the rules for the states to use resources from court deposits.

(9) A segunda partida acontece no próximo domingo, dia 03, na Arena Joinville.
The return leg takes place next Sunday, the 3rd, in Arena Joinville.

(10) A partida de volta em Joinville acontece no próximo domingo (3), às 16h.
The return leg in Joinville takes place next Sunday (the 3rd), at 16h.

The fourth class, however, requires more careful investigation. One option is to follow a stricter view and regard pairs in this category as not having an entailment relation; another one would be a more permissive interpretation that would consider that T entails H even if H has some piece of information not found in T.

An example of overlapping sentences is the pair (11) and (12). The first one informs that the game took place on a Wednesday, and that the winning team was Internacional. The second one doesn't mention the team's name, but tells that the game was on its home.

(11) O Internacional manteve a boa fase e venceu o Strongest por 1 a 0 nesta quarta-feira, garantindo a liderança do Grupo 4 da Libertadores.
The Internacional[6] *kept the momentum and won the Strongest 1-0 this Wednesday, guaranteeing the leadership of the Group 4 of Libertadores.*

(12) Em casa, a equipe gaúcha derrotou o The Strongest, por 1 a 0, e garantiu a primeira colocação do Grupo 4 da Copa Libertadores.
Playing at home, the gaúcho[7] *team defeated The Strongest 1-0 and guaranteed the first place in the Group 4 of the Libertadores Cup.*

While in some situations the missing information might make all the difference (e.g., in a query about the day a game was played), we believe that the pros and cons of treating such pairs as positive or negative should be carefully analyzed.

The results of the manual analysis over a sample of 100 pairs produced by each VSM are summarized in Table 1. They suggest that RP tends to select pairs with higher

[6] Soccer team
[7] From Rio Grande do Sul state in Brazil.

similarity: it has the most cases of pairs discarded for being too similar and the most paraphrases, and was the only method to select more positive entailment cases than negative ones.

LSI, on the other hand, has the highest number of "too different" pairs and the lowest number of overlaps. LDA appears to have a good balance between both extremes, with the lowest total amount of pairs that need to be discarded either for excessive similarity or difference.

Class	LDA	LSI	RP
Entailment	12	15	16
Paraphrase	5	3	10
No relation	35	30	14
Overlap	20	9	17
Too similar	4	0	12
Too different	24	43	31

Table 1. Counts of each class in the data generated by the VSMs

The number of negative examples extracted by LDA is a very promising result, since our main concern was the lack of methods for extracting good quality negative RTE pairs. We want to reinforce that a *negative pair* here means not only the absence of an entailment relation, but also that T and H talk about related subjects.

All methods selected a low number of positive entailment cases[8]. While we expected higher figures, there are still ways to circumvent this problem. One way would be to extract pairs from some news clusters using LDA, thus yielding more negative examples, and use Random Projections on others, which would give us more positive pairs. Also, since our final goal is obtaining an RTE dataset in Portuguese, not bound to a specific method, we could experiment with some strategies found in the literature for obtaining positive entailment pairs.

5. Conclusions

In this work, we have presented a strategy for obtaining candidate pairs to build a gold standard RTE dataset for Portuguese. We focused on avoiding trivial pairs, such as sentences too similar or too unrelated to each other. For that, we used three different Vector Space Models to select similar sentences from news clusters.

A preliminary analysis of a sample of the data showed that the proposed method can achieve good results, especially with LDA. Particularly concerning negative cases, which are scarcely explored in the literature, it can pick many good quality examples.

As future work in this line of research, we plan to carry out the manual annotation of the whole dataset in order to provide the Portuguese NLP community with a reliable RTE dataset. This dataset could then be used as a benchmark to train and evaluate systems.

The code used for the experiments reported here as well as the annotated data can be found at `http://nilc.icmc.usp.br/rte-bootstrapper/`.

[8]Note that, for RTE purposes, paraphrases can also be considered positive entailment pairs.

References

[Androutsopoulos and Malakasiotis 2010] Androutsopoulos, I. and Malakasiotis, P. (2010). A survey of paraphrasing and textual entailment methods. *Journal of Artificial Intelligence Research*, 38:135–187.

[Barzilay and Lee 2003] Barzilay, R. and Lee, L. (2003). Learning to Paraphrase: An Unsupervised Approach Using Multiple-Sequence Alignment. In *Proceedings of HLT-NAACL 2003*, pages 16–23.

[Blei et al. 2003] Blei, D. M., Ng, A. Y., and Jordan, M. I. (2003). Latent Dirichlet Allocation. *Journal of Machine Learning Research*, 3:993–1022.

[Dagan et al. 2009] Dagan, I., Dolan, B., Magnini, B., and Roth, D. (2009). Recognizing textual entailment: Rational, evaluation and approaches. *Natural Language Engineering*, 15(4):i–xvii.

[Dagan et al. 2005] Dagan, I., Glickman, O., Gan, R., and Magnini, B. (2005). The PASCAL Recognising Textual Entailment Challenge. In *Proceedings of the PASCAL challenges on Recognizing Textual Entailment*.

[Dagan et al. 2013] Dagan, I., Roth, D., Sammons, M., and Zanzotto, F. M. (2013). *Recognizing Textual Entailment: Models and Applications*. Synthesis Lectures on Human Language Technologies. Morgan & Claypool.

[Dolan et al. 2004] Dolan, B., Quirk, C., and Brockett, C. (2004). Unsupervised Construction of Large Paraphrase Corpora: Exploiting Massively Parallel News Sources. In *Proceedings of the 20th International Conference on Computational Linguistics*, pages 350–356.

[Hickl et al. 2006] Hickl, A., Bensley, J., Williams, J., Roberts, K., Rink, B., and Shi, Y. (2006). Recognizing Textual Entailment with LCC's GROUNDHOG System. In *Proceedings of the Second PASCAL challenges on Recognizing Textual Entailment*, pages 80–85.

[Landauer and Dumais 1997] Landauer, T. K. and Dumais, S. T. (1997). A Solution to Plato's Problem: The Latent Semantic Analysis Theory of Acquisition, Induction, and Representation of Knowledge. *Psychological Review*, 104(2):211–240.

[Le and Mikolov 2014] Le, Q. and Mikolov, T. (2014). Distributed Representations of Sentences and Documents. In *Proceedings of the 31 st International Conference on Machine Learning*.

[Manning et al. 2008] Manning, C. D., Raghavan, P., and Schütze, H. (2008). *Introduction to Information Retrieval*. Cambridge University Press, New York, NY, USA.

[Marelli et al. 2014] Marelli, M., Menini, S., Baroni, M., Bentivogli, L., bernardi, R., and Zamparelli, R. (2014). A SICK cure for the evaluation of compositional distributional semantic models. In *Proceedings of the Ninth International Conference on Language Resources and Evaluation (LREC'14)*, pages 216–223.

[Mikolov et al. 2013] Mikolov, T., tau Yih, W., and Zweig, G. (2013). Linguistic regularities in continuous space word representations. In *Proceedings of the 2013 Conference of the North American Chapter of the Association for Computational Linguistics: Human Language Technologies (NAACL-HLT-2013)*. Association for Computational Linguistics.

[Pennington et al. 2014] Pennington, J., Socher, R., and Manning, C. (2014). GloVe: Global Vectors for Word Representation. In *Proceedings of the 2014 Conference on Empirical Methods in Natural Language Processing (EMNLP)*, pages 1532–1543, Doha, Qatar. Association for Computational Linguistics.

[Rodrigo et al. 2009] Rodrigo, A., Peñas, A., and Verdejo, F. (2009). Overview of the answer validation exercise 2008. In *Evaluating Systems for Multilingual and Multimodal Information Access*, volume 5706 of *Lecture Notes in Computer Science*, pages 296–313. Springer Berlin Heidelberg.

[Sahlgren 2005] Sahlgren, M. (2005). An Introduction to Random Indexing. In *Methods and Applications of Semantic Indexing Workshop at the 7th International Conference on Terminology and Knowledge Engineering*.

[Socher et al. 2013] Socher, R., Perelygin, A., Wu, J. Y., Chuang, J., Manning, C. D., Ng, A. Y., and Potts, C. (2013). Recursive Deep Models for Semantic Compositionality Over a Sentiment Treebank. In *Proceedings of the 2013 Conference on Empirical Methods in Natural Language Processing*.

[Turney and Pantel 2010] Turney, P. D. and Pantel, P. (2010). From frequency to meaning: Vector space models of semantics. *Journal of Artificial Intelligence Research*, 37:141–188.

Proceedings of Symposium in Information and Human Language Technology. Natal, RN, Brazil, November 4–7, 2015. ©2015 Sociedade Brasileira de Computação.

n-Gramas de Caractere como Técnica de Normalização Morfológica para Língua Portuguesa: Um Estudo em Categorização de Textos

Guilherme T. Guimarães, Marcus V. Meirose, Sílvia M. W. Moraes

Faculdade de Informática
Pontifícia Universidade Católica do Rio Grande do Sul (PUCRS)
Caixa Postal 1429– 90619-900 – Porto Alegre – RS – Brazil

guilherme.guimaraes1991@gmail.com, mvmeirose@gmail.com, silvia.moraes@pucrs.br

Abstract. *This paper describes a study on text categorization using a character n-grams approach for the morphological normalization. In recent work, this approach has emerged as a way to simplify the normalization of terms. In our research, we compared this approach to the usual normalization methods of stemming and lemmatization. In our case study, we used a subset of the PLN-BR CATEG corpus and SMO classification algorithm from the Weka tool. The results show that the character n-gram approach is promising.*

Resumo. *Este artigo descreve um estudo em categorização de textos que utiliza n-gramas de caractere como método de normalização morfológica. Em trabalhos recentes, essa abordagem tem surgido como uma forma de simplificar a normalização dos termos. Em nossa investigação, comparamos essa abordagem a métodos usuais de normalização como stemming e lematização. Em nossos casos de estudo, usamos um subconjunto do corpus em PLN-BR CATEG e o algoritmo de classificação SMO da ferramenta Weka. Os resultados obtidos mostram que a abordagem de n-grama por caractere é promissora.*

1. Introdução

Com a evolução da era digital, a quantidade de informação que se encontra ao nosso alcance cresceu de uma forma significativa. Cresceu, também, a necessidade de organizar tais informações e transformá-las em dados úteis. Atualmente, tribunais, empresas, escritórios entre outros negócios necessitam de uma forma automatizada de organização dos textos. Para isso a técnica de classificação em categorias tem sido de grande ajuda. Como a organização desses artefatos exige uma grande demanda de tempo e trabalho manual, resultando em perda de efetivo para o "negócio", a solução tem sido o uso de formas automatizadas de organização. Tais formas incluem as técnicas de categorização de texto.

A categorização ou classificação de textos consiste em atribuir objetos (documentos textuais) de um universo a duas ou mais classes (ou categorias) [Manning e Schütze, 1999; Sebastiani, 2002]. Como a base de execução dessa tarefa está centrada nos termos[1] existentes nos textos, a normalização linguística acaba tendo um papel

1 Um termo pode ser a raiz de uma palavra, uma palavra, uma sequência de palavras ou mesmo uma sentença inteira.

importante nesse processo. É por meio de técnicas de normalização linguística que podemos reduzir o conjunto de termos, unificando as variantes de um termo a uma mesma forma de representação.

Nesse trabalho, estudamos o impacto, no processo de categorização de textos em português, da substituição de técnicas usuais de normalização morfológica como *stemming* (ou radicalização) e lematização por *n*-gramas[2] de caractere. Um *n*-grama de caractere é uma sequência consecutiva de *n* caracteres. Segundo a literatura na área, há várias razões que justificam o uso de *n*-gramas de caractere no processo de categorização de textos: essa técnica é puramente estatística, não é dependente de linguagem, não requer qualquer outro conhecimento sobre o texto para ser aplicada [Rahmound e Zakaria, 2007] e, ainda é mais tolerante tanto a erros ortográficos e sintáticos quanto a ruídos existentes em textos digitalizados [Cavnar e Trenkle, 1994].

Em nossos casos de estudo em categorização de textos, usamos o *corpus* PLN_BR CATEG[3]. Para este *corpus*, criamos, inicialmente, dois casos de estudo, ditos de referência, baseados em unigramas de palavra para cada forma de normalização usual: *stemming* e lematização. Em seguida, definimos vários casos de estudo baseados em *n*-grama de caractere para diferentes valores de *n*. Em todos os casos de estudo, utilizamos a técnica de limiar por *ranking* como forma de seleção de características. Na etapa de classificação, usamos o algoritmo da ferramenta Weka[4]: Sequential Minimal Optimization (SMO), que é uma versão do algoritmo Support Vector Machine (SVM). Os resultados obtidos em nosso estudo mostram que a abordagem baseada em *n*-gramas de caractere como forma normalização morfológica para língua portuguesa é promissora, no entanto mais estudos precisam ser realizados. Cabe mencionar que as principais vantagens dessa abordagem são a sua simplicidade, tolerância a erros diversos e sua indepedência de linguagem.

Este artigo está organizado em 5 Seções. A Seção 2 descreve de forma sucinta alguns métodos de normalização linguística. A Seção 3 descreve brevemente alguns trabalhos correlatos ao nosso. A Seção 4 detalha o nosso estudo em *n*-gramas de caractere aplicado à categorização de textos. E, por fim, a Seção 5 apresenta as nossas conclusões.

2. Normalização Linguística

O objetivo da normalização linguística é transformar as variantes de um termo em uma forma única de representação. A normalização linguística pode ser morfológica, léxico-semântica ou sintática [Galvez *et al,* 2005]. A normalização morfológica é aplicada a termos com formas semelhantes cujos conceitos, em geral, estão relacionados, tais como "conectado", "conexão" e "conectando". Nesse caso, as variantes poderiam ser representadas por "conexão". A normalização léxico-semântica é usada em termos com similaridade semântica como "estado emocional", "estado afetivo" e "sentimento". Esses termos poderiam ser reduzidos ao termo "sentimento". Já a normalização sintática é usada em termos com estruturas sintáticas diferentes que possuem significados semelhantes como em "desempenhou com eficiência", "desempenho eficiente" e "eficiência em desempenho". Todas essas formas poderiam ser transformadas em "desempenho eficiente".

2 *N*-gramas podem ser definidos em nível de palavras, caracteres ou bytes [Graovac, 2012].

3 Esta coleção foi obtida através do projeto Recursos e Ferramentas para a Recuperação de Informação em Bases Textuais em Português do Brasil (PLN-BR), apoio CNPq #550388/2005-2.

4 http://www.cs.waikato.ac.nz/ml/weka/

A normalização morfológica é efetuada por meio de métodos de conflação. Conflação consiste em fundir variantes em uma única forma. Há vários métodos automáticos de conflação, dentre os mais usuais estão o *stemming* (radicalização) e a lematização [Gonzalez e Lima, 2003; Galvez *et al.,* 2005]. No *stemming,* a normalização é baseada na remoção de afixos, transformando as variantes em seus radicais. Por exemplo, "conectado" e "conectando" seriam representados por "conect". Já na lematização, as variantes são levadas a sua forma canônica (lema): os verbos vão para a forma infinitiva e os adjetivos e substantivos, para masculino singular (se existir). A conflação por lematização transformaria os termos exemplificados em "conectar".

Métodos baseados em *n*-gramas de caractere também podem ser usados como formas de conflação [Galvez *et al.,* 2005; Sharma, 2012]. Um desses métodos é o bigrama compartilhado. Nesse método, primeiramente, os termos são divididos em duas letras consecutivas, os bigramas. Por exemplo, o termo "filho" possui os bigramas "fi", "il","lh" e "ho". O processo de conflação é definido a partir da quantidade de bigramas compartilhados pelos termos. Para identificar esse compartilhamento são usadas, geralmente, medidas de similaridade, tal como o coeficiente Dice [Galvez *et al.,* 2005; Sharma, 2012]. Alguns autores classificam esse método como um algoritmo de *stemming* baseado em *n*-grama, com abordagem estatística [Jivani, 2011; Diyanati *et al.* 2014].

Hassan e Chaurasia em [Hassan e Chaurasia, 2012] descrevem outro método de conflação baseado em *n*-gramas de caractere. Eles definem *n*-gramas iniciais, médios e finais. Os *n*-gramas iniciais são gerados com os *n* primeiros caracteres do termo; os finais, com os *n* últimos e os médios, com os *n* mais centrais. Por exemplo, a palavra "casa" possui "ca" como bigrama inicial, "as" como bigrama médio e "sa" como bigrama final . Os *n*-gramas iniciais também foram usados por Mayfield e McNamee como método de conflação em [Mayfield e McNamee, 2003], no entanto eles os chamaram de pseudos-radicais (*pseudo-stem*). Para esses autores, essa abordagem é um método de *stemming* para o qual é gerado apenas único *n*-grama inicial de caractere (*Single N-gram Stemming*).

Neste trabalho, usamos como método de conflação os *n*-gramas iniciais. Nossa escolha se baseou nos bons resultados encontrados por Hassan e Chaurasia em seus estudos em categorização de textos [Hassan e Chaurasia, 2012]. Outro motivo foi o fato de *n*-gramas iniciais serem mais simples, exigindo menos processamento computacional.

3. Trabalhos Relacionados

O primeiro trabalho que encontramos usando *n*-gramas de caractere para categorização de texto data de 1994. Nesse trabalho, Cavnar e Trenkle usam o método de bigrama compartilhado [Cavnar e Trenkle, 1994]. Inicialmente, os autores usam os termos dos textos do conjunto de treino para definir o perfil (baseado no modelo *bag-of-words*) de cada categoria de texto. Cada perfil é formado por *k* *n*-gramas de caractere mais frequentes. Em seguida, os autores definem um perfil para cada documento a ser classificado (do conjunto de teste) e, para definir a classe, medem a distância entre o perfil desses documentos em relação ao das categorias. Os autores usam, em seus experimentos, o *corpus* Usenet newsgroup em diferentes linguagens. No experimento cujo objetivo era classificar os artigos de acordo com a linguagem, a taxa de classificações corretas foi de 99,8%. Já naquele em que a meta era a classificação por assunto, a taxa ficou em torno de 80%. Rahmoun e Zakaria em [Rahmoun e Zakaria,

2007] utilizam uma abordagem semelhante a de Cavnar e Trenkle. Eles usam, no entanto, a medida χ^2 para associar os *n*-gramas de caractere aos perfis, e as medidas cosseno e de Kullback & Liebler para classificar os documentos. Na investigação deles, foram usados os *corpora* Reuters 21578 e 20Newsgroup, *n*-gramas de caractere com *n* variando de 2 a 7 e perfil com comprimento *k* entre 100 e 800. No caso do *corpus* Reuters 21578, a melhor média F1 foi de 70%, para *n=5* e *k=400* . Já no caso do *corpus* 20Newsgroup, F1 foi de 71% para *n=5* e *k=600.*

Em trabalhos mais recentes, Hassan e Chaurasia utilizam a categorização de textos para atribuir a autoria a documentos em língua inglesa [Hassan e Chaurasia, 2012]. Para isso, eles analisam o uso bigramas e trigramas de caractere iniciais, médios e finais na etapa de seleção de caracteristicas. Os autores realizaram vários testes e obtiveram bons resultados com bigramas e trigramas iniciais, alcançando mais de 95% de acurária. Já Kumari e outros em [Kumari *et al.*, 2014] aplicam a categorização de textos com outro fim. Eles buscam o aprimoramento da classificação de páginas *web* em relação aos seus gêneros (serviço, comércio, entretenimento,...). Em sua investigação, os autores utilizam o *corpus* 7-Genre, que contém 1.400 páginas *web* em inglês, e o algoritmo SVM como classificador. Nos estudos realizados por eles, foram testados *n*-gramas iniciais com *n* variando entre 3 e 8. O melhor resultado foi obtido com *n=5* para o qual a média F1 atingiu 95,8%.

Diferente dos trabalhos pesquisados, nosso estudo é voltado para língua portuguesa. É importante mencionar que não é de nosso conhecimento a existência de trabalhos que investiguem *n*-gramas de caractere como método de normalização linguística para o português. A seguir, descrevemos a nossa investigação usando essa abordagem em categorização de textos.

4. Estudo em Categorização de Textos

Em nosso estudo, usamos um subconjunto do *corpus* em língua portuguesa PLN-BR CATEG. Este *corpus* possui em sua totalidade cerca de 30 mil textos do jornal Folha de São Paulo dos anos de 1994 a 2005. Usamos as seções do jornal como categorias dos textos. Selecionamos as categorias desse *corpus* considerando dois aspectos: quantidade de textos e uniformidade de conteúdo. Na tarefa de categorização de textos, o balanceamento e a qualidade das amostras do conjunto de treino interfere diretamente nos resultados [Batista *et al.*, 2004]. Sendo assim, categorias com poucos textos como "Agrofolha" (166 textos apenas) ou com uma diversidade grande de conteúdo como a categoria "Tudo" foram desconsideradas.

Como nosso foco era especificamente a investigação dos *n*-gramas de caractere, procuramos minimizar, na medida do possível, fatores que pudessem prejudicar a tarefa de classificação, tal como o desbalanceamento das amostras do conjunto de treino [Japkowicz e Stephen, 2002]. Por questões de desempenho, optamos por utilizar a técnica de balanceamento *under-sampling* (sub-amostragem), a qual permite a eliminação de amostras de classes majoritárias [Batista *et al.*, 2004]. Sabemos que essa técnica pode levar a perda de informação, se o subconjunto de amostras do treino não for escolhido adequadamente, em decorrência da ausência de uma heurística que guie esse processo de seleção. No entanto, acreditamos que essa perda eventual não prejudica os resultados obtidos, visto que nossa investigação é de natureza comparativa. Se a perda ocorrer, ela se dará igualmente em todos os casos estudados.

Em nossa investigação, foram usadas apenas 6 categorias do *corpus* PLN-BR

CATEG: "Brasil" (5.606 textos), "Cotidiano" (6.458 textos), "Dinheiro" (4.153 textos), "Esporte" (4.632 textos), "Ilustrada" (2.935 textos) e "Mundo" (2.410 textos). Juntas elas totalizaram 26.194 textos. Após, alguns testes preliminiares, acabamos escolhendo 1.000 textos de cada categoria para formar o conjunto de treino. Os textos restantes foram usados como conjunto de teste.

Além disso, utilizamos, em todos os casos de estudo, o mesmo pré-processamento. Os textos foram tokenizados e removidos os *tokens* correspondentes a *stopwords*[5], pontuação, numeração e caracteres especiais. Aplicamos também o mesmo processo de seleção de características, que foi limiar por *ranking,* a exemplo de Hassan e Chaurasia em [Hassan e Chaurasia, 2007]. Em nosso estudo, testamos diferentes comprimentos *k* (quantidade de termos) para *bag-of-words.* Cabe mencionar que a *bag-of-words* final é resultante da união dos *k* termos mais relevantes (mais frequentes) de cada categoria.

A partir da *bag-of-words* determinada na etapa de seleção, os textos receberam uma representação vetorial cujos pesos foram definidos usando a medida TFIDF. Escolhemos essa técnica por ela ser muito usual na tarefa de categorização de textos. Por fim, usamos o mesmo algoritmo de classificação em todo o estudo: SMO da ferramenta Weka. Escolhemos esse algoritmo por sua aplicação ser recorrente em trabalhos correlatos ao nosso. Por fim, analisamos os resultados com base nas medidas comumente utilizadas para avaliar a tarefa em questão: *Precision*, *Recall* e F1.

Na seções seguintes descrevemos configuração dos nossos casos de estudo e os resultados obtidos.

4.1. Configuração dos Casos de Estudo

Para que pudéssemos analisar o impacto do uso de *n*-gramas de caractere como método de normalização morfológica no processo de categorização de textos, definidos 3 tipos de casos de estudo. Nesses casos, a principal diferença foi o método de normalização aplicado aos termos. Esses casos de estudos foram nomeados e organizados da seguinte forma:

- Caso de referência usando *Stemming*: utiliza unigrama em nível de palavra e usa como método de normalização o *Stemming*. Usamos o *stemmer*[6] de Caldas Junior e outros [Caldas Junior *et al.*, 2001] cuja implementação é baseada no algoritmo de Porter [Porter, 1980].
- Caso de referência usando Lematização: usa unigrama em nível de palavra também, mas utiliza como forma de normalização a lematização. Os textos que utilizamos do *corpus* PLN-BR CATEG foram lematizados pela ferramenta FORMA, desenvolvida por Marco Gonzalez e discutida em [Gonzalez *et al.*, 2006].
- Caso de estudo usando *n*-gramas de caractere: aplica *n*-gramas iniciais em nível de caractere como método de normalização morfológica. Para este caso, foram testados os seguintes valores de *n:* {3,4,5,6,7}. Para definir esse intervalo, inicialmente, analisamos o comprimento médio das palavras existentes nos textos de nosso estudo. Descobrimos que, em média, as palavras possuíam

5 Usamos a stoplist definida por Stanley Loh, que está disponível em http://miningtext.blogspot.com.br/2008/11/listas-de-stopwords-stoplist-portugues.html

6 http://www.nilc.icmc.usp.br/nilc/tools/stemmer.html

comprimento igual a 5. A partir dessa informação, decidimos investigar *n*-gramas iniciais de caractere cuja diferença de comprimento variava de -2 a +2 em relação à média. Consideramos que comprimento *n=2* seria muito pequeno para um pseudo-radical, assim como 8 seria muito longo. Cabe ressaltar que são definidos *n*-gramas de caractere apenas palavras nos quais o comprimento é maior que o valor de *n*. No caso do comprimento ser menor ou igual, a palavra é mantida e considerada na sua forma original (inteira).

Os resultados obtidos a partir desses casos de estudo são comentados nas seções a seguir.

4.2. Resultados do Caso de Referência usando *Stemming*

Neste caso de referência, realizamos o pré-processamento descrito anteriormente e aplicamos a normalização por *stemming*. Avaliamos diferentes comprimentos *k* para *bag-of-words*, onde *k=* {50,100, 150, 200, 250}. Os melhores resultados foram encontrados quando definimos *bag-of-words* de *150* termos para cada categoria. A Tabela 1 exibe os valores das medidas *Precision*, *Recall* e F1, por categoria, para a melhor configuração encontrada para este caso.

Tabela 1 – Melhor resultado para o caso de de referência usando *stemming*, com *k=150*

Categoria	*Precision*	*Recall*	*F1*
Mundo	0,51	0,82	0,63
Brasil	0,65	0,62	0,64
Cotidiano	0,74	0,66	0,71
Dinheiro	0,73	0,73	0,73
Esporte	**0,96**	**0,91**	**0,94**
Ilustrada	0,76	0,89	0,82
Média	0,73	0,77	0,75

A categoria Esporte foi a que obteve melhor classificação, provavelmente por utilizar um vocabulário mais constante. Os textos usados comentam 11 anos de esporte. Mesmo para um intervalo tão grande de tempo como esse, o termos usados nessa área pouco se alteraram. Diferente da categoria Mundo, para qual o classificador gerou o pior resultado em precisão. No espaço de 11 anos, muito do que se escreve sobre o mundo e é notícia mudou, o que deve ter provocado uma variação maior nos termos.

4.3. Resultados do Caso de Referência usando Lematização

Neste caso de referência, realizamos o mesmo pré-processamento, mas aplicamos a normalização por lematização. Também usamos o mesmo classificador e testamos igualmente diferentes valores para *k ={50,100, 150, 200, 250}*. O melhor resultado da também foi para *k=150*. A Tabela 2 exibe os valores das medidas *Precision*, *Recall* e F1, por categoria, para a melhor configuração encontrada para este caso.

Tabela 2 – Melhor resultado para o caso de referência usando lematização, com *k=150*

Categoria	*Precision*	*Recall*	*F1*
Mundo	0,39	**0,85**	0,53
Brasil	0,68	0,59	0,63
Cotidiano	0,73	0,64	0,68
Dinheiro	0,71	0,68	0,70
Esporte	**0,96**	**0,80**	**0,87**
Ilustrada	0,73	**0,83**	0,77
Média	0,73	0,70	0,71

Nesse estudo, os resultados gerais de classificação caíram um pouco, mas o *Recall* teve uma pequena melhora na maioria das categorias.

4.4. Resultado do Caso de Estudo usando n-Gramas Iniciais de Caractere

Neste caso também aplicamos o mesmo pré-processamento, mas usamos conflação por *n*-gramas iniciais de caractere. Repetimos o estudo usando o comprimento *k=150,* que foi o que gerou melhores resultados nos casos de referência apresentados. Para esta configuração, foram testados os valores de *n={3,4,5,6,7}*. A Tabela 3 exibe os valores das medidas *Precision*, *Recall* e F1, por categoria, para a melhor configuração encontrada, que foi para *n=5*.

Tabela 3 – Melhor resultado para o caso de *n*-gramas iniciais de caractere, com *k=150* e *n=5*

Categoria	*Precision*	*Recall*	*F1*
Mundo	0,49	0,82	0,62
Brasil	0,67	0,62	0,64
Cotidiano	0,78	0,68	0,72
Dinheiro	0,72	0,72	0,72
Esporte	**0,96**	**0,91**	**0,94**
Ilustrada	0,78	0,88	0,82
Média	0,76	0,74	0,75

Os resultados obtidos com esta abordagem se aproximaram muito a do caso de referência usando *stemming*. Esse resultado é interessante, pois indica que uma abordagem mais simples e, portanto, com menor exigência computacional pode ser uma alternativa quando o tempo de resposta é tão importante quanto bons resultados de classificação.

Na seção seguinte, comparamos os casos de estudo apresentados.

4.5. Análise Geral dos Resultados

No gráfico apresentado pela Figura 1, comparamos as medidas *Precision*, *Recall* e F1 dos melhores casos de referência para *stemming* e lematização com os casos baseados em *n*-gramas iniciais de caractere (NGC).

Analisando o gráfico percebemos que a partir de *n=5* para *n*-gramas de caractere

(NGC_n=5), os resultados de categorização não melhoraram. Isso aconteceu provavelmente porque o comprimento médio das palavras do *corpus* era 5, ou seja, não deveriam existir muitas palavras com comprimento maior ou igual a 6. Em relação aos casos de referência, no estudo que fizemos, os *n*-gramas iniciais de caractere foram competitivos e resultaram em valores próximos ou ligeiramente melhores que as normalizações tradicionais. No entanto, precisamos realizar um estudo mais abrangente incluindo outros *corpora* e outros algoritmos de *stemming* e lematização para considerarmos os resultados mais conclusivos. De qualquer forma, acreditamos que a abordagem é uma alternativa atrativa, pois é simples, demanda pouco processamento e não requer praticamente tratamento linguístico.

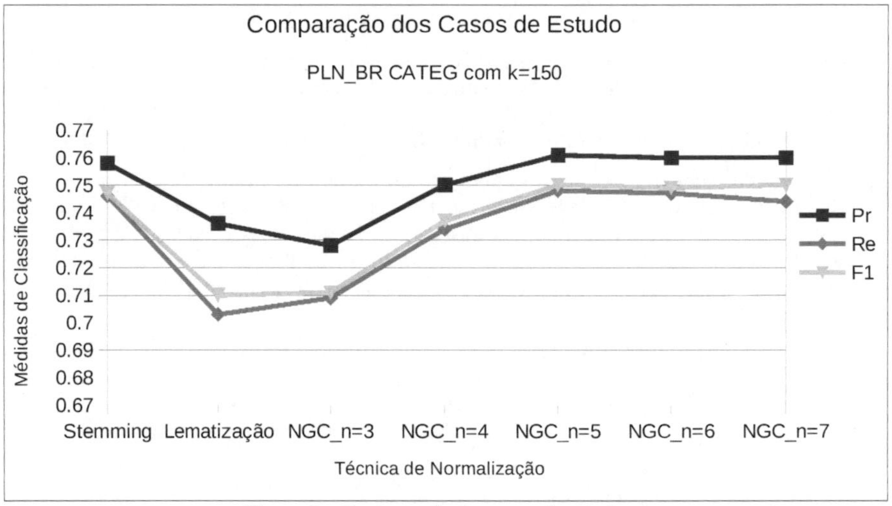

Figura 1 – Comparação dos casos de estudo

5. Conclusão

A classificação de textos é uma área que tem muita aplicabilidade, especialmente na *web,* onde há muitos documentos disponíveis em formato digital. Dado ao grande volume de textos nesse âmbito, é importante aprimorar tanto a precisão quanto a escalabilidade de sistemas classificadores. Para isso é imprescindível que exista um pré-processamento mais efetivo dos textos, com baixo custo computacional, para tratar e selecionar somente os termos mais relevantes, a fim de reduzir a alta dimensionalidade comum nessa tarefa.

Acreditamos que a abordagem de *n*-gramas iniciais pode ser usada para língua portuguesa como método de normalização linguística, pois, além de ser simples, seu custo computacional é baixo. As vantagens oferecidas pela abordagem a tornam competitiva em ambientes onde o custo computacional é muito relevante. Embora mais estudos precisem ser realizados, acreditamos, com base no nosso estudo, que o tamanho médio das palavras do *corpus* possa ser um bom valor inicial para definir o comprimento (*n*) do *n*-gramas de caractere. Faz parte de nossos trabalhos futuros, expandir nosso estudo testando outros *corpora* e outros algoritmos de normalização morfológica para a língua portuguesa.

Referências

Batista, G., Prati, R.C. e Monard, M.C. (2004). "A study of the behavior of several methods for balancing machine learning training data". SIGKDD Explor. Newsl.6, 1 (June 2004), 20-29.

Caldas Junior, J.; Imamura, C.Y, M. e Rezende, S.O. (2001)."Avaliação de um Algoritmo de Stemming para Língua Portuguesa. In the Proceedings of the 2nd Congress of Logic Applied to Technology, Vol. 2, 267-274.

Cavnar, W. B e Trenkle, J. M. (1994). "N-Gram-Based Text Categorization". In *Ann* Arbor MI, Vol. 48113, No. 2, 161-175 .

Diyanati, M.H, Sadreddini, M. H., Rasekh, A. H, Fakhrahmad, S. M. e Taghi-Zadeh, H. (2014). "Words Stemming Based on Structural and Semantic Similarity". In Computer Engineering and Applications, Vol. 3, No. 2, 89-99.

Galvez, C., Moya-Anegón, F. e Solana, V. H. (2005). "Term conflation methods in information retrieval: non-linguistic and linguistic approaches". In Journal of Documentation , Vol. 61, No. 4, 520-547.

Gonzalez, M. e Lima, V. L. S. (2003). "Recuperação de Informação e Processamento da Linguagem Natural." In XXIII Congresso da Sociedade Brasileira de Computação, Campinas, Anais do III Jornada de Mini-Cursos de Inteligência Artificial, Volume III, 347-395.

Gonzalez, M., Lima, V. L. S. e Lima, J. V. (2006) "Tools for Nominalization: an Alternative for Lexical Normalization", In the Proceedings of the 7th Workshop on Computational Processing of the Portuguese Language – Written and Spoken, PROPOR 2006, Springer-Verlag, p.100-109.

Graovac, J. (2012). "Serbian text categorization using byte level n-grams". In Proceedings CLoBL, 93–97.

Hassan, F. I. H e Chaurasia, M. A. (2012). "N-Gram Based Text Author Verification". In International Conference on Innovation and Information Management (ICIIM 2012), Vol. 36, 67-71.

Japkowicz, N. e Stephen, S. (2002). "The class imbalance problem: A systematic study", Intell. Data Anal.6, 5 , 429-449.

Jivani, A. G. (2011). "A Comparative Study of Stemming Algorithms". In International Journal Comp. Tech. Appl., Vol 2 ., No. 6, 1930-1938

Kumari, K.P., Reddy, A.V. e Fatima, S . (2014). "Web Page Genre Classification: Impact of n-Gram Lengths". In International Journal of Computer Applications, Vol. 88, No.13, 13-17.

Manning, C.D. e Schütze, H. (1999). "Foundations of Statistical Natural Language Processing". MIT Press.

Mayfield, J. e McNamee,P. (2003) "Single N-gram Stemming," In Proceedings of the 26th annual international ACM SIGIR conference on Research and development in information retrieval, 415-416.

Porter, M. (1980). "An algorithm for suffix stripping". *Program*, **14**(3), 130-137. http://www.tartarus.org/~martin/PorterStemmer/def.txt.

Rahmoun, A. e Zakaria, E. (2007). "Experimenting N-grams in text categorization", In International Arab Journal of Information Technology, Vol. 4, No. 4, 377-385.

Sharma, D. (2012). "Stemming Algorithms: A Comparative Study and their Analysis". In International Journal of Applied Information Systems (IJAIS), Vol. 4, No. 3, 7-12.

Sebastiani, F. (2002). "Machine Learning in Automated Text Categorization", In A*CM Computing Surveys*, Vol. 34, No. 1, 1-47, ACM.

Association for Computational Linguistics
209 N. Eighth Street
Stroudsburg, Pennsylvania 18360

ISBN 978-1-5108-1782-1

9 781510 817821

CURRAN ASSOCIATES INC.
proceedings.com